人民调解的中国样本
（城市案例卷）

沈寅弟　陈叶锋　主编

浙江工商大学出版社
ZHEJIANG GONGSHANG UNIVERSITY PRESS

·杭州·

图书在版编目（CIP）数据

　　"枫桥经验"：人民调解的中国样本．城市案例卷 ／
沈寅弟，陈叶锋主编．—杭州：浙江工商大学出版社，
2023.9
　　ISBN 978-7-5178-5633-7

　　Ⅰ．①枫… Ⅱ．①沈… ②陈… Ⅲ．①民事纠纷－调
解（诉讼法）－案例－浙江 Ⅳ．① D927.550.05

中国国家版本馆 CIP 数据核字（2023）第 150132 号

"枫桥经验"：人民调解的中国样本（城市案例卷）
"FENGQIAO JINGYAN": RENMIN TIAOJIE DE ZHONGGUO YANGBEN (CHENGSHI ANLI JUAN)
沈寅弟　陈叶锋　主编

出 品 人	郑英龙
策划编辑	张　玲
责任编辑	张　玲　祝希茜　徐　佳
责任校对	何小玲
封面设计	观止堂_未　氓
责任印制	包建辉
出版发行	浙江工商大学出版社
	（杭州市教工路 198 号　邮政编码 310012）
	（E-mail：zjgsupress@163.com）
	（网址：http://www.zjgsupress.com）
	电话：0571-88904980，88831806（传真）
排　　版	杭州彩地电脑图文有限公司
印　　刷	杭州高腾印务有限公司
开　　本	710 mm × 1000 mm　　1/16
印　　张	19.5
字　　数	328 千
版 印 次	2023 年 9 月第 1 版　2023 年 9 月第 1 次印刷
书　　号	ISBN 978-7-5178-5633-7
定　　价	58.00 元

编委会

主　编：沈寅弟　陈叶锋

编　委：应林燕　陈　虹　刘勇军

　　　　周安琪　张建平

总　序

　　纠纷是社会生活中的常见问题，冲击、威胁着社会秩序。预防纠纷、化解纠纷是维系社会正常运转的需要，调解员的使命就是通过自己的努力，有效预防和化解纠纷。而通过选编案例的方式记录社会纠纷、反思调解过程、提高调解技巧，不仅可以引导当事人化解纠纷，教育大众更好地生活，还可以帮助有志于从事调解工作的人士学习调解技巧，成为助力广大调解员提升自我、精进业务的桥梁和渠道。《"枫桥经验"：人民调解的中国样本》呈现给读者的，就是调解工作形成的案例汇编。本丛书通过真实的案例、生动的叙事、饱满的细节，以事实的力量、语言的力量、逻辑的力量，让读者了解人民调解与基层社会治理之间的内在联系，品味"枫桥经验"的本质和精髓。在此，以作序为契机，谈谈自己对调解事业的几点认识。

一、作为一种文化，调解体现了"东方经验"中的"和合"精神

　　调解具有悠久的历史，是一项具有中国特色的非诉讼纠纷解决方式，被国际社会誉为化解社会矛盾的"东方经验"。通过调解的方式化解矛盾纠纷，充分体现了中国"和合"文化中的圆融通达智慧。"和"的本义为声音的相互应和，《说文》云"和，相应也"，引申为群己关系紧密，人与人之间相处和谐。"和"字具体展开，即为"和合"，涵盖社会生活的各个方面，如：家和万事兴、和气生财、政通人和、协和万邦等等。

　　中国传统社会重视通过调解化解矛盾纠纷，早在西周时期，青铜器铭文中已有对"调处"的记载，有"调人""胥吏"专门负责调停冲突、平

息诉讼。而《左传·郑伯克段于鄢》中也记载了颍考叔调解郑伯母子矛盾的故事：郑伯和共叔段是兄弟俩。由于母亲姜氏支持弟弟共叔段反对作为君主的哥哥郑伯，在平息共叔段的反叛后，郑伯扬言与母亲姜氏"不及黄泉，无相见也"。颍考叔向郑伯敬献贡品，郑伯赏赐颍考叔共同用餐。其间，颍考叔把菜中的肉挑拣出来，放在旁边。郑伯询问原因，颍考叔说：这些肉要带回家，让母亲品尝。郑伯深受感动，同时表达了自己对母亲的悔意。颍考叔提出，母子二人可以在地道中相见。在颍考叔的安排下，母子二人见了面，互相表达了相思之苦，最终和好如初。颍考叔可谓调解大师，不仅关切君王的生活，还具备高超的调解技巧，站在对方的立场看问题，创造性提出了化解矛盾纠纷的方案。试想，如果颍考叔不能设身处地，将自己对母亲的情感"代入"其中，又如何能够唤醒郑伯心中深埋的母子情谊？《左传》作者深入诠释了"郑伯克段于鄢"这六个字饱含的微言大义，多角度点评了这个调解案例：颍考叔将心比心，唤醒了郑伯"孝"的意识，因而值得褒扬（"颍考叔，纯孝也，爱其母，施及庄公"）；对于共叔段的反叛行为，应予以批判（"段不弟，故不言弟"）；郑伯不教育弟弟共叔段，使其酿成大祸，应受到贬斥（"称郑伯，讥失教也"）。

《郑伯克段于鄢》这篇文章广受后人重视，被清人吴楚材、吴调侯收入《古文观止》，广泛流传。从调解的角度解读，可以发现其中蕴含着深刻的"和合"思想。由此可见，优秀的调解案例需包含对矛盾纠纷的清晰记录，对争议焦点的准确描述，对化解策略的细致说明，对内在哲理的深入揭示，对调解效果的客观呈现，等等。此外，如果能从调解员的第三方视角对调解过程中的基本原则和变通分寸进行分析考量，对调解结果的合理性进行客观评价，那无疑对挖掘调解价值、揭示调解意蕴、丰富调解文化，具有更重要的作用。

二、作为一项事业，调解筑起维护社会稳定的"第一道防线"

当今世界正经历百年未有之大变局，传统性风险与现代性风险纵横交织，本土性风险与全球性风险相互叠加，如何有效化解基层矛盾纠纷，推进社会治理，已成为一项重要研究课题。基层群众自治制度是中国特色社会主义政治制度的重要内容，是基层群众参与社会治理的有效路径。"小事不出村，大事不出镇，矛盾不上交"，是"枫桥经验"化解矛盾纠纷的基本策略，也是基层群众发扬主人翁精神的重要体现。

遍布城乡的人民调解组织，既是化解矛盾纠纷的主力，也是维护社会和谐稳定的中坚力量。2022 年，全国人民调解组织共开展矛盾纠纷排查 667 万次，调解各类矛盾纠纷 892.3 万件。人民调解是基层群众实现自我管理、自我教育、自我监督和自我完善的有效形式。人民调解坚持法、理、情相结合，以法为据、以理服人、以情感人，弘扬传统美德，维护公序良俗，是实现自治、法治、德治相结合的生动实践。

为了提升人民调解整体水平，《中华人民共和国人民调解法》明确规定：基层人民法院负责人民调解组织的业务指导。如诸暨市人民法院枫桥人民法庭不仅通过"四环指导法"（诉前环节普遍指导、诉时环节个别指导、诉中环节跟踪指导、诉后环节案例指导）对人民调解实行指导，还向前来起诉的原告发送《人民调解劝导书》，提醒其慎用诉权，劝导其首先选择人民调解的方式解决纠纷。对产生于互联网时代、信息时代，适合现代社会纠纷解决的"在线矛盾纠纷多元化解平台"特别予以推介，鼓励当事人选择简便、快捷、灵活和有利于关系修复的人民调解方式解决矛盾纠纷。通过人民调解的漏斗式过滤，大量民间纠纷得到及时有效调解，真正实现了矛盾纠纷的就地化解。2018 年以来，枫桥人民法庭收案数量连续下降，人民调解的作用得到充分发挥。

三、作为一份工作，调解倡导当事人和平化解矛盾纠纷

首先，调解须建立在双方当事人自愿的基础之上。调解的首要任务是帮助双方平心静气地充分沟通和交流，发现彼此的共同利益，明确各自的关切重点，从而促使双方当事人产生调解纠纷的意愿，乃至强烈愿望。

其次，调解也是帮助双方当事人决策的过程，这也是最具创造性、挑战性的部分。调解需要照顾双方当事人的共同利益，并提高双方当事人的站位，实现"从非此即彼到折中认同"的认识飞跃。在调解员主持下，双方当事人谈判、协商，换位思考，发现问题症结，最大限度地挖掘多种可能性，并最终找到化解的方案，达成双方都能接受的协议。可以说，调解有利于避免信任危机，促进合作共赢；有利于坚持伦理法则，维护道德价

值；有利于通过理性和契约，增强双方当事人的幸福感。即便纠纷最终没有得到化解，通过调解程序亦能缓和双方情绪，教育当事人和平解决纠纷，这也是调解价值的体现。

最后，回访是调解的延伸，有助于及时掌握当事人的思想动态，确保矛盾纠纷化解不反弹。在调解后一个月内，调解员要通过电话、短信、微信甚至当面对当事人进行回访，询问调解效果、掌握履行情况、聆听调解评价等。回访是调解独有的程序。在回访过程中，调解员需要表达对当事人生活、工作的关心，对当事人在精神上适当予以鼓励、关怀和支持。当然，当事人对调解工作的肯定性评价，亦有助于提振调解员的信心，促使其持续改进调解工作，不断成熟、进步。

四、作为一种责任，调解有助于大众树立法治意识，维护公平正义

虽然调解追求快捷、低成本地化解矛盾纠纷，但这并不意味着"和稀泥"，忽视公平正义。在调解过程中要特别注重矛盾纠纷的依法化解、公正化解，严把事实关、证据关、程序关，注重法律效果和社会效果相统一，坚决抵制损害当事人权益或"和稀泥"式的"硬调""乱调"。在公平正义缺失的情况下，是不可能真正化解矛盾纠纷的。调解应在程序和实体上都体现公平正义。

首先，在程序上，要征得双方当事人的同意，以协商的方式解决争议。在调解前须对纠纷解决方式进行约定，签订调解申请书即表明双方存在调解意愿。倘若当事人认识不一，调解员要耐心向其说明调解的本质是协商、沟通、谈判，求同存异，达成一致。当事人对纠纷解决方式有最终的决定权，调解员引导当事人做出最佳选择。

其次，在实体上，如何解决争议，以什么条件解决争议，达成什么样的协议，应当是双方当事人协商的结果，不得违背当事人意愿。在调解过程中，调解员要注意引导当事人换位思考，综合考量利益、友谊、情感、安全等价值，坚持整体原则，杜绝简单化、极端化。要用发展的眼光看问题，给对方留下机会，给自己留有余地。合法是调解的基础，要把法律法规作为调解纠纷的主要依据，并尊重善良风俗。调解达成的协议要合情、

合理、合法。

最后，调解就是教育当事人诚信、守法的过程。有了调解经历，双方当事人将明白法律的权威、感情的珍贵、友情的重要，珍惜和睦的生活和社会关系。当其再次面对矛盾纠纷时，能寻求理性、平和的方式予以化解。

总之，调解是社会治理的重要内容，是矛盾纠纷多元化解机制的重要组成部分，是践行基层群众自治制度、加强行业治理的有效途径。赏识调解事业，才能更好推动其发展完善。《"枫桥经验"：人民调解的中国样本》总结、提炼了在"枫桥经验"指引下人民调解实践的典型经验和做法，立体化地介绍了人民调解工作，承载了坚持发展新时代"枫桥经验"的使命担当，是学习、践行新时代"枫桥经验"的重要参考资料，更是呈现人民调解事业的五彩画卷。衷心希望本丛书的出版发行，为公众提供了解人民调解事业的特殊窗口，为人民调解事业研究提供基础的史料，也为人民调解员学习掌握调解技能提供丰富的素材。

是为序。

西北政法大学教授、全国人民调解专家
浙江大学新时代枫桥经验研究院执行院长　　汪世荣

2023 年 5 月 30 日于诸暨

序

　　人民调解是一项具有中国特色和深厚中华民族文化内涵的法律制度，是诉讼程序之外化解矛盾、消除纷争的重要方式。党的二十大报告强调，要完善社会治理体系，健全共建共治共享的社会治理制度，提升社会治理效能。浙江省广大人民调解员以党的二十大精神为指引，深入贯彻落实习近平总书记关于人民调解的重要指示精神，坚持和发展新时代"枫桥经验"，他们有的是退休法官、检察官，有的是热心群众……虽然身份多样，但有着相同的目标：倾听并解决百姓的忧心事、烦心事，把人民群众的小事、身边事当成自己的大事、要紧事，以高度的责任感和炽热的真情化解一大批疑难复杂纠纷，切实将矛盾、风险化解在萌芽状态，为助力推动浙江省"两个先行"做出贡献。

　　本书作者沈寅弟就是他们中的优秀一员。从望江司法所退休后，他受聘为上城区人民调解委员会调解员、主任，30年来一直坚守在人民调解一线，体现了一名老人民调解员的使命与担当。2010年他被评为杭州市首届"十大金牌和事佬"。截至2023年2月，他共调处了各类民间纠纷和信访案件近万件，涉及金额约3.9亿元，杭州电视台《和事佬》播出沈寅弟参与调解的节目有380多期。2017年他被司法部授予"全国模范人民调解员"，2019年被司法部聘为"全国人民调解专家"。本书的另一作者陈叶锋，年纪虽轻，但已有10余年的基层群众工作经历。2018年，他与沈寅弟结为师徒，两人亦师亦友，配合默契。近5年来，他参与调处各类矛盾纠纷1300余起。2018年陈叶锋被评为杭州市第六届"十大金牌和事佬"，2020年被司法部授予"全国模范人民调解员"。两人共同演绎了一段"金牌"带"金牌"、"模范"带"模范"的师徒传承佳话！

　　本书选取的 66 个典型案例，是新时代"枫桥经验"在市域治理中的生动实践，既有传统型民间纠纷，又包含涉疫、新业态等新型社会矛盾。作者结合新形势，从构建矛盾纠纷多元化解机制的视角，分类收集物业纠纷、婚姻家事纠纷、征迁安置纠纷、老旧小区加装电梯纠纷等市域常见矛盾纠纷调解案例，具有较强的可读性、实用性和前瞻性，为基层党员干部、调解员及从事基层法律工作的同志们提供了很好的借鉴。

浙江省人民调解协会会长

2023 年 3 月 16 日

目 录

第一章

劳资纠纷调解案例

LAOZI JIUFEN TIAOJIE ANLI

爬高送水突坠楼　调解确认明权责

◈ 案情简介

2018 年 6 月的一天，杭州某照明科技有限公司（简称照明公司）副总阮某在为浙江 ×× 大厦北外墙立面检查空壳瓷砖的"蜘蛛人"递送瓶装矿泉水时，未走作业区专门检修通道，未从固定的维修登高梯登高，而是擅自爬上十八楼离楼面 3 米高的水箱检修平台，然后攀上 1.2 米高的消防排烟管道，致使在抛送矿泉水过程中身体向下用力不慎踩破排烟管道，坠落至地面，经杭州市某医院抢救无效死亡。×× 大厦、照明公司及阮某家属就阮某善后赔偿相关事宜产生纠纷。

◈ 调解过程及结果

因事发突然，死者尚未婚配，家中尚有一老母，照明公司工作人员不忍告诉其母实情，只说阮某出差去了，给各方对本次事故的定性及赔偿事宜的前期调查预留时间。但是为了争取时间，尽快给死者家属一个交代，全国人民调解专家沈寅弟接手该案后，迅速成立了联合协调组，展开调查工作。

在具体调查过程中，沈寅弟发现 ×× 大厦和承接施工的公司签订了施工合同，合同约定了安全施工等相关要求，并明确落实到承接单位。本案中，死者阮某出于关心给"蜘蛛人"递送矿泉水，但在送矿泉水时，因未走检修通道和登高梯导致坠楼。为了清晰地区分责任，沈寅弟主持召开了案情分析会，邀请区劳动局、区公安局、区安监局、区消防站、区执法局、区住建局等部门负责人参会。

经过各部门联合会审，最后确定这是一起违反操作规定的工亡事故。阮某作为施工单位的副总，其所在单位应当承担为阮某落实工伤保险待遇的责任。同时，大家认定该大厦业主也应负侵权责任，主要有两点：一是阮某所走的路径畅通无阻，无任何警示标识；二是大厦缺乏应有的安全生产和消防应急预案，排烟管道盖板长期无人维修导致老化、松垮等。会议结束后，当天下午，沈寅弟召集××大厦、照明公司及阮家委托人（阮某舅舅）三方参与协调会。对于照明公司代表钱某所说的"对此事不知情不负责"的说法，沈寅弟以《中华人民共和国劳动合同法》《工伤保险条例》相关条款予以驳回：用人单位必须承担员工工亡责任。对××大厦代表袁某提出的"有责太冤枉"一说，沈寅弟则以《中华人民共和国侵权责任法》《中华人民共和国安全生产法》为依据，反驳道："你方作为××大厦产权单位、实际管理方，对大厦负有管理和维修责任。"这次协调会虽有分歧，但澄清了事实，明确了责任，并让××大厦和照明公司接受了赔偿这一事实。

另外，社区同志和联合协调组成员在酷暑里穿越杭城的大街小巷，到阮某家中探望阮某母亲，做好其情绪疏导和安抚工作。当阮某母亲听到那个难以接受的消息时眼泪夺眶而出，泣不成声，口中不停地念叨着："我的儿啊，为什么会这样？为什么你们不早点告诉我？……"看到老人悲痛欲绝的样子，大家也不禁泪眼蒙眬，只能设法宽慰。沈寅弟当时拉着阮某母亲的手，含着泪劝她："逝去的生命我们再怎么努力也追不回了，但是一定会给老人家你一个交代。你培养了一个有责任心、有良知的好儿子。在相关单位没有拿出一个合理的方案之前，我们不想早早地告诉你，怕你过度悲伤。特别是对于你今后的生活和养老问题，我们也希望为你争取一个实实在在的保障，希望你能理解。"阮某母亲最终接受了现实。

随后，沈寅弟就涉事单位的具体赔偿金额，多次召开协调会，一步步拉近彼此的距离，要求涉事单位考虑公司声誉、提高责任意识、释放爱心、换位思考，尽最大努力为死者母亲争取经济保障。功夫不负有心人，纠纷化解一步步往前推进。各方商定，阮某的工亡赔偿包括死亡赔偿金、丧葬费、被抚养人生活费、精神抚慰金，共计160万元。联合协调组与律师及阮某舅舅等人就赔偿方案及老人后续照料事宜交换了意见，最终由阮某母亲授权达成了调解协议。当亲眼见证三方代表签下了沉甸甸的调解协议书的那一刻，沈寅弟心潮澎湃，无比激动和欣慰：总算不辱使命，给死者一个交代，给生者一份抚慰！为了确保此调解协议能依法履行，联合协调组特意邀请区人民法院的法官来到现场，对司法确认的流程进行介绍和指导，给当事人吃了一颗"定心丸"。区人民法院受理了三方申请，于次日向当事人送达了司法确认裁定书。

◈ 案例点评

在本案死者身上，存在两种法律关系：对于用人单位来说，这显然是履行职务过程中发生的坠楼事故，依据《工伤保险条例》，用人单位应为死者落实工伤保险待遇，按工亡标准计算赔偿金额；对于大厦的产权单位和管理方来说，因其疏于管理，消防排烟管道盖板年久失修、老化导致死者坠楼，故应按《中华人民共和国侵权责任法》对死者承担侵权责任。刚开始时，两家单位都认为死者坠楼与自己无关。在人民调解员动之以情、晓之以理、明之以法的组合拳下，两家单位都认识到自己的过错，对调解员的调解方案心服口服，也主动承担起应负的责任。在这之后，调解员依据《中华人民共和国人民调解法》对调解协议进行司法确认，使死者母亲今后的生活有了经济保障。

（注：2021 年 1 月 1 日起，《中华人民共和国民法典》正式施行，《中华人民共和国婚姻法》《中华人民共和国继承法》《中华人民共和国民法通则》《中华人民共和国收养法》《中华人民共和国担保法》《中华人民共和国合同法》《中华人民共和国物权法》《中华人民共和国侵权责任法》《中华人民共和国民法总则》同时废止）

联动联调齐发力　多年积案终化解

◈ 案情简介

　　事情要从 2008 年说起，鲁某当时是上城区某建设集团的职工，因工作需要当年 8 月被借调至区属某拆迁指挥部，担任拆迁安置部门的主任。2012 年某月，鲁某在拆迁现场不慎从二楼坠落，虽经送医抢救得以生还，但落下了终身残疾，个人生活不能自理。年纪轻轻遭此一劫，对他的家庭、生活和心理都产生了极大的影响。他一方面要承受治疗和康复带来的身体上的病痛，另一方面还要承受心理上的巨大落差——曾经意气风发的中层干部、杭州市劳模，变成了终日需要人照顾、服侍的病人。鲁某受伤后，他工作的指挥部及原单位某建设集团一直对他很关照，协助他进行伤残鉴定，以及申领社保伤残津贴等相关费用。但是，康复是一个漫长的过程，所需费用不菲，这对于一个失去主要劳动力、顶梁柱的家庭来说无疑是雪上加霜。虽然指挥部及某建设集团已帮他争取到部分补助，但该补助对鲁某来说仍是杯水车薪。2016 年起，鲁某开始就工伤善后问题向有关部门反映、求助，但由于政策限制，他的问题未能得到有效解决，变成了一件积案。2020 年 4 月，上城区信访局联合上城区调委会共同调处。

◈ 调解过程及结果

　　上城区调委会对此非常重视，专门成立了调解小组，先是了解鲁某发生意外的前因后果、相关单位的处置情况，并着重听取了此前各方协调的结果及反馈。

据了解，自鲁某 2016 年开始信访以来，上城区信访局多次召集相关部门、单位对鲁某反映的问题进行调处，并搭建平台让鲁某与当事方指挥部、某建设集团进行了多次沟通。指挥部、某建设集团、属地街道也多次派人到康复医院探望鲁某，给他送上关心、温暖，疏导他的情绪，努力帮他走出心理阴影。经过反复沟通，鲁某情绪得到缓解，但在善后事宜方面他表示极度迷茫，看不到希望，一直未能与指挥部、某建设集团达成一致意见。

2020 年 4 月上旬的一天，上城区调委会会同上城区信访局接访科召集指挥部、某建设集团、属地街道的相关代表和当事人鲁某夫妇等在上城区社会矛盾纠纷调处化解中心（简称"上城区矛调中心"）联合接访室进行面对面调解。坐在轮椅上的鲁某情绪比较平静，他简单陈述了自己当初发生事故的情形和这些年来的治疗与康复情况，对领导们此前的关心慰问表示感谢。同时，他也直言自己内心的想法：这么多年一直行动不便、生活不能自理，而每月高昂的康复费用一直是自己时时牵挂的一块"心病"，恳请政府和单位能想办法帮忙解决。随后，调解员请指挥部和某建设集团代表依次提出对此事的处理意见。指挥部代表表示这些年来，他们也尽量在为鲁某争取："你看，我们发放日常职工福利都没有忘了你，单位领导尽管一任一任换了不少，但也还是在想办法解决你的困难，只是限于当前制度与政策，实在无法完全满足你的需求和期望。"鲁某妻子听了之后表示不认同："受伤这么多年了，我为他已经想尽办法去治疗康复，但是直到现在他生活仍然无法自理。他是因公受伤的，请你们换位思考一下，如果事情发生在你们身上，你们怎么办？不能一句没办法就算了吧？"鲁某妻子的一席话，让大家都无言以对。确实从法理角度，当年按工伤进行治疗就行了；但是从情理角度，这件事情发生在任何人身上都是难以承受的煎熬。调解员适时安慰道："老鲁啊，你在人生的关键年龄遇到了这个意外，这么多年下来确实不容易。你爱人更加不容易，既要照顾你又要撑起这个家。我们都很理解。但是，你也应该知道，凡事都有规章制度，不是我们哪个人说给你多少补偿就能给多少的。"接着，调解员询问鲁某自己有什么具体想法，鲁某沉思了片刻后，开口道："我也理解凡事都要符合规定，但是我毕竟是这么多职工中个别甚至是唯一发生这样事故的。这些年过来，受了多少苦我自己知道。今天区里这么重视，这么多单位的领导都来了，我也很感激。我也没有其他什么要求，我对完全康复也不抱什么希望了。就是希望单位能保障我后面的日常基本生活，我不想因为我拖累家里的老婆和孩子，谢……谢谢！"说完，鲁某声音开始哽咽。各单位代表听后也很动容，表示回去后汇报给领导，让他们多想想办法。调解员建议道："刚刚大家也听到了。老鲁也说出了自己的心声。我建议今天协调会先到这里。请指挥部、某建设集团及属地街道代表回去之后第一时间向主要领导汇报，并从各方面各条线上再想想办法。一个月后我们再把各方面消息汇总起来反馈给老鲁夫妇，也算是一个正式的回应和交代吧。"大家都表示同意。

会后，上城区调委会与上城区信访局接访科又专门碰了头。针对这次协调会上了解的前期有关情况、鲁某夫妇所反映的最新诉求与想法，结合相关单位的实际情况，上城区调委会提出了"坚持一案一策""合法合情合理""解决实际问题"的调处总基调。上城区信访局接访科也表示认同。

之后，每隔两天，上城区调委会都与相关单位负责同志进行沟通，了解进展情况。在各方都有了基本的方案后，上城区调委会再次召集指挥部、某建设集团、属地街道一起就各方的意见、措施和遇到的困难，畅所欲言、深入研讨、反复推敲，旨在找到一个彻底解决问题的处理方案。经过各方努力，终于在约定的一个月时间里，形成了一个相对合理周全的补偿与救助方案并送到鲁某的手上。鲁某夫妇甚为感动。当事人与当事单位之间初步达成了处理意见。

随后，上城区调委会开始拟订调解协议。为确保调解协议的合法性、规范性、可操作性，上城区调委会还与上城区人民法院诉服中心的法官取得联系，就协议具体条款及后续履行等方面字斟句酌，共同探讨，修改完善。考虑到鲁某家庭的实际困难，指挥部、某建设集团从帮扶救助的角度给予鲁某一定补助，并为其解决好退休后的相关问题。2020年6月下旬的一天，在上城区信访局、上城区调委会、属地街道等的共同见证下，当事人鲁某与指挥部、某建设集团在上城区矛调中心签署了《人民调解协议书》和《息诉罢访承诺书》。调解协议中明确：在协助鲁某办理一次性伤残补助的情况下，鉴于鲁某家庭困难和后续康复治疗需要等实际情况，指挥部将给予鲁某一次性生活困难补助；某建设集团同意在2025年鲁某退休时为其办理市劳模退休补贴金手续，同时一次性付清退休金不足部分（按最低生活补贴标准，计算至75周岁为止）。至此，这起信访积案终得化解，积在鲁某及其家人心中的郁结也在这一刻终于被解开了。

◈ 案例点评

信访工作关乎社会稳定，信访人员的合理诉求能否得到正面回应，这不仅关系到接访单位在社会上的认可度和相关企业的信誉，也体现接访单位的办事能力和水平。本案中，鲁某的遭遇确实令人同情，涉事单位之前也给予了一定的关照和补助，但是规章制度之外的，单位确实不能随便多给。"法外之情"绝不意味着能任性而为。但是百姓的呼声需要回应，群众的"急难愁盼"需要及时解决。区调委会与区信访局在具体接访调解过程中，紧密对接、相互配合、合理推进。调解员更是充分发挥自身的专业特长，入情入理深入交流，情法结合深刻剖析，综合各方实际情况，果断提出了调解思路，为整个纠纷的最终化解指明了方向。同时，通过良好的沟通、周到的考虑和不厌其烦的跟进，再加上各方资源的调动保障了调解协议的最终达成和有效履行，最后促成息访罢诉、案结事了。

民工突亡起纷争　访调对接化矛盾

◈ **案情简介**

　　上城区某工地上，第一天来此做点工的詹某坐着休息完，刚起身准备复工时突然晕厥倒地，工友们发现后马上拨打120，将其送至附近医院，然而，抢救无效，詹某于当日中午被宣布死亡。死者家属得到消息后第一时间从老家赶到杭州大闹工地，该工地所属杭州某建筑公司随即报警。双方就詹某在工地上突然晕厥救治无效死亡的善后事宜存在较大争议，几次协商未果。詹某家属曾先后找上城区信访局、上城区人社局反映情况，最后通过"访调对接"机制向上城区调委会申请调解。

◈ **调解过程及结果**

　　上城区调委会受理后，立即会同上城区人社局、上城区信访局召集涉事单位相关负责人（授权代表）刘某和死者詹某的家属（授权代表）戚某、詹某姐姐、詹某哥哥、黄某等在上城区矛调中心调解室进行面对面调处。调解员对人民调解的程序与原则以及双方权利和义务进行解释与告知。随后，就詹某在工地突亡案情、警方调查结果、医院证明、詹某与公司之间的劳务合同情况和死者的家庭情况及家属方有关诉求等做了详细的询问，充分倾听，逐一核实。经了解，死者詹某孤身一人，死后无第一顺序继承人，第二顺序继承人是其兄弟姐妹，共6人（均年事已高且其中2人也已亡故）。上城区人社局代表就工伤（亡）认定事宜做了解释。家属代表表示，死者遗体仍在殡仪馆未火化，希望早日解决纷争，回老家为其处理后事。

在上城区人社局工作人员介绍完工伤、工亡认定程序后，调解员依次询问了双方的意见，双方一致表示自愿放弃走工伤、工亡程序，选择一次性补偿的方式协商解决问题。因为死者未婚未育，此次来杭的家属为其兄弟姐妹和外甥女，为确保此次洽谈结果合法有效，上城区调委会随即向死者老家的乡镇和所在村干部核实、确认来杭的家属身份，并要求死者家属联系相关部门出具书面证明，并第一时间发送过来。在明确了死者外甥女戚某作为家属代表负责协商后，才正式展开调解。戚某首先发言："我舅舅（死者詹某）曾在工地上工作过一段时间（40多天），这部分工资单位应该先付掉。虽然我们愿意一次性补偿，但也要参照工伤有关规定，至少90万元。还要报销舅舅遗体在殡仪馆存放期间的相关费用、家属来杭吃住及交通费用等。"公司方表示："死者在这个工地上做点工第一天就出事了，医院也出具了死亡证明，公安部门也认定了和我们公司没有直接关系。之前他是在别的工地上做工的，所以我们公司不可能承担这40多天的工资。但此次事件毕竟发生在我们工地上，所以公司领导也说了，本着人道主义精神愿意一次性补偿几万元。"然而，家属方坚持要求公司将死者生前工作的40多天的工资先支付到位，因为当天赶到工地时包工头牛某在谈话中提到过"这个钱肯定不会少你们的"这样的话，所以要先谈工资再谈一次性补偿问题。而公司代表则再次申明，这个工资跟他们单位没关系，没必要谈，但是可以帮忙联系那个包工头。

随即，上城区调委会现场试着与包工头牛某电话联系核实该笔工资的情况。包工头牛某在电话中坦言："那天这句话是我说的，我想这钱谁也不会少他的。但这个钱跟我没关系，死者一直跟着另一个小包工头屠某在其他工地上干活。要拿工资，还得找屠某。"但屠某这个人一时谁也联系不上。

调解员耐心释法说理，拉近双方心理距离。为了有效推进纠纷化解，调解员建议双方求同存异，暂时搁置死者的工资问题，先谈死者一次性补偿及善后处理事宜，后续再想办法追讨工资。经家属方认可，双方就补偿事宜展开协商。但是家属方提出的90万元补偿与公司方的人道主义补偿之间差距甚大。与会人员围绕死者的死因、工地做工的实际情况、家属和公司方的诉求意愿、工伤工亡的一般赔偿项目与标的及人道主义慰问等方面展开了两个多小时的"拉锯战"。

家属方几个代表争相发言："我们这么多人这些天在杭州吃住花费很大，辛辛苦苦跑来跑去，已经筋疲力尽了。你们公司就这样敷衍了事，推卸责任！""你们这么大公司，就知道把责任往小包工头身上推。""人是在你们工地上死的，你们不能不管，要负责任。"公司方代表则表示："死者在工地上第一天做工就出这事，我们也想不到。但是主要原因还是其自身疾病，医院也出具了死亡证明。我们虽然深表同情，但最多给点人道主义补偿，其他真的没办法。""再说，死者在其他工地上的工资，我们公司不清楚，也不应该负责。两件事不能混在一起谈。"见双方争执又回到了原点，调解员果断采取了背靠背的方式，逐一做工作。一方面劝说家属方，过多的争执不利于解决问题，还是要理性分析、明确方向，这样才利于协商、尽快解决。同时帮助家属代表反复比较、梳理与分析相关诉求和解决方案的利弊，使其更好认清事实，做出选择。另一方面与公司方交涉，指出其劳务用工中存在的问题，并劝其正确面对，承担起作为单位应尽的责任，拿出解决问题的诚意，尽快妥善处理才是明智之举。

经过多轮背靠背谈话、劝导，再次面对面坐下来时，双方的情绪已缓和，协商的方向也更加明确。家属方同意就死者在其他工地上的工资问题另案处理，自愿放弃工亡认定，愿意和公司"一次性了结"。但是在具体类目、数额等细节上，双方还是"徘徊不前"。随后，调解员又按规定帮其逐条列出项目，逐个询问赔偿要求，耐心分析，一一推敲，仔细确认，帮助双方拉近距离。

直至晚上 7 点，这场"拉锯战"终有结果，双方达成一次性补偿意见：（1）杭州某建筑公司同意于 7 个工作日内支付詹某家属方一次性补偿费用 30 万元；（2）本协议生效后，因詹某在工地上突然死亡引发的纠纷已全部处理完毕，家属方不得再以任何理由或借口，向杭州某建筑公司提出任何要求或经济补偿，双方无其他争议。

虽然协议已达成，但对于补偿的兑现与时间问题，詹某家属还是流露出些许不放心。为了给双方当事人吃一颗"定心丸"，上城区调委会在达成调解协议之时与上城区人民法院驻矛调中心的法官取得联系，为次日早上办理司法确认做好准备。因马上面临"五一"小长假，调解员又协助当事人在节前完成司法确认的申请和相关材料提交工作，争取一周内顺利出具民事裁定书。

"五一"期间，詹某家属回老家处理詹某的后事，公司方也报销了詹某遗体在殡仪馆存放期间的相关费用、家属来杭期间的吃住及交通费用等。但就在补偿到位的当天下午，上城区调委会又接到了家属方的电话，说小包工头屠某一直无法联系上，公司方的包工头牛某前期电话尚能接通，但后来也不接电话了。死者外甥女戚某直言很失望，认为又被公司骗了。调解员在倾听完当事人家属的诉说后，耐心劝导，表示一定尽力去帮忙联系追讨。随后，调解员与公司相关负责人沟通，要来了牛某的联系方式，与牛某再次核实死者詹某在之前工地上工钱的结算问题，并在其协助下辗转找到了屠某。在调解员耐心说服下，屠某表示虽然自己眼前手头比较紧，但是知道情况特殊，一定想办法于次日付清工钱。第二天中午，詹某的工钱如数到位。家属戚某通过微信向上城区调委会致谢，公司也赠送锦旗以表谢意。一波三折之后，这起纠纷终于得到圆满解决。

◈ 案例点评

《工伤保险条例》规定，职工工伤死亡赔偿标准共有三项：（1）丧葬补助金；（2）供养亲属抚恤金；（3）一次性工亡补助金。但是，理赔前提是要按照相关程序办理工伤、工亡的认定。这起案件涉及民工在工地上突发死亡，之后家属方大闹工地又投诉、信访，影响较大，需要尽快处理。为此，调解员一方面耐心安抚当事人的情绪，做当事人的思想工作，另一方面联合信访局和人社局的工作人员加强与企业方的沟通协调。从提出工伤、工亡程序处理的意见，到尊重双方一致要求"一次性了结"的协商处理决定，在本案调解中，调解员坚持依法依规、合情合理的原则，一步步推进协商，最终促成双方自愿达成和解协议，使问题得到了及时、妥善的解决，避免事态进一步扩大。人民调解与司法确认的无缝衔接，一方面为当事人减轻了诉累和经济负担，另一方面也维护了人民调解的声望和公信力，消除了人民调解缺乏可强制执行力的弊端。两者的完美结合可以最大限度地解决纠纷，保障当事人的权利。

共享法庭来助力　在线化解欠薪案

◈ 案情简介

强某及其他工友大都来自安徽、四川、贵州等地，从 2021 年 5 月起，在杭州某大楼的精装项目上做水电工。工作期间，劳务公司只发了生活费，大部分工资则迟迟没有着落。眼下水电工程已完成，又临近春节，强某等人几次联系劳务公司和施工单位，但其均以资金困难为由多番推脱。多数工友等不及，无奈之下只得先回老家，就剩下强某等三四人作为工友代表留杭继续为大家奔走讨薪。

2022 年 1 月，强某等人辗转找到上城区矛调中心劳动保障监察大队反映此事。劳动保障监察大队在了解情况后，将强某等 30 名工友的需求反映给常驻上城区矛调中心的共享法庭服务中心联络法官，希望通过共享法庭在线调解来解决这起讨薪纠纷。

◈ 调解过程及结果

共享法庭服务中心联络法官受理后，将案件分流给"诉调对接"工作室的三位专职调解员，并指导调解员与民工们所属的劳务公司协商。劳务公司表示，他们并非有意拖欠农民工的工资，而是上游资金链出现问题，进而影响到了下游的公司，所幸资金链的问题已经在处理当中，很快会有进展。他们表示会尽量在最短时间内将工资支付给劳动者。但是，强某及工友们表示，这么长时间下来，找过劳务公司好多次了，但事情一直未得到解决。因此，他们对劳务公司的表态不是很认可，希望能给个确切的消息，好让老家的工友们安心过年。为了进一步明确工资支付时间和数额，调解员一方面让劳务公司的代理人与公司财务联系，通过电话进行交涉，要求财务想办法尽快落实资金，并进一步确认工程款的预期到账时间。另一方面让强某等工友代表将来自各地的工友按地区分成四个组，建立微信群，对他们的做工情况和剩余应发工资额进行一次全面统计，准备好与公司进行核对确认。为了及时解答工友们的疑问，法官和调解员通过视频连线方式，对工资金额确认、签订调解协议并做司法确认、劳务公司支付工资时间、未按约付款的法律后果、款项如何交接等问题一一予以回复，消除了工友们的顾虑。经过两个多小时的沟通与确认、统计与核实，以及在线答疑，最终双方敲定了不超过两期的分期付款方案，并约定于春节前的首期付款日支付大部分款项。

眼看距离春节放假不到一周了，为加快进度，共享法庭法官、调解员全员出动。法官将注册人民法院在线服务平台及在线签字的方法录屏后发送至工友群，并耐心进行讲解，对不太熟练使用手机或者微信的工友一对一进行指导，确保每个工友都签好调解笔录等相关文书。三位调解员分工协作：一位整理资料、核对信息；另外两位制作调解笔录，并当场完成司法确认。

从早上9点到下午6点，30份调解协议的在线签署及司法确认全部完成。在场的强某难掩喜悦之情："没想到共享法庭这么方便，我和工友们都太开心了，终于可以和家里人有个交代，过个好年了！谢谢你们！"随后，他高兴地和几个老乡打起电话，约好时间准备一起回老家。协议签订后的第五天下午，首批工资全部按时发放到位。

◈ 案例点评

这是一起因欠薪而引发的群体性纠纷，一方是在外务工的农民工群体，一方是劳务公司。时值春节之前，大多数农民工思乡心切，等不及工资发放，只能无奈返乡过年。如果纠纷直接进入诉讼程序，他们或许会选择继续留在杭城或者委托律师作为代理人，这势必会增加他们的维权成本。同时，诉讼流程含答辩期、举证期等，走诉讼程序很难在几天内结案，这对于急着拿工资回家过年的农民工来说并非最优解。而"诉前调解"可以给农民工朋友们一次"乘快车"的机会。本案在三位调解员和驻点法官的共同努力下，不到五天时间就帮助农民工拿到了大部分工资，且对后续工资给付提供了一定保障，真正实现了人民法院将诉讼服务端口前移，发挥了共享法庭和人民调解机制的融合对接、互相借力的巨大优势，让农民工"最多跑一次"。甚至大部分农民工一次都不用跑，就解决了棘手问题和现实困境，如愿拿到了自己的劳动所得，真正体会到了公平正义就在身边。

维修坠亡酿纠纷　警调倾力促和解

◈ 案情简介

　　小林原本有一个幸福的家庭，可是 2018 年 6 月的一场事故，使她的丈夫小牛永远地离开了。小牛原本是杭州 A 公司的空调安装工。2018 年，A 公司受 B 公司委托，为位于杭州某街道 Z 社区的员工宿舍楼维修空调，小牛于当年 6 月在维修空调时不慎坠落身亡。小牛的意外死亡让原本幸福的家庭陷入了巨大的悲伤和困境中。小牛家人认为，他的事故发生在工作期间内，A 公司应当承担赔偿责任，但 A 公司却拒绝赔偿。小林为拿到丈夫的死亡赔偿款，四处奔波上访。6 月 11 日中午，小牛亲属及同乡喝酒后来到街道办事处大吵大闹。其中，有位亲属虎某情绪激动，突然举起手中的啤酒瓶，扬言里面装有汽油，还挥舞着打火机大声叫喊道："今天我们再拿不到赔偿款，谁也别想走出这里。"街道工作人员见状当即报了警。属地派出所的民警和"警民联调"工作室调解员相继赶到现场介入调解。

◈ 调解过程及结果

　　街道办事处一楼走廊里挤满了人，气氛顿时高度紧张起来，各方都不敢轻举妄动，一直僵持着。民警和调解员到场时心里也是一惊，但是，虎某见到民警后情绪越发紧张、激动，随即大声嘶吼道："走，让警察走开，找领导来讲话，否则我现在就点着汽油。走，走……"调解员见状，一边慢慢地走上前去，一边以平和的语调规劝虎某："我是调解员，我是来帮你们调解的，你有什么事慢慢说，要相信政府一定会为你们主持公道的。只要你不办蠢事，以后还有机会。有什么主张、要求今天可以提出来，我们想办法把企业负责人找到，你要多替自己的家人和孩子着想，现在这样做对哪一方都没有好处！"调解员沉着冷静、平和自信的态度，把冲动的当事人一下子镇住了，寥寥数语准确地击中了当事人的要害，使他躁动的情绪得以平静下来。此时已走近虎某的调解员抓住时机，一边劝说着，一边将当事人手里的打火机夺了下来，一场恶性事件暂时得以避免。

在稳住现场局势后，调解员指引当事人家属选派三名代表到调解室，与其他亲属暂时隔离开。调解员开始一边安抚一边问询，了解死者家中人员情况，明确了相关权益人等，同时请街道这边赶紧联系涉事企业负责人赶过来。在背靠背调解过程中，调解员侧重于详细了解事情的经过，安抚家属情绪并听取家属的诉求；对涉事企业负责人进行教育，要求其务必正视事实，拿出诚意，妥善解决，决不能逃避自己本该承担的社会责任。

在面对面调解过程中，调解员帮助当事人厘清本次事件中各方的法律关系。双方对基本事实、死者死因并无异议，但在家属提出的死亡赔偿金、丧葬费、精神损失费等具体数额上未达成一致。家属方认为："小牛是你们公司的员工，是公司安排他去维修空调的，也是在工作过程中出现意外的，所以公司要承担责任，希望公司给予 80 万元赔偿。"但公司这边则表示："该负的责任，我们肯定负，但是不应该我们负的责任，我们也负担不了。小牛确实是在出工时出意外，但是据了解小牛在实际操作中缺乏安全意识，没有按照规范系好安全带。所以，我们最多给 5 万元的补偿。"双方对事故责任区分存在争议，以至于赔偿标的差距甚大。为了让双方代表一步步摒弃争议，争取和解，调解员继续做工作："刚刚和你们分别聊了很久，你们双方一直都在强调对方要负这样那样的责任，但是你们想过自己吗？面对这突如其来的事故，家属方不愿意看到，公司方不愿意看到，同时我们街道也好、派出所也好，其他人都是不愿意看到的。但是，事情已经发生了，只有友好协商才能解决问题。对吧？"看着双方当事人沉默不语，调解员接着说："既然你们愿意来协商，那就要尊重事实、讲道理。作为公司一方，要拿出诚意来，勇敢承担起责任，同时也多多考虑小牛去世后家庭面临的极大困难，是否可以给予更多理解和支助。作为家属方，也要适可而止，不能撇开自己责任而一味追求利益最大化。死者已矣，尽快协商了结才是对其最好的告慰。"听完调解员的一番肺腑之言，双方也纷纷点头。随后，调解员安排街道律师为双方耐心讲解了相关法律法规，又查找了 2 个类似意外死亡事故的案例为当事人提供参考。

经过长达 9 个多小时的面对面、背靠背、一对一的疏导和调解，最终双方各让一步，达成和解，于当天晚上 8 点左右签订调解协议。协议明确：杭州 A 公司同意当天一次性支付给死者家属 32 万元，双方就小牛意外死亡赔偿纠纷一次性处理完毕，其他无争议。至此，该起意外死亡赔偿纠纷得到了圆满解决。

◈ 案例点评

此案涉及劳动关系争议和死亡赔偿。因一开始公司方置之不理，纠纷在初期也没有得到及时调解，以致家属聚集街道办事处，引发突发性群体性事件，案情愈加复杂，社会影响较大。为了防止矛盾再次升级激化，属地街道调委会派驻派出所"警民联调"工作室的调解员在危急关头承担起矛盾纠纷调解稳控的责任，联系职能部门负责人、律师，不仅帮助当事人厘清法律关系，而且苦口婆心地反复做双方当事人的思想工作，终于使公司不再回避，承担起社会责任，同时做通死者家属的思想工作，使其不再以极端方式解决问题。在调解员的努力下，最终双方达成和解。

劳资纠纷酿诉累　联合调解化争议

◈ 案情简介

在杭州某专科医院工作近 3 年的黄某，由于单位经营不善、内部股东变更及业务调整等原因于 2017 年 3 月被医院单方面解除劳动合同。在与单位协商不成的情况下，黄某开始不断向相关部门进行投诉、举报、信访，在未能如愿达成目的的情况下，又通过行政复议、诉讼等各种途径主张自己的权益与诉求，要求相关部门就单位未足额缴纳社会保险、违法解除合同给出处理意见等。其间，区人社局多次组织相关单位协调未果。2019 年 5 月，区人社局邀请区调委会介入开展联合调解。

◈ 调解过程及结果

区调委会受理后，首先与区人社局法规科、区司法局复议应诉科进行会商，对该案件的前因后果进行梳理和研判。经了解，黄某在被单位单方面解聘后的 2 年多时间里，为了维护自己的合法权益，花了不少精力，几乎跑遍了各个部门和相关单位。各部门和相关单位已累计受理：行政投诉举报 1 起、信访事项 29 件、劳动保障监察案件 4 起、政府信息公开申请事项 22 件、行政复议 31 件、行政诉讼 4 件。同时，也进一步了解到，该医院由于经营管理原因，在与黄某解除劳动合同后，经历了单位名称的更名和 3 次股东变更，投资方也已经换了数个。从单位解除劳动合同的程序上来看，区人社局坦言，这的确属于违法解除，按规定理应给予黄某补偿，但是当时单位内部经营发生急剧变化导致各科室人事变动频繁，未能及时与之协商。由此，黄某一直内心不平，四处讨说法。另外，黄某本身性格较为偏激，再加上连续2年多的"东奔西走"，脾气变得更加易怒易激动，且更加谨小慎微，不太容易相信别人。与会各方经过深入剖析矛盾本质、分析基本形势后，决定从源头入手，采取以劳资纠纷的和解带动行政纠纷化解的办法展开调解，并商定组成调解小组分头跟进：一方面区调委会与当事人做初步接触交流，了解其当下的诉求与想法，并做好安抚稳控与适当引导的工作；另一方面区人社局法规科与涉事单位及其相关投资方取得联系，从中斡旋，督促他们正视问题并出面解决问题；同时，区司法局复议应诉科做好与市法院行政庭的对接沟通，及时反馈调解进展。

经过近4个月的陆续跟进，2019年9月的一天，区调委会会同区人社局法规科、区司法局复议应诉科的代表，召集当事人黄某、杭州某专科医院及其股东单位上海某投资公司的相关代表与律师等在市公共法律服务中心一楼调解室进行面对面调处。当事人黄某对于自己遭受的不公正对待极为愤慨："我的内心受到了极大冲击和伤害。几年来，我跑遍各个单位就是为了一口气。医院单方面解除劳动关系，应该依法给予我补偿，但是我不仅没有得到补偿，反而在向单位负责人提出合理要求时遭到拒绝。后面向相关部门投诉时，他们也没有帮我很好地解决。我认为相关部门有不作为之嫌，所以只能诉讼维权了……"随后涉事单位代表也倾吐了自己的"苦衷"："医院本身经营不善。据说，当时单位人事部门与你协商解聘时，你不同意，愤怒之下一走了之……后面单位又历经多次股东变更，业务、人心均不稳，确实存在很多不确定因素。我们是后面进公司的，以前的人事情况真的不是很清楚。"在听取当事人相关陈述后，区人社局法规科就《中华人民共和国劳动合同法》《中华人民共和国社会保险法》及相关实施细则，以及涉及该案的相关政策做了解读和说明。围绕一系列的行政复议、诉讼等，区司法局复议应诉科也结合相关程序给予了必要的回应。之后，区调委会分别对相关案情及当事人各方的争议焦点和主要诉求做了询问。对涉事单位，调解员提出："老单位老股东的问题，新单位新股东要在接盘时一并接手处理，这是应有的姿态。之前因为解聘的事情，闹了这么多不愉快，问题的源头还是当初没有及时化解双方的劳动争议。今天双方既然都坐下来谈，就要本着解决问题的诚意和态度来协商。"听了调解员的这番话，医院的股东单位上海某公司代表表态道："我们作为新入股的投资方，一开始根本不知道这个事情，也是两个月前区人社局的同志联系我们说起这个事儿才知道，但是我们公司领导非常重视，安排律师与我们一起专程来杭州配合妥善处理这件事。"对于黄某，调解员则循循善诱道："相信黄先生这两年跑东跑西，无非是想对单位单方面解聘的事儿要个说法。至于后续的投诉、举报、信访以及复议、诉讼等等，归根到底还是为了解决问题。从另一个角度来说，你还是相信政府的，相信政府能帮助你解决问题的。"黄某听了调解员的一番话后，也渐渐打开了心扉，坦言道："我跑了两年多，也累了。你们这几个月来在电话里跟我讲的我也能理解，但是无论如何我是受害者，一定要给我个说法。"顺着黄某的话，调解员紧接着说："今天我们三个部门联合搭建这个平台，让你们双方一起坐下来协商，这本身就表明了一个态度。关于补偿要求，相信你也充分考虑过了，现在就在会上提出来吧。相关单位和投资方代表今天都在，大家从换位思考的角度来协商解决，面对面敞开谈。"

之后，各方围绕一次性补偿标的问题进行了协商，虽然一开始在数额上还有一些距离，但是经过两轮面对面与背靠背的反复沟通，双方的距离越来越小。调解员又就双方在履约方面的担忧和补偿支付方式与时限等方面针对性地做了沟通和进一步明确，最终双方达成一致，签订调解协议。当事人也当场对息访、撤诉、撤议（撤回复议申请）等手续做了妥善处理，至此，一起因劳资纠纷引发大量涉访、涉议、涉诉的疑难案件得以顺利化解。

◈ 案例点评

因用人单位违规解除劳动关系而产生的一起普通劳资纠纷，由于没有及时得到处理，从而酿成高频次的信访、行政复议、行政诉讼案件。调委会在介入联合调解时，查找到问题的根源在于当事人黄某与用人单位存在劳资纠纷。因为单位股东的频繁变更致使纠纷没有被及时妥善处置，从而给用人单位、投资方乃至行政机关埋下了隐患，带来了风险。为了有效推进案件化解，联合调解小组牢牢牵住劳资纠纷这个"牛鼻子"，认真梳理，仔细分析，紧扣重点，把握节奏，分工协作，共同推进，一揽子解决访、议、诉问题。在为期4个多月的调解过程中，调解组个别沟通与整体推进兼顾，运用释法析理、换位思考、利弊分析等方法技巧，耐心疏导，悉心说服，最终不仅促成了该起劳资纠纷的和解，也为由此引发的两年多的一系列信访、行政复议、行政诉讼画上了圆满的句号。

残疾员工被解聘　情法结合巧化解

◈ 案情简介

朱某，残疾人士，杭州某知名餐饮公司员工，于 2013 年进入该公司工作，在劳动合同还未到期的情况下，公司于 2018 年 8 月份单方面提出解除劳动关系，且对朱某未支付任何补偿。朱某与公司人事部多次协商无果，于 2018 年 9 月 3 日来到上城区调委会要求进行调解。

◈ 调解过程及结果

上城区调委会调解员在悉心了解案件情况后，立刻联系该公司人事部经理并组织双方于 2018 年 9 月 4 日在上城区调委会办公室进行调解。其间，双方因补偿费用及领取失业金问题争执不下，最后不欢而散。但调解员并没有因此放弃对该案的关注，几天之后又联系双方询问进展，运用自身所学的专业知识再次劝导双方合法合理地解决纠纷，并于 10 月 15 日再次组织双方进行调解。朱某反映，其属于残疾人员，持有困难家庭救助证，由于身体原因，自 2013 年签订合同后，公司同意其在家休养，不用上班，但目前公司单方面解除劳动关系，造成其生活难以为继。朱某提出要么继续履行前期签订的劳动合同，要么解除合同后支付经济补偿金并协助办理失业金领取手续。

公司人事部经理则指出，2013 年与朱某签订劳动合同是为了响应国家号召，安排残疾人就业，从而享受残保金政策。公司支付给朱某一定的生活补助费并缴纳社会保险，但双方并不存在实际劳动关系，朱某也从未上过班。2018年残疾人安置政策有变，需要同工同酬，公司人事部也于7月份通知朱某来调换工作岗位并正式上班。但因其患有"小三阳"，无法办出健康证，不适合在餐饮业工作，所以提前解除劳动合同。人事部经理强调，既然没有实际用工，也就不存在经济补偿金这一说法。

调解员通过背靠背的沟通和面对面的调解，对双方劳动合同的签订和履行，以及单位因政策变化而做出的用工调整等相关情况进行了全面了解和分析。调解员指出劳动合同的订立是建立在双方存在实际用工的基础上的，并不存在虚拟合同这一说法。而且从管理的角度来讲，作为知名餐饮公司，在招录人员时应该有一套健全、严格、合法合规的录用程序和管理程序，比如组织员工体检或通知员工提供健康证等。另外，结合朱某的实际情况，希望公司能从公司名誉、品牌以及社会效益等方面进行多重考虑，尽量和平解决纠纷。

通过两次调解，调解员继续对双方当事人进行背靠背的沟通，援引《中华人民共和国劳动合同法》《中华人民共和国残疾人保障法》等法律法规，晓之以理、动之以情。最终双方达成一致意见，签订了协议。协议明确：2018年10月15日下午，双方当事人达成调解协议，餐饮公司人事部经理同意于2018年9月解除与朱某的劳动关系并支付一定的经济补偿，并出具解除劳动关系证明，将档案转递至朱某户籍所在地的就业管理部门，协助朱某办理失业金领取手续。至此，这起劳动合同解除争议案圆满解决。

◈ 案例点评

该起案件的争议点主要在于双方的劳动关系是否实际存在，以及解除合同后经济补偿该如何支付。根据《中华人民共和国劳动合同法》的相应政策，订立劳动合同，应当遵循合法公平、平等自愿、协商一致、诚实信用的原则。且用人单位依照本法第三十六条向劳动者提出解除劳动合同并与劳动者协商一致解除劳动合同的应当根据第四十七条的相关规定向劳动者支付经济补偿。本案中，杭州某知名餐饮公司响应国家号召，安排残疾人就业，有其积极的一面，但其为享受残保金政策采取签订虚拟合同的做法是不可取的。而劳动者也必须知法守法，维护自己的合法权益。调解员在调解过程中通过面对面、背靠背的方式，运用法律宣教、换位思考、情理兼容等多种方法，终于使双方握手言和，避免了矛盾的进一步激化，化解了一起涉及特殊人群的劳动纠纷。

民工工资被拖欠　矛调中心助讨薪

◈ 案情简介

2022年1月某日上午，曾某等10多名工人代表来到上城区矛调中心信访窗口反映：共计63名工人之前在杭州某金融大厦工地上做木工活，工程早在2021年8月就结束了，但是工资一直没有发。他们多次找北京某建设有限公司杭州分公司讨薪，但是对方称总部一直未与甲方杭州某置地开发有限公司及总包单位浙江某建筑集团有限公司结算工程款，故无法支付工资。时间一晃过去5个多月了，眼看马上就要过年了，曾某作为木工组的小组长与工友们为了讨回工资四处奔波。"我们已经找了几方单位的人了，结果都是敷衍塞责，我们的工资就是没人管啊！现在工程结束也快半年了，工友们都盼着拿着工资回家过年。你看，如今我们怎么回家啊！请你们帮帮我们吧！"曾某带着几分酸涩和焦虑诉说着。通过"访调对接"机制，上城区信访局与上城区调委会联合开展调解。

◈ 调解过程及结果

上城区调委会调解员与上城区信访局接访科的同志一起接待了曾某及工友们，详细倾听了工友们的人员情况、工程进度情况以及前期工资结算的约定、实际做工出勤等，了解到该工程涉及甲方杭州某置地开发有限公司、总包单位浙江某建筑集团有限公司，以及施工单位北京某建设有限公司等多家单位。为了帮助工友们尽快拿到工资，调委会调解员与信访局接访科同志第一时间与属地街道取得联系，并分头联系 3 家单位进行沟通。

第二天上午，上城区调委会会同上城区信访局、属地街道召集上述 3 家单位代表与 63 名工人代表曾某、游某、华某等，在上城区矛调中心调解室进行面对面调解。会上，曾某等 3 位工人代表就工地上做工的实际情况和相关诉求等进行陈述。按照工人代表所述，曾某等 63 名工人从 4 月份开始在金融大厦工地上从事木工工作，6 月下旬后陆续收尾，至 8 月份全部完工。按照之前约定的工资标准和人员出工出勤情况计算，工人们的工资总计 86.4 万元，工资 6 月底前付了一部分，但是之后就一直未付，余额共计 53.86 万元。对此，杭州某置地开发有限公司代表称，上述金融大厦项目涉及工程款项公司均与总包单位浙江某建筑集团有限公司按进度结算，工人工资问题也应与该建设单位结算。而浙江某建筑集团有限公司代表则称，涉及木工部分的工程均已承包给施工单位北京某建设有限公司了。具体工程款项前期也是按进度与其结清的，只是剩余的款项在核对结算时有些出入，所以和施工单位未完全结清，只要施工单位能提供与工程设计相对应的工程量等，完成具体费用核对，就会付清。而北京某建设有限公司代表孙某则表示，由于木工组人员进出频繁，曾某等提供的人员和具体出工出勤的情况及工资造册情况超出了其之前的预算。孙某接着说："当中有好多人都是虚报工资，像张某、宋某，这些名字在我们掌握的人员名册中就没有，所以我们认为他们实际上并未出工，是冒领工资的，我们需要核对人员和出工情况。但是曾某等工友们认为他们这份名单就是实际出工名单，一直拿着考勤表不肯配合。"根据几方陈述，基本确定工资拖欠的主要原因在于北京某建设有限公司与工人对工程量和工资考勤存在争议，导致未能确定具体工资数额，从而未能落实工资发放。随后，调解员请北京某建设有限公司提供其认为对应木工组工程量的工资预算情况，以及其掌握的人员名册。根据该公司提供的人员名册，木工仅 45 名。经询问得知，木工组一开始确实是 40 多人，但是其中有部分人员有进出更换，还有部分人员由于生病等各种原因有顶班的情况，另外在工资造册时，有的是以其兄弟或是妻子的名字造册的，所以实际出工出勤的名单与施工单位提供的这份名单有很大出入。为了将实际人员、出工出勤情况及应发工资数额等弄清楚，调解员陪着曾某、孙某等逐一进行核对。经过 1 个多小时的核对，仍有 3 名人员的情况无法确认。工友游某说，这 3 名人员有可能是已经回老家的工友詹师傅的家人。詹师傅 5 月份回老家了，但当时其儿子、侄儿和堂弟还在工地做工，后来于 7 月份也回老家盖房子去了。随即，调解员提议电话联系詹师傅进行确认，但是詹师傅的电话无人接听，而曾某等工友代表也没有其他 3 名工人的电话，一时无法确认。只好再联系当初介绍詹师傅来工地的同乡刘师傅，请他帮助联系那 3 名工人。又是近半个小时过去了，总算等来了回音，确认他们正是名册中剩余的 3 名工人。至此，双方将人员情况都一一核对清楚，本以为可以告一段落了。没想到，这时孙某又对于木工的工资发放标准提出了异议："当时，我们有言在先，说好熟练工的工资是 500 元 / 天，生手是 300 元 / 天，所以你们不能都按熟练工来算。之前我们也提出，后面进来的那些顶班的工人都不是熟练工——我们现场也去看过的——所以他们工资最多 300 元 / 天。"曾某等工友代表则表示："哪些是熟练工、哪些是生手，我们之前造册时都有区分标明的。之前发工资时都是按正常标准发的，至于后面进来的工人也是有熟练工和生手之分的。你们自己看看吧。"据此，调解员再次将名单交到孙某面前："孙总，具体的名单都在，有问题的请你当面指出来。我觉得你们也是一家负责任的大企业，工友们的诉求很简单，做工赚钱养家糊口，干了活就得拿工资。当然，不该发的一分不用多发，但是该发的希望你们一分也不要少发。"孙某看着面前的名单，稍做思考后，有些尴尬地笑着说："调解员同志说得对，其实从内心来讲我当然是相信工友们的。但是请工友们多理解，我们公司总部在核对出工出勤和工资发放数据时卡得很紧，而且我只是杭州这边的负责人，具体还得请示总部领导。"调解员随即与孙某进行沟通，并让其当场与总部领导联系。通过电话沟通和疏导，总部领导最终同意按工友们提交的名单和出工出勤情况核发工资，但是希望调解员能帮其与杭州的总包单位协调，尽快结算剩余工程款，同意在收到工程款后 3 日内完成内部审批流程，1 周内工资发放到位。之后，调解员又与总包单位浙江某建筑集团有限公司代表进行了沟通和交涉。对方表示一定全力配合，并同意按照今天的调解协议约定，次日就与施工单位进行核对并于 2 日内完成结算。

经过将近 4 个小时的沟通协调，各方最终达成调解协议：浙江某建筑集团有限公司与北京某建设有限公司于 2022 年 1 月 23 日前完成 2021 年 6 月至 8 月份涉及木工组的工程款项审核并支付到位；北京某建设有限公司于 2022 年 1 月 29 日前一次性支付给曾某等 63 名工人工资总计 53.86 万元。事后在回访中得知，工友们均已提前 2 天如数拿到了工资。

◈ 案例点评

农民工是经济发展大潮中涌现出来的一支新型劳动大军，他们为经济发展做出了重大贡献。然而，与之不相称的是农民工的工资经常被无故拖欠。因此，如何保障农民工权益一直是个热点。近年来，农民工讨薪问题频发，也越来越受到政府部门的高度关注和重视。本案的成功调解，得益于上城区矛调中心的平台资源优势，得益于上城区调委会与信访部门、属地街道的积极配合与有力推进，得益于调解员强烈的责任心与不厌其烦耐心疏导的职业素养，得益于调解模式和调解方法的灵活运用，也得益于各方当事人真诚表达诉求、务实平等协商的良好素质。上城区矛调中心自成立以来，整合推出了信访、调解、诉讼三大服务功能区块，上城区调委会作为调解工作的主要力量，整建制进驻矛调中心，更是充分发挥人民调解与行政调解、诉前调解及行业专业调解的有机融合、高效衔接和主观能动性，推出专业化组团式服务模式，切实有效地化解矛盾纠纷和信访问题，让百姓遇到纠纷"最多跑一次""最多跑一地"，实现以"一站式"服务促进"事结案了"，维护社会和谐稳定。

小 结

◇◇◇◇◇◇◇◇◇◇◇◇◇◇

劳资纠纷是现代社会中较为常见的纠纷之一。劳资纠纷也称为劳动争议，是指劳动者（员工）与企业（用人单位）之间由于种种利益冲突而发生的纠纷。企业与劳动者之间常见的纠纷主要包括：（1）因企业开除、除名、辞退职工和职工辞职、自动离职发生的争议；（2）因执行国家有关工资、保险、福利、培训、劳动保护的规定发生的争议；（3）因履行劳动合同发生的争议等。劳资纠纷不仅使正常的劳动关系得不到维护，还会使劳动者的合法利益受到损害。

当前，企业的劳资纠纷较为突出，此类案件数量多，案情复杂，社会关注度高，表现形式更是多种多样。劳资纠纷如得不到及时有效处理，将对企业的发展和社会的稳定产生一定的负面影响。因企业拖欠外来务工人员、农民工工资及工伤工亡事故等引发的集体上访和越级上访时有发生，甚至由此引发对企业主进行人身攻击或群体性暴力事件，引起一定范围的社会恐慌或社会波动。劳资纠纷如果处理不好，不仅影响正常的生产秩序，甚至在一定程度上破坏社会秩序，从而直接影响社会的稳定，影响经济的持续、稳定、健康发展。

因此，我们要高度重视，要正确把握劳资纠纷的特点，积极预防劳资纠纷的发生，及时妥善处置好劳动关系问题。目前处理劳动争议的专门机构主要有：劳动争议调解委员会、地方劳动争议仲裁委员会和地方人民法院。

发生劳资纠纷，当事人与单位可先行自主协商，如协商不成，可依据《中华人民共和国劳动争议调解仲裁法》第五条执行：发生劳动争议，当事人不愿协商、协商不成或者达成和解协议后不履行的，可以向调解组织申请调解；不愿调解、调解不成或者达成调解协议后不履行的，可以向劳动争议仲裁委员会申请仲裁；对仲裁裁决不服的，除本法另有规定的外，可以向人民法院提起诉讼。

为了及时化解劳资纠纷，切实维护劳动者的合法权益和企业的正常运营秩序，要加强社会各方面的协力作用，共同为消除劳动争议、化解劳资纠纷献计献策。人民调解组织在收到当事人的调解申请后，要第一时间介入并跟进调解，防止因分歧扩大、矛盾升级，而导致仲裁、诉讼或信访。

近年来，根据劳资纠纷的新变化，针对其存在的主要问题，上城区人民调解协会、上城区调委会依托上城区社会治理综合服务中心的平台优势，积极发挥自身职能作用，通过"访调对接""仲调对接"等工作机制，加强与上城区信访局接访科、上城区人社局劳动仲裁科等的密切协作和联动联调，及时调解因劳资矛盾引发的纠纷和群体性事件，实现法律效果和社会效果的统一，有力促进了社会和谐、稳定。

本章主要选编了上城区调委会参与调处的8个较为常见的劳资纠纷典型案例，其中有涉及拖欠民工工资导致群体性信访案，有因企业单方面解聘引发信访、诉累积案，有工伤工亡引起群体性事件等。透过这些调解案例，我们不难看到当下劳资纠纷集中表现出的一些特点，即易发、多发、复杂，且负面影响较大。从整个纠纷的调解过程来看，由于纠纷原因不同、当事人不同以及具体诉求不同，调解难易程度也是各自不同，调解员在依法依规的前提下，适度把握调解节奏，灵活巧妙地运用多种策略、方法和技巧，通过疏导、说服等手段，充分调动有关方面力量，为当事各方解开心结、消除争议、平衡利益、促成和解。这既是对劳动者合法利益的保护，又是对企业有力有效的监督，对促进企业规范健康发展、改善劳资关系、优化营商环境等具有重要意义。

第二章

人身损害赔偿纠纷调解案例

RENSHEN SUNHAI PEICHANG JIUFEN TIAOJIE ANLI

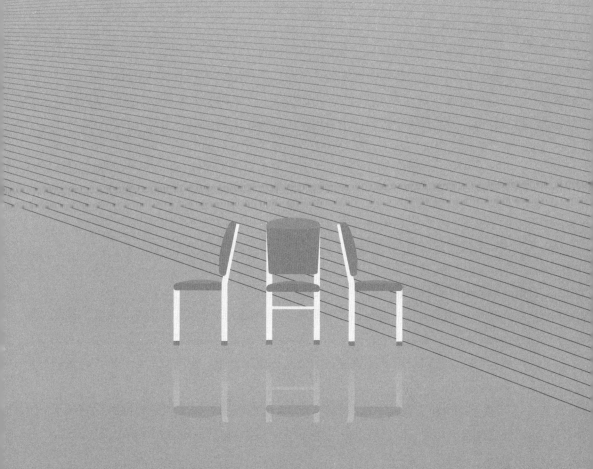

行道树倒砸伤人　法理情到解纠纷

◈ 案情简介

2018 年 6 月 26 日下午，刚刚完成高考的江西某高中学生小袁来杭旅游。当其骑着共享单车途经杭州市浣纱路 9 号时，被路边突然倒下的行道树砸伤，后被送至附近的浙江省 ×× 医院紧急救治。经医院诊断，小袁伤势严重，其腰椎、胸椎骨折，多发软组织挫伤。小袁母亲牛女士与上述路段行道树的养护单位杭州某景观工程有限公司就小袁住院期间的手术治疗、后期康复及精神赔偿等费用问题进行交涉，双方协商无果。牛女士就此事先后向辖区城管局、市政园林所反映诉求，致电杭州电视台请求媒体援助。最后，牛女士来到上城区信访局反映，请求帮助解决双方的医疗费用等纠纷问题。8 月 17 日，上城区信访局通过"访调对接"工作机制将该起纠纷案件委托上城区调委会进行调处。

◈ 调解过程及结果

上城区调委会接手此案后高度重视，于 2018 年 8 月 22 日下午 2 点在上城区"访调对接"工作室主持召开了第一次调解会，上城区信访局相关负责人、上城区城管局及市政园林所相关负责人、公共法律服务中心律师及双方当事人都参加了会议。

会上，调解员就《中华人民共和国人民调解法》相关规定和调解程序做了必要的阐释，并对双方当事人做了提醒和要求。牛女士率先对相关情况做了陈述，她认为在这次事故中自己的孩子是没有任何责任的，而且孩子在事故中身心都受到了严重伤害。她提出，目前小袁的手术治疗虽然已完成，但是后续康复治疗费、二次手术费以及日常护理费、来回交通费、生活照料费用等都亟待对方支付。另外，小袁在杭住院期间，牛女士为了照顾他一直没有回老家上班，孩子的高考志愿也因此没有按时填报等，这些也要对方承担相应的责任。同时，牛女士提交了一份赔偿费用清单，各项费用共计211.9万元。牛女士希望养护单位先预付80%，待二次手术和康复治疗结束后再最终结算。

区城管局有关负责人表示事故发生后，养护单位的处理还是比较及时的，之后他也一直敦促养护单位跟进处理。他们曾考虑参照其他类似的砸伤案例及法院判决的赔偿额（16万元）来进行协商处理，但牛女士与养护单位均不同意此方案。

养护单位代表也提到，在小袁发生事故后，他们单位及时跟进处理，前期已经垫付了不少费用。现在伤残鉴定结果等都未出来，对方就要求支付过多预付款，这并不合理。同时，他对牛女士此次提交的赔偿费用清单提出了质疑，认为牛女士在"漫天要价"。

双方各执一词，针锋相对，调解陷入僵局。调解员随即请专职律师刘某从法律的角度进行分析。刘律师在仔细查看赔偿费用清单后，对照相关法律条款逐条进行了合法性剖析。他指出：牛女士提供的清单中部分项目的天数确定需要做适当调整；部分项目存在重复主张，应予以删除；部分项目没有法律依据或尚未发生，像伤残补助须等司法鉴定结果出来后才能依法确定标准。

在听取双方的意见和专职律师的分析后，调解员对整个案情和双方的争议焦点基本有数，并明确提出此次调解的重点是解决小袁在康复治疗（含二次手术）期间，养护单位是否预付牛女士一定费用及相关额度的问题。双方对此均表示认同。接下来，调解员会同信访局同志采用背靠背的方式，与双方进行了沟通交流，特别是对牛女士做好情绪上的安抚。调解员言辞恳切、语重心长地对牛女士讲："发生这样的不幸，大家都不愿看到，所幸目前小袁手术很成功。当下，要解决的首要问题是，让小袁安心休养，为其康复提供一个较为良好的环境。今天谈的只是一笔阶段性预付款，并不是最终和全部的款项，况且很多事项要等到小袁的伤残鉴定结果出来以后才能最终结算。"牛女士对调解员字字入理的劝说表示认可，但是为了让孩子得到最好的康复治疗和照顾，她坚持要有一笔50万元的资金来保证。面对牛女士毫不松口的态度，调解员只能暂时作罢。随后，调解员又与养护单位代表进行了深入沟通："此次行道树倒下砸人事件，养护单位有着不可推脱的责任。养护单位平常在养护操作上要做好查漏补缺，严格巡查管理，避免类似事件再次发生。"对此，养护单位代表提到，他们单位也认识到了事情的严重性，也进行了必要的检讨，但同时也表示，牛女士提出的赔偿数额与他们预想的赔偿数额差距太大。双方各自关上了洽谈之门，调解就此中止。

双方离席后，调解员与上城区信访局、上城区城管局的相关负责人继续保持沟通，多方联动，密切开展思想工作，以打电话聊家常、个别约谈等方式与当事人拉近距离，继续沟通劝说，并对小袁在康复期间的预付费用额度提出合理化的建议，为实现第二次面对面调解、阶段性达成一致意见继续努力。

2018 年 8 月 27 日下午 4 点，上城区"访调对接"工作室迎来了该案的第二次调解。此次协商氛围相比上次显得轻松许多，尽管双方都做了一些让步，但牛女士提出的 30 万元康复治疗预付款与养护单位提出的 18 万元还是存在一定的差距，此外还延伸出了小袁回江西老家康复治疗的交通费等新问题。

为此，调解员针对双方争议的焦点做了明确的阐述，在双方基本认同本次调解的基础上，折中给出一个双方都能接受的数额，同时对后期二次手术、康复治疗及伤残鉴定后最终结算等事项进行约定，最终双方达成一致意见。

双方签订协议，明确以下事项：（1）养护单位杭州某景观工程有限公司在即日起 5 个工作日内以银行转账的形式预付给牛女士人民币 20.3 万元，作为小袁一年期（具体以即日起至最终结算日为准）内的治疗费、生活费、康复费、家属此次送小袁回老家的交通费等；（2）在此期间，小袁及家属不再就此事到上城区城管局和杭州某景观工程有限公司等单位提出相关诉求；（3）双方一致认同，待小袁在医院治疗结束并经司法鉴定、相关医院出具医疗证明后，启动相关费用总额的最终结算；（4）伤残鉴定机构需由小袁家属与杭州某景观工程有限公司双方共同认可、委托；（5）小袁的二次手术仍在浙江省××医院进行，费用由杭州某景观工程有限公司支付；（6）新产生的涉及小袁康复治疗的医疗病历、住院小结、费用发票等单据，由牛女士提供给杭州某景观工程有限公司。

案例点评

该案涉及外地人员来杭旅游期间，途中遭遇行道树倒下砸伤的变故。虽然伤者经医院及时抢救并无生命危险，但事关杭州旅游城市形象，又涉及城管局、市政园林所等相关职能部门，且经电视媒体报道，人民群众的关注度和该事件的影响面已不断扩大，有关部门一旦处置不到位可能会导致矛盾进一步激化，从而影响政府的公信力。调解员在接手此案后，首先从思想上高度重视，注重调解程序和律师的前期介入，在弄清纠纷详情、找准双方争议焦点的基础上，与信访、城管部门紧密沟通，协调各方力量促成和解。在调解过程中，调解员能将法与理、情与义有机结合，恰到好处地运用了利弊对照、换位思考、多方协助、解决主要矛盾等方法，鲜明地指出了各自的责任与义务、诉求与途径关系。同时，真心诚意、设身处地、不厌其烦地与当事人反复交流，一步步拉近双方当事人的谈判距离，最终赢得了双方的认同，让他们签订了调解协议。一起因行道树倒下砸伤行人引发的信访案就此化解。

服药突亡酿群访　联动联调促和解

◈ **案情简介**

　　"好好的一个人吃了他们的药后就死了，家里上有老下有小，可怎么办？今天必须给我们一个说法！请政府为我们做主啊……" 2021 年 4 月 22 日上午，杭州市上城区矛调中心来了一批不寻常的"访客"——从死者常某老家包车赶来的 30 多名亲友激动地向工作人员诉说着。

　　年仅 43 岁的常某患有乳腺恶性肿瘤术后多发转移，2021 年 2 月至 4 月先后 4 次去杭州市某医院就医并配服中药，然于 4 月 16 日在家中突然去世。家属随后报警。虽经公安部门调查后排除他杀和中毒，但常某家人和亲友坚持认为：常某近期一直内服并外敷杭州市某医院开的中药，而且常某身上有明显的药物反应，所以导致常某死亡的就是这剂中药。于是，常某家属先后向上城区卫健局等有关部门反映，要求医院赔偿。但因双方 2 次协商未果，其老家的亲友们于 4 月 22 日"组团"来杭州信访。事发突然，上城区信访局通过"访调对接"机制，联合上城区调委会进行调解。上城区调委会十分重视。全国人民调解专家、金牌和事佬沈寅弟和全国模范人民调解员、金牌和事佬陈叶锋师徒两人联手介入调解。

◈ **调解过程及结果**

　　各方一坐下来，调解室内的空气瞬间就凝固起来。死者家属李某在其亲友代表和本村"老娘舅"的陪同下，声泪俱下地诉说了常某服药期间的身体变化、痛苦惨状以及目前家庭的困境等，其中特别提到了一味药的特殊性，并表示因为事情至今得不到解决，常某的尸体一直躺在殡仪馆内没有火化。随后，李某拿出了一张赔偿诉求清单，含死亡赔偿金、丧葬费、小孩抚养费和老人赡养费、精神抚慰金等共计179万元。面对死者家属这一诉求，另一方当事人杭州市某医院的代表也阐明了单位立场及处理意见："接诊医生是资深的老中医，接手治疗了无数的病患，处方经核查后没有任何问题，虽然其中一味药比较特殊，但是此药没有致命毒性。事后我们也积极配合调查、协商，但家属拒绝进行司法鉴定。因此，在无法证明我方存在明显过错的情况下，我们只能给予3万—5万元的人道主义补偿。如果家属不能接受，就走司法途径吧，法院判多少我们就赔多少。"听到这番话，李某瞬间情绪激动，站起来拍着桌子要离开调解室："这也太少了，一条人命就这么不值钱？我大儿子还在上大学，读一年级的小儿子现在被同学嘲笑没了妈妈，家里还有年迈、疾病缠身的老人要养。如果就这么点钱，那也不用调解了，我就和你们医院杠到底啦！"

眼看场面陷入僵局，陈叶锋当即劝住李某，耐心安抚道："人死不能复生，家属的哀痛我们大家都感同身受，但涉及赔偿问题需要冷静面对，这样才有利于解决问题。"沈寅弟也补充道："调解要以事实为依据，法律为准绳。在没有做司法鉴定的情况下，的确是很难认定责任的。"同时，他又列举了以前调处过的几个死亡赔偿纠纷案例供大家参考，并明确指出不追责的情况下补偿金额都没有超过50万元的。陈叶锋为双方仔细分析道："调解要求大同而存小异，平衡利弊止纷争。针对这个案件，从法律角度来说，就需要进行相关鉴定，调查取证，拿出过硬的证据，以便认定责任及划分比例，并以此来计算相关赔偿、补偿的数额。当然，如果双方愿意摒弃责任多少，本着解决实际问题的态度，从情理角度来考虑，协商和解也是可以的。那么就要拿出符合双方基本预期又相对合理的标的来，这样才能有协商的余地。医院要考量下医生是否真的做到对症下药，这味中药是否确实没有任何问题？还有，家属这边也想想，常某的死亡是否就因为这个药。死者是否有长期慢性疾病或其他突发性疾病？……方案最终是要由你们双方来确定的，调解员始终是中立的第三方。所以，我建议给双方一点时间，各自出去好好商量一下。家属不要'漫天要价'，医院也别'一推了事'，双方既要考量己方的难处与诉求，也要顾及对方的承受能力和意见，从'心'出发，重新提出一个可操作、可履行的新标的来。"李某和医院代表均点头表示认可。经过半个多小时的商量，李某提出了 65 万元的赔偿诉求，而医院这边也给出了 17 万元的补偿意见。

面对双方虽已大幅拉近但仍有不小差距的诉求，场面一度陷入了沉寂。大家心知肚明，这个差距仍旧是摆在双方面前的一道不可逾越的鸿沟。怎样才能继续缩小差距，打破僵局呢？陈叶锋首先褒扬了双方的进步，然后仔细地分析利弊："今天双方能在这张桌子上一起协商，不容易！彼此要珍惜，要有诚意。只有双方相向而行，拉近距离，才有和解的可能。如果走诉讼程序，家属方就要收集相关证据，耗费大量时间、精力不说，最终结果还未可知。医院这边也要考虑被起诉后给自身名誉带来的负面影响。如果双方都死守一个数字，调解就无法推进了，所以建议你们换位思考，从解决实际问题的角度出发，坐下来好好协商。"沈寅弟也对《中华人民共和国人民调解法》做了相关解读："今天一旦达成和解意向，可以签订调解协议加以约束，确保双方权益。"他希望双方都能抓住这个难得的和解机会。在场的李某本村的"老娘舅"也坦言，来杭州前县里和乡里的领导都打电话嘱咐过，要尽量促成和解，避免事态扩大。经过又一轮的商讨，李某从 65 万元降到 50 万元，最后提出了最少 35 万元解决此事的诉求。医院代表也郑重表示，为表示诚意愿意共同担责，向公司领导请示，从 17 万元增加到 20 万元，最后力争把补偿金额最多增加到 25 万元。

通过两位调解员的不懈努力，双方的差距已经缩小到了 10 万元，但双方也已到了"寸步不让"之地。调解室内的空气再度凝固，场面又开始走向僵化。最后阶段，沈寅弟、陈叶锋决定兵分两路，背靠背轮番作战，分别做双方的工作。一方面，沈寅弟和上城区信访局、上城区卫健局代表，共同劝导医院应该承担起自身的社会责任，减小事件的社会影响，同时希望他们能考虑死者家庭的实际困难，在可能的范围内再增加部分补偿。另一方面，陈叶锋和李某本村的"老娘舅"一起，对李某及亲友进行耐心劝导："你们失去亲人的悲痛心情和力争更多补偿的心愿，我们大家都能理解。但是我们要认清形势，理性面对，合情合理地达成诉求。作为调解员，我们都会尽量去帮着争取一些，但是建议你们不要太过纠结于数字多少，眼下最重要的是，尽快了结此事，安心回去处理后事。早日让死者入土为安才是对死者最大的尊重。"

经过两位调解员和相关人员多轮面对面、背靠背的沟通疏导，双方最终达成一致，签订调解协议：医院基于人道主义和人文关怀，同意一次性给予常某家属一笔其认可并接受的补偿费用，常某家属及亲友息访罢诉，不再就此事向任何单位提出异议。历时 7 个小时，这起由服用中药期间突发死亡引发的群体性信访案件终于画上了完美的句号。

◈ 案例点评

医疗纠纷涉及人的生命与健康，由于其专业度高、责任划分难以及矛盾容易升级，是纠纷调解中的"老大难"。调解医疗纠纷必须从维护社会和谐稳定的角度出发高效地进行处理。

本案中死者家属召集亲友共同参与，集体上访。上城区信访局通过"访调对接"机制将案件移交上城区调委会进行调解。上城区调委会高度重视，第一时间介入，为纠纷的快速处理赢得了时间。在本纠纷调解中，上城区调委会善于调动各种有利因素，充分发挥区信访局、区卫健局等的职能优势，对维护调解秩序和最终化解矛盾起到了积极作用。面对医疗纠纷中医患双方的各执己见，上城区调委会在受阻力、干扰的情况下，既坚持依法依规，又融入人民调解的灵活性，公正高效地化解矛盾，避免矛盾升级造成更大的负面影响。

学生打架谁责任 警民联调来解纷

❖ 案情简介

2017 年 5 月 24 日上午，杭州市上城区某派出所接到 110 报警，称某中学发生学生打架事件。民警出警后了解到，2017 年 5 月 20 日中午，李某（受害人）正在教室里学习，突然听到同班同学王某（加害人）大声呼叫他出教室，李某预感不好，不肯出去，继续在教室里学习。王某见李某不肯出来，就带着几个同学冲入教室，强行将李某拖到王某的宿舍，并叫在宿舍里等候的几个同学对李某拳打脚踢，将李某打得头晕眼花，并伴有胸闷、恶心呕吐现象。其后，李某去医院治疗，共花去医药费 1000 多元。李某家长把情况向学校反映后，学校召集双方进行调解，要求王某家长赔偿受害人的医药费。王某家长不同意赔偿后，李某家长遂拨打 110 报警。

❖ 调解过程及结果

上城区某派出所接警后进行了调查，事情的起因非常简单：事发前一天即 2017 年 5 月 19 日中午，李某在教室与另一个同学讲话，因讲话声音大了些，影响了王某与同班的一女同学聊天。王某叫李某讲话声不要这么大，李某不听，继续与同学大声讲话。这就是王某要纠集同校的其他 4 名学生殴打李某的理由。

经双方当事人同意后，上城区某派出所决定对此纠纷进行联合调解，由派出所张警官主持，邀请上城区调委会调解员共同参加。协调会上，调解员就调解的相关程序和双方权利义务等进行了具体说明，随后认真倾听了校方对学生打架事件的调查结果，并与双方家长沟通，了解他们对此事件的认识和态度。调解员了解到，加害方王某的父母都是下岗工人，为了生计到外地打工，平日缺少对王某的监管和管教。当张警官将王某在校组织其他同学殴打李某的违法行为告诉他们时，王某父母竟表示小孩子打架是常有的事，他们不需要负什么责任。对此，调解员当场对王某父母放任孩子的错误言论进行了批评和教育，并指出王某的违法行为已对同学李某造成了人身伤害，父母作为监护人，负有民事责任。经过民警和调解员的一番普法宣讲，王某家长认识到自己的责任，同意根据自己孩子的过错、责任大小，赔偿医药费给李某，并表示愿意积极配合，加强对自己孩子的法制教育。

2017 年 6 月 7 日上午，在派出所张警官的主持下，受害人李某的家长、加害人王某的家长及其他涉事学生的家长就李某人身损害赔偿达成了调解协议。根据过错责任归责原则，过错人王某组织他人殴打李某，应负主要责任，参与人孙某等是在王某的组织下才参与殴打李某的，应负次要责任。负有主要责任的王某赔偿医药费 500 元给李某，负有次要责任的孙某等各赔偿医药费 300 元给李某。同时在与校方的协商中，调解员也十分严肃地提出加强学校管理和落实各项制度的重要性，建议就此事在全校开展一次讲文明、树新风的行为守则教育。

◈ 案例点评

这是一起典型的学生在校寻衅事件。鉴于打架双方均为未成年人，派出所免除了当事人的行政处罚，但从注重未成年人教育的原则出发，对加害人王某、孙某等 5 名同学进行了有关《中华人民共和国治安管理处罚法》和《中华人民共和国民法通则》的普法教育，并责成家长加强对未成年子女的监管。本案采取警民联调的方式，通过背靠背的案情调查，明确责任。调解员还将法、理、情深度融合，运用法律宣教法、道德感召法、利弊分析法，讲透了监护人的责任所在和教育子女的重要性。

游客景区摔伤愁　诉调联动解烦忧

◈ 案情简介

2020 年 8 月，外地游客哈某陪同母亲在杭州某景区游玩拍照时，不慎跌落步行街景观池道受伤，经医院诊断为踝关节（左踝、右踝、后踝）3 处粉碎性骨折，遂住院进行切开复位内固定与植骨术治疗。哈某认为当日步行街景观池道处于施工状态，但管委会未设置明显的警示标识和围挡，存在管理疏漏。哈某家属曾找景区管委会索要相应赔偿，但双方对赔偿责任与金额存在争议，故哈某家属于 2020 年 9 月 6 日来到上城区社会治理综合服务中心咨询，并向上城区调委会申请调解。

◈ 调解过程及结果

上城区调委会受理此案后，十分重视，由于双方当事人各执一词，遂要求管委会提交事发路段的照片和监控录像。考虑到本案发生在景区步行街，为妥善处理纠纷，展现杭州作为重点风景旅游城市的形象与担当，调解员邀请上城区人民法院诉讼服务中心法官共同参与调解。

调解员认真倾听了各方当事人的陈述，通过查看现场照片、调取监控视频等方式，对事发过程、周边环境、救治情况等进行了核实、确认。此外，调解员与诉讼服务中心法官、值班律师等一同对本起纠纷进行分析研判，将相关责任区分、赔偿标的等参照其他类似案例进行了研究考量，一致认为当事人哈某应负主要责任，管委会在景区管理和人员培训教育方面负有一定责任。但如何让当事人哈某及其家属认清事实、接受责任区分结果成为本案调处的关键。

第一次面对面协调时，哈某表示，主治医生说她后遗症比较严重，康复后会出现长短腿，这将对其今后的生活、工作等造成很大影响。参照九级伤残的赔偿标准，哈某提出了总额为56万元的赔偿诉求，其中包含第一次手术治疗费、伙食补助费、交通费、护理费、误工费、营养费、住宿费、伤残赔偿金、残疾辅助器具费、精神损害费及二次手术费等。调解员指出："《中华人民共和国侵权责任法》第三十七条规定：宾馆、商场、银行、车站、娱乐场所等公共场所的管理人或者群众性活动的组织者，未尽到安全保障义务，造成他人损害的，应当承担侵权责任。但是这个责任划分要依据事实情况而定。从现场监控来看，哈某在给母亲拍照过程中，没有留心周边情况，其母亲也没有及时提醒，导致哈某不小心一脚踩空掉入景观池道中，主要还是由于自己的疏忽。"然而哈某及其家属坚持认为，主要责任在于管委会未设置警示标识与管理不当，提出自己和管委会责任区分比例应为1∶9。对此，管委会负责人坚决不同意，认为视频监控表明此次事故的主要责任在于哈某，且事后管委会也派工作人员入院探望，虽然在管理上有一定的疏忽，但不应承担如此多的责任，最多给予1万元左右的人道主义补偿。首次协调因双方标的差距太大，无果而终。

为切实解决问题，避免矛盾激化，调委会与管委会负责人反复沟通，要求其在责任区分方面做适当让步，并在补偿方面提前做好相关预案；又和法官一起与哈某及其家属背靠背进行了沟通疏导，就相关责任做了详细阐释，并告知其参照以往判例，此类案件景区管委会一般都是承担次要责任或无责任。哈某听后情绪十分激动，要逐级向上信访，一定要讨个公道。调解员继续劝说哈某要回归到理性、友好协商上来，并再次拿出监控视频规劝："对于您来杭旅游期间发生这样的意外，我们表示同情，但是我们也要尊重事实。您看视频中，作为一名成年人，在拍照时连续三次后退的过程中，您连最起码的环视周边的基本常识和本能的自我保护意识也没有，以致最后跌进池中。我想这当中，您主观上的直接责任也是不容置疑的吧？"哈某和家属听了之后一时无言以对，陷入了沉思。随后，哈某又说道："景区这边没有安全提醒，而且最可恶的就是附近的安保人员看到其他游客拉我起来时，居然无动于衷，不仅没有履行安全救护责任，还没有基本的公德心。"对此，法官明确指出，事故发生在视线良好的白天，街边的景观池道并不隐蔽，哈某作为一名成年人，在给母亲拍照时只盯着手机，未注意观察周边环境，对事故的发生具有较大的过错。而管委会设置的提醒标识不够醒目，其工作人员即景区保安在发现事故后未及时施救，亦存在过错。法官又向双方介绍了法律规定的赔付项目及计算方式，建议双方在合理协商过错比例及损失金额的基础上确定调解方案。

经过 2 个多小时的释法析理、耐心疏导，哈某表示愿意与管委会尽快了结，回老家康复休养，提出了一次性支付 15 万元人民币的赔偿要求。管委会负责人也表达了自己的难处，称无法满足哈某这个补偿标的。调解员与双方当事人继续保持沟通协调的同时，也与医院骨伤科医生做了深入交流，并邀请司法鉴定机构工作人员根据哈某医疗证明和出院小结等材料对哈某伤残情况进行分析判断。结合哈某首次住院治疗期间的费用和其他误工、护理等支出，预测二次手术治疗费用；按照人身伤害相关赔偿项目分项列数，初步测算出总的费用金额；在此基础上，参照相关法院判例提供分摊比例参考，形成一个具有较强说服力的合理补偿方案供双方参考。

经过近 2 周的反复沟通和疏导，多方调查核实，最终双方达成一致意见：由该景区管委会一次性支付给哈某补偿款 10 万元人民币。鉴于本案案情特殊，当事人哈某还需二次治疗且最后康复程度未知，管委会提出要对该案"一次性了结"做一个明确。调解员为打消当事人的顾虑，建议双方在签订调解协议后做司法确认，以便更好地维护各自的权利和义务，并特意请法官前来阐明司法确认的法律意义并告知确认所需材料。签完协议后，调解员一直跟进随访，密切关注管委会支付时间和履约情况。一周后，管委会已如数支付补偿款，哈某及其家属也致电调解员表示感谢。此案最终得以化解。

◈ 案例点评

哈某在杭旅游期间意外受伤，如果不妥善处理此事，不仅会给当事人造成难以磨灭的心理阴影，也会给杭州这个国际化旅游大都市带来不良影响。案件的顺利解决让当事人充分感受到了杭州的人文关怀，这不仅有助于缓和社会矛盾，促进社会稳定，还充分体现了上城区社会治理综合服务中心"一站式"服务的大调解格局以及"以人民为中心"的服务理念。"诉调对接"的密切联动，人民调解与司法确认的无缝衔接，一方面为当事人减轻了诉累和经济负担，节省了诉讼内解决纠纷的司法资源，另一方面也维护了人民调解的声望和公信力，消除了人民调解缺乏强制执行力的弊端。两者的完美结合可以最大限度地解决纠纷，保障当事人的权利。

精神病人肇车祸　暖心调解促和解

◈ 案情简介

　　2019 年 12 月的一天上午，邵某骑电动自行车带着 80 岁老母亲前往农贸市场买菜，骑行至市区某岔路口处与项某发生碰撞，并导致项某受伤。在场群众帮助拨打了 110 及 120，事故得以快速处理。120 急救车到达事故地后，项某被送往医院治疗，经诊断为肋骨骨折。邵某及母亲则跟随交警前往交警中队做笔录，最终交警大队认定：当事人邵某骑电动自行车载人及超越他人时未尽到注意义务，其违法行为与本次事故的发生有直接的因果关系，故对本次事故承担全部责任。

　　项某治疗结束后，直接选择向事故所在地的人民法院提起诉讼，要求邵某赔付医疗费、护理费、误工费等合计人民币 20000 元。因项某年纪较大，故将诉讼事宜授权其儿子小项办理。案件受理后，人民法院通过"诉调对接"机制，将案件交由区调委会组织开展调解。

◈ 调解过程及结果

　　收到案件后，调解员完整研究了案卷，及时与肇事方邵某取得联系。第一次拨通邵某电话时，接听的是一位女士。得知因为交通事故案件被起诉后，这位女士非常激动。待她冷静下来后，调解员得知，该女士系邵某的姐姐，并通过她的倾诉对邵某的家庭情况有了初步了解。原来邵某自幼便有些智力障碍，结婚生子后发现儿子的智力状况还不如他。随着孩子日渐长大，邵某妻子不堪生活重负，离家出走。遭此打击，邵某精神受到重创，最终成为一个无民事行为能力的人，完全缺乏生活自理能力。那时候由于母亲年事已高，所以由邵某姐姐担负起了监护人的职责。

考虑到本案当事人情况特殊，调解员决定亲自前往其家中了解情况。看到邵某的家庭境况，调解员心酸不已：邵某与其 80 岁母亲及同样为无民事行为能力的儿子居住在一套约 40 平方米的破旧老房内，家中几乎没有像样的家用电器。邵某姐姐则在一旁收拾着屋子里的角角落落。邵某母亲虽然年纪较大，但思维还是很清晰的。对于调解员能亲自上门家访，她非常感激，知道儿子犯错后，不停责怪自己不该让儿子带着她上街，同时面对赔偿要求又备感压力。

调解员进一步了解案情后，确定事故情况与项某起诉状的描述基本相符，邵某应当对本次事故承担全部责任。但考虑到当事人家庭境况，调解员当天并未就具体赔偿问题展开沟通，而是让他们在家等消息，并表示需要把实际情况传递给伤者及其家属，从而尽可能找到一个最优的处理方案。

回来后，调解员再一次打开案卷，对于项某提出的医疗费用逐项进行计算，其中涉及医疗费 14000 元、误工费用 4000 元、护理费用 2000 元，共计 20000 元。本案的焦点还是在赔偿项目及数额的确定上。

调解员第一次接通项某儿子电话时，先耐心听完其陈述，并总结其诉求。原来小项对邵某家庭情况是了解的，并且明确自己的经济情况还可以，提交诉讼也不是为了争取多少赔偿。他们主要是气不过，因为邵某曾经到医院对着项某大骂，推脱事故责任，起诉只是为了要对方改变态度，认识到自己的错误。

听到这个初衷，调解员松了一口气。经过前期的沟通，邵某一方已经表明了态度，对事故责任完全认可，只是苦于无力负担过重的赔偿。调解员一鼓作气，将双方约到调解中心进行一次面对面调解，并向邵某交代一定要注意态度，这样才有利于事情的处理。当天邵某向项某儿子表达了歉意，也详细陈述了自己家庭的实际困难，希望能得到对方的谅解。

项某一方表示仅要求赔偿医疗费用 10000 元，但需要一次性付清。尽管项某已经做出很大的让步，但邵某表示他们家一个月的收入就是 2400 元的困难补助及残疾补助，加之前段时间邵某刚刚入院治疗，花去医疗费用约 10000 元，目前身无分文。调解员见状便单独与项某儿子沟通。调解员认为项某家庭条件还是不错的，并且诉讼的目的并非为了赔偿，而是邵某一方的态度，现在希望项某一方能够看在邵某一家认错态度上，再让一步。项某儿子与家人商量后，最终表示同意。

双方协商一致，签署调解协议：（1）项某同意将本次事故造成的损失赔偿确定为人民币 10000 元。（2）上述费用分 7 期支付，前 6 期每期支付 1500 元，第 7 期将剩余款项全部付清。双方对调解方案均无异议。

◈ 案例点评

本案件其实是一件极其普通的非机动车交通事故责任纠纷。事故责任的认定也是十分清晰的，且受害人项某的伤情并不算严重，整体的赔偿数额也不大。关键点在于肇事者邵某家境困难，且其自身就是无民事行为能力的人，还有一个无民事行为能力的儿子和一个 80 岁高龄的母亲。三人靠困难补助和残疾补助维持生计，除日常开支外，还需要支付高昂的医疗费用，可以说毫无积蓄。

在我国，无民事行为能力的人是需要监护人日常监护管理的。在本案中监护人显然未尽到监护职责，让无民事行为能力人骑电动自行车并且载人出行，这是导致纠纷发生的根本原因。我国法律规定，被监护人侵权造成他人损害的，若被监护人财产不足以支付赔偿，是需要监护人承担赔偿责任的。调解员充分利用法理和情理对项某一方进行感化，使其同意在法定赔偿标准以下进行赔偿，同时还给予邵某较长的履行期限。调解既节约了当事人的时间，减轻了其诉讼负累，又让伤者得到了应有的赔偿。可以说，这次调解让当事人在理解法律公正的同时，也体会到了人情的温暖。

饮酒后意外死亡　同饮者如何担责

◈ 案情简介

方某经营一家小饭店，平日喜欢做几个菜，招呼朋友到饭店里吃饭喝酒。2021年1月17日傍晚，方某像往常一样邀请李某、郑某等朋友一同吃饭，又叫上了隔壁小卖部的老板吕某。

席间，方某拿出自己收藏的几瓶酒。朋友都劝他不要再喝了，但方某执意打开，并混着喝了几杯。晚上8点左右，众人看方某喝得有些迷糊，纷纷准备离开。离开前，众人找了一床垫被铺在地上，让方某躺下，又在他身上盖了一件羽绒服。由于正值寒冬，气温很低，众人将房间内的空调打高，并商量由方某的女友黑某留下照顾。次日早上6点，黑某发现方某死亡，遂报警。事后，方某家属起诉，向李某等4名同饮者索赔200万元。"诉调对接"工作室的调解员遂介入调解。

◈ 调解过程及结果

受理后，调解员第一时间联系了李某等，详细了解了事发经过。4名同饮者纷纷表示冤枉，认为当天大家都在劝方某不要喝酒，在方某喝醉后也已经尽到了对方某的照顾义务。其中，小卖部老板吕某表示，自己和方某平日交集不多，只是邻里关系，方某在他那里买烟酒还欠着一些货款未付呢，而且这是方某第一次邀请他去吃饭。李某、黑某也表示，方某还欠他们钱未还，且方某平日就爱喝酒。除此之外，调解员还了解到，当天在场的，除死者方某外共有7人，而方某家属因不清楚同饮者的具体人数与身份，仅起诉了李某等 4 人。经调解员多次沟通，在李某等人的协助下，剩余 3 名同饮者与调解员取得联系，并表示同意加入本案调解。

考虑到事情比较复杂，调解员联系、邀请了上城区人民法院法官参与并指导调解。调解员首先陈述了调解的程序与原则，并告知双方的权利和义务，随后请双方分别陈述了各自的诉求与理由。方某家属坚持索赔 200 万元，而同饮者李某等坚持认为他们无须承担法律责任，不同意赔偿，要求直接走诉讼审判流程，双方僵持不下。

考虑到本案的争议焦点在于同饮者是否需要承担赔偿责任，调解员和法官从情理和法理入手一起做当事人的思想工作。一方面，调解员采取背靠背的调解方式，先向方某家属表达了慰问之情。白发人送黑发人，方某家里失去了顶梁柱，悲痛之情可想而知。接着法官就本案的争议焦点，结合相关案例，向方某家属说明了共同饮酒人需承担法律责任的几种情形，比如：强迫性劝酒，用"不喝不够朋友"等语言刺激对方喝酒，或在对方已喝醉意识不清、没有自制力的情况下仍劝其喝酒；明知对方身体状况，仍劝其饮酒诱发疾病；未将醉酒者安全护送；酒后驾车未劝阻导致车祸；等等。通过法官的耐心释法，方某家属也慢慢地认识到本案系方某邀请好友吃饭喝酒引起，同饮者并不存在明显的劝酒等需要承担法律责任的行为，也认可方某平日里就有爱喝酒的习惯，同时对黑某在方某酒后对其进行照顾的行为也表示肯定。另一方面，调解员向同饮者们说明了方某家属的现实情况。因方某早年离异，目前家中只有年迈的双亲和年幼的儿子，顶梁柱一倒，他们日后的生活面临巨大压力。7 名同饮者作为方某朋友，考虑到方某家属的困境，愿意给予一定的帮助。但是双方对于具体的数额未能达成一致。望着家属极度无奈、忧虑的脸，其他 7 名同饮者相互对视也不知所措。

调解员决定在尊重各方意愿的基础上再分别做做工作。于是，调解员结合之前了解到的有关情况，与方某去世前欠着货款和借款的吕某、李某、黑某等进行反复协商，对其余同饮者一一进行了劝说，希望他们看在方某父母和小孩的情面上尽量多给予一些帮助。

经过 2 个多小时的耐心疏导、说服，各方最终自愿达成一致协议。李某等 7 名同饮者同意在免去死者方某约 20000 元欠款的基础上，再给予方某家属一次性人道主义补助合计 80000 元。双方随即在调解员主持下签署人民调解协议，并当场申请司法确认。事后，方某家属及李某等人均对调解员及指导法官的耐心工作表示感谢。

◈ 案例点评

日常生活中，亲朋好友、同学同事聚会时，饮酒本是正常的社交活动。但是每个人的酒量各有不同，过量饮酒不但伤身，而且有可能对他人乃至公共安全造成危害。基于此，同饮者对彼此的人身安全负有一定的安全保障义务，对其他同饮者不能恶意劝酒、灌酒、诱酒、迫酒、斗酒、拼酒等，而要尽到相互提醒、劝告、护送、通知、协助、照顾等义务，以减少安全风险。如果同饮者疏于履行这种义务，导致其他同饮者因此遭受人身损害或其他损失，应承担赔偿责任。当然，每个人都应该为自身的安全负责，同饮者的安全保障义务不能够取代饮酒人自身的安全意识和注意义务。同饮者应在其过错程度范围内，承担相应的赔偿责任。

本案中，调解员邀请法官现场释法说理，明晰各方在此类案件中应尽的法律责任、义务。同时，为推进案件的最终了结，调解员通过融情入理的耐心疏导，唤醒同饮者心里的善念，让大家以实际行动给方某家属一定的帮助和安慰，最终促成了双方和解。

争抢外卖惹祸事　庭前调解促和谐

◈ 案情简介

小詹和小江都是外地来杭务工的外卖小哥，彼此并不认识。一日中午，两人在某外卖店取餐时因争抢外卖发生口角，情急之下，小詹挥拳打了小江，致使小江的右眼眶被打伤，后在附近市属某医院进行手术治疗。之后经鉴定，小江的伤势已达到二级伤残。此时，小詹才意识到事态严重，在得知自己行为已涉嫌刑事犯罪后，悔不当初。该案随后被诉至杭州市上城区人民法院。小詹眼看自己要被判刑，不知所措，随即来到上城区矛调中心进行法律咨询，之后向上城区调委会寻求帮助，希望能调解他与小江的纠纷，以争取小江的谅解。上城区调委会与上城区人民法院沟通，在征得小江本人同意后，遂受理调处此案。

◈ 调解过程及结果

调解之初，调解员先是找到了当事人小江，询问其伤势治疗和恢复情况，在得知小江已经完全康复后，再次转达了小詹希望与小江达成和解的意愿。小江气愤地表示："小詹自事发后一直不见人影，也没有任何表示，到目前也尚未对自己进行赔偿。要是不赔偿，是不可能谅解小詹的。"听了小江的话后，调解员心中有了底。随后，上城区调委会正式召集双方当事人来上城区矛调中心调解室进行面对面调解。

但是，双方一见面仍是火药味十足，又为了当初争抢外卖时谁对谁错争执了起来。于是，调解员赶紧把二人分开进行背靠背调解。调解员先把小詹单独叫到旁边的调解室，对他说："事到如今，你还和他争谁对谁错有意义吗？怎么说都是你打的人而且还使他严重受伤，难道你到现在还不知道错吗？"小詹抬起头来，似要解释，随即又点点头说："冲动打人确实是我不对。"调解员又说："小詹，你出手打了人，且使其眼部受伤致残，这就构成刑事责任了，你知道吗？年轻不是让你随意挥霍的资本呀！你将为你的冲动付出巨大代价！"看到小詹一直低头不语，默默聆听，调解员接着说："做错事了，就要承担责任，这是连小孩子都懂的道理。而且现在主动赔偿或许还能取得小江的谅解，有机会争取法院对你适用缓刑。你自己是怎么考虑的？"此时，小詹满脸通红地抬起头来，说："是我错了，调解员同志您说得对，我要为自己的冲动负责，我愿意向他道歉并赔偿。"

于是，调解员又找到小江，耐心做起了小江的工作。小江向调解员抱怨道："我上有老下有小，全家都靠我送外卖赚那么点工资养活。小詹把我打伤，在医院治疗一住就是一个多月，光是医药费就花了2万多，还有吃住和误工损失等等。"调解员随即安抚小江："是呀，你们都是家里的顶梁柱，一家老小都指望你们外出平安，赚钱养家。确实都不容易啊！但是，事情既然已经发生，关键还是要想想怎么好好解决。刚刚我也狠狠批评了小詹，他现在也悔悟了，说愿意向你道歉并给予赔偿。所以我想听听你是怎么想的。"听了调解员的话后，小江微微沉思了一会儿，说："那他准备怎么赔偿呢？光赔偿医药费肯定是不够的，他还要赔偿我的精神损失。如果想要得到谅解，他至少得赔偿10万元。否则就没必要谈了。"

调解员随后又与小詹商谈："小江需要你赔偿10万元，他才肯谅解你。"这一下，小詹坐不住了，激动地说道："他这是狮子大开口，他看病哪里花了这么多钱？他这是讹我啊！我也是家里穷才出来打工的，要我付这么多钱，我宁愿去坐牢。"调解员赶紧安抚道："你先别激动，我们一起来算算这个账。你看小江光医药费就2万多，加上他住院一个多月，误工是肯定了，你们一个月平均下来赚多少钱？再加上，他受伤程度经鉴定为二级伤残，这笔赔偿肯定少不了。最主要的是治疗期间身体和心理受到的创伤也是不小的，对吧？所以，他提出的10万元赔偿款，在你看来可能高了点，但换作是你受伤呢？你的家人又有何感想？何况现在已构成刑事责任啦！你本身就理亏，还有什么好指责来指责去的？当然，对于小江提出的10万元赔偿款，我去帮你做做工作，看看是否可以降下来一点。一会儿，你和小江见面时先郑重地道个歉。要想取得人家谅解，自己姿态就要放低一点。"经过一番悉心劝说后，小詹认同了调解员的观点。

　　调解员把两人又叫到了一起，一见面就赶紧让小詹向小江鞠躬道歉。这下小江的态度也软了下来。见双方不再剑拔弩张了，调解员趁机说："两位都是家里的顶梁柱，年轻人血气方刚遇事冲动，但是好在男子汉肯担当。刚刚小詹也向小江道了歉，小江也说了，当时自己也性子比较急。可见退一步海阔天空，让三分心平气和。既然双方都有意愿和解，现在我们来商量一下具体数额吧。"随后，调解员从法律的角度对小江提出的各项费用进行了核算，又从人情方面劝解二人都做适当的让步。经耐心沟通协商后，双方最终将赔偿金额定为6万元。

　　原以为此事就这么了结了，不料这时小詹偷偷将调解员拉到了一边，说："我目前身边只有1万块存款，能不能分期付款？"调解员将小詹想分期付款的想法和小江说了以后，小江立马反对道："这6万元已经是看在调解员面子上答应的最低价了。我坚决不同意分期支付，万一以后人跑了，我找谁去要这钱？"调解员建议小詹找亲戚朋友凑一凑。小詹转身打了几个电话，一会儿红肿着眼睛找调解员说道："我才来杭州没多久，平时也没啥朋友。父亲在我小时候就去世了，家里亲人也只有需要长期吃药的母亲和已经远嫁的姐姐。她们都说没有钱，让我去坐牢算了，不要赔了。"说完小詹抹了一把眼泪。调解员见此情景也不免为小詹难过，握着小詹的手，说道："就算家里人放弃你了，你也不能自己放弃自己。我帮你想想办法吧，但是你以后可不能这么冲动犯浑了，而且自己承诺的事情一定要兑现。"

　　考虑到小江不同意分期支付是怕小詹不能按时履约，于是调解员就想到了司法确认。经司法确认过的调解协议具有强制执行力，可以申请法院强制执行。随后，调解员把小詹的家庭情况和他全额支付的实际困难，与小江做了详细的交流。小江也表示同情，但还是对分期支付表示不放心。于是，调解员专门为其介绍了"调解协议＋司法确认"的程序，确保小江后续能顺利拿到相关赔偿。小江终于放下了担忧，愿意接受分期付款方式，双方当场签订了调解协议并申请了司法确认。同时，小江为小詹出具了谅解书，希望法院能够对小詹酌情适用缓刑，好让其在外面打工还钱。

◈ 案例点评

　　《中华人民共和国刑事诉讼法》第五编第二章第二百八十八至二百九十条

对当事人和解的公诉案件诉讼程序进行了专门规定，将因民间纠纷引起，涉嫌侵犯人身权利和民主权利、侵犯财产犯罪，可能判处三年有期徒刑以下刑罚的故意犯罪案件，以及除渎职犯罪以外的可能判处七年有期徒刑以下刑罚的过失犯罪案件纳入公诉案件适用和解程序的范围。在犯罪发生后，可以经调停人帮助，让被害人与加害人直接商谈，解决刑事纠纷。和解协议，由司法机关予以认可并作为对加害人刑事处分的依据。刑事和解的目的是恢复被加害人破坏的社会关系、弥补被害人所受到的损害以及恢复加害人与被害人之间的和睦关系，并使加害人改过自新、回归社会。刑事和解以被害人的利益保护为核心理念，以其对被害人、加害人及公共利益的全面保护为基本内涵，实现以较小的司法资源耗费，获得较理想的实体性目标。本案中，调解员本着教育帮助为主、惩罚赔偿为辅的原则，从解决实际问题的角度出发，以当事人的合法诉求为中心，耐心疏导劝解，最终促成双方和解，让加害人得到教育和处罚，被害人得到安慰和补偿。

地铁站意外摔伤　调解倾力护权益

◈ **案情简介**

　　2021 年 3 月某日，当事人诸某在杭州一地铁站准备乘坐地铁时，因通道地面湿滑，不慎摔倒受伤，被送至附近某省级医院骨伤科救治，经诊断为左肩肱骨骨折。经过较长一段时间的治疗和休养后，诸某身体已基本康复，并经浙江某司法鉴定所鉴定后出具《法医临床鉴定意见书》。其后，诸某就医疗费、误工费、护理费、营养费等相关费用赔偿问题与地铁运营有限公司多次交涉，协商无果。诸某于 2022 年 3 月底前往上城区矛调中心进行法律咨询，向上城区调委会申请调解。

◈ **调解过程及结果**

　　诸某因多次找地铁公司协商不成，十分气愤，来到上城区矛调中心时情绪非常激动。据其本人说，事发当天，她从一楼乘坐电梯到达负一楼站台，出电梯后右转准备去乘坐地铁，但是脚下一滑就摔倒了，整个人倒向地面。当时多位乘客看到后连忙搀扶她起来。这一摔诸某膝盖等多处擦伤，特别是左肩剧痛，致使手臂抬不起来。2 分钟左右，地铁站工作人员来到现场，并拨打了 120，随后诸某被送去医院治疗。诸某记得摔倒时有乘客还在说："地上怎么这么多水？大家小心点。"诸某接着说："事后，地铁站的值班站长也查看了监控，地面当时确实有水。后面我们家属与地铁站工作人员理论并要求查看监控时也是证实了的。"
诸某表示："本以为地铁公司也是个大公司，事后会来妥善处理的，但是令人失望的是，他们非但电话没有打一个，反而在我上门协商时一个个推脱。我去了很多次，没人给我一个说法。我是实在气不过，所以来咨询下，实在不行就起诉他们。"调解员在进一步了解情况并查看诸某的住院治疗病历和相关费用清单后，与地铁公司联系，征询调解意愿。

2022年4月某日下午，上城区调委会召集地铁公司代表牛某和当事人诸某到上城区社会治理综合服务中心调解室进行面对面调处。调解员先就人民调解程序与原则、双方的权利义务等进行说明。在双方把案情陈述完毕后，调解员又对地面湿滑的事实、诸某摔倒时的情况、旁边有无警示牌、摔伤后地铁公司的应急处理等细节逐一核实、确认。双方对基本事实均表示认可。但是对于诸某提出的医疗费、误工费、护理费、营养费等相关费用赔偿，地铁公司代表表示不认同，提出："地面有些湿滑是事实，但诸某摔倒是意外。当天外面下雨，这些水很可能是其他乘客雨具上滴落的，而且站内定时有工作人员巡岗巡查，当天也无其他乘客摔倒的情况。事情发生后，我们立即协助拨打了120，及时帮助诸某去医院治疗，已经尽到了我们该尽的责任和义务了。"诸某听后，情绪一下子激动起来："那就是说你们一点责任都没有喽？当时地面有水，这是事实吧？没有水的话，我怎么会在那边摔倒，而不是在其他地方摔倒呢？我躺在家里几个月，钱花了好几万块。不能去上班要有人照顾时，你们连看都不来看一眼，电话慰问也没有。这就是你们应有的态度吗？"调解员适时对诸某进行了安抚，随后与地铁公司代表进行沟通："从一系列现象来看，首先排除诸某主观上故意摔倒的可能性，对吧？而且，当天诸某摔倒的地方确实有水，这是事实吧？不光其他乘客，而且你们自己的工作人员在场也看到了。另外，当天下雨，通道上没有放置'地面湿滑、注意安全'等警示牌，这也是疏漏吧？"看到地铁公司代表默不作声，调解员接着说，"当然，诸某行走时摔倒了，而其他人经过时并没有摔倒，这也有她自身的原因。所以如果一定要从这个事件中分出个责任来的话，我认为你们都有一定的责任。"《中华人民共和国民法典》侵权责任编第一千一百九十八条规定，车站负有安全保障责任。如因此造成他人损害的，应当承担侵权责任。如因第三人的行为造成他人损害的，车站未尽到安全保障义务的，也要承担相应的补充责任。经过调解员一番释法析理、融情入理的劝说后，地铁公司代表表示，愿意一次性给予诸某在医药费方面的补偿。诸某表示愿意接受一次性了结，并且由于摔伤住院治疗而产生的误工费、护理费等也需要地铁公司承担。地铁公司代表表示："我们最多只能在医疗费用方面给予人道主义补助，至于其他我们公司是不认可的。"

调解好不容易有所进展，为巩固现有成果，调解员一方面劝慰双方本着解决实际问题的态度，都拿出和解诚意来，另一方面，提出"既然是一次性了结，那重点就是要确定一个具体数额。这样于地铁公司这边便于操作，于诸某这边有一个心理安慰"。通过面对面、背靠背的方式，围绕具体数额又进行了半个多小时的沟通拉锯，双方最终达成一致意见：地铁公司同意支付诸某因本次意外摔伤产生的相关医疗费用（具体以医院出具的相关票据为准），并给予一次性人道主义补助1万元，上述两项费用于2022年4月30日前完成支付。诸某在地铁站内摔伤事件一次性了结，双方无其他争议。

◈ 案例点评

《中华人民共和国民法典》第一千一百九十八条，关于安全保障义务人责任规定：宾馆、商场、银行、车站、机场、体育场馆、娱乐场所等经营场所、公共场所的经营者、管理者或者群众性活动的组织者，未尽到安全保障义务，造成他人损害的，应当承担侵权责任。因第三人的行为造成他人损害的，由第三人承担侵权责任；经营者、管理者或者组织者未尽到安全保障义务的，承担相应的补充责任。经营者、管理者或者组织者承担补充责任后，可以向第三人追偿。本案中，对于诸某在站内行走时因地面湿滑而摔倒的事实，双方当事人均无争议，但对相关责任区分和赔偿补偿问题存在一定争议。调解员本着解决实际问题的原则，通过释法析理、融情入理、换位思考等方法反复疏导劝说双方，最终促使双方达成一致意见，签订和解协议，及时避免了一次极有可能发生的诉讼。

医疗纠纷难追责　释法析理促和解

◈ 案情简介

2016 年，当事人陈某因意外摔伤被送到杭州市某县级医院急诊科，急诊医生在给陈某检查拍片后诊断为右侧臀骨颈骨折。陈某随即被该县级医院安排入院，实施 3 颗螺钉内固定术。术中因医生操作不当将螺钉打出股骨头外端，造成陈某股骨头坏死、髋关节创伤性骨关节病。该县级医院未将此情况告知陈某，继续为陈某治疗长达 14 个月之久。陈某得知情况后，出院前往浙江某省级医院就诊，于 2017 年住院，实施右股骨颈内固定术拆除。术后，陈某一直无法康复，现已终身残疾。

事后，陈某多次与该县级医院沟通协商，但院方表示导致其终身残疾的原因是浙江某省级医院实施的右股骨颈内固定术拆除手术，而浙江某省级医院则表示 3 颗螺钉内固定手术失败，若不拆除只会给其身体造成进一步损害。陈某因协商赔偿无果，遂于 2019 年向杭州市上城区人民法院提起诉讼。本案进入诉前调解阶段，转由杭州市上城区调委会律师调解员调处。

◈ 调解过程及结果

律师调解员在接受案件以后，立即安排时间与陈某见面，详细了解了本案纠纷发生的全过程。陈某十分气愤，认为该县级医院隐瞒手术失败的真相，哄骗其继续治疗长达 1 年多。"如果早一点告知，我的身体也不至于残疾。"律师调解员询问："手术失败这个情况是谁说的？"陈某说："我无意间从其他病友那里了解的，后来再仔细看了 X 光片后，才知道钢钉在固定的过程中被打出了股骨头外端。"随即陈某出示了 X 光片。既然有片子，医院又为什么说自己的手术是成功的？律师调解员随即向医院了解情况。主治医生认为自己的手术操作完全符合规定，钢钉打入位置在医学临床规定的范围之内，并不存在医疗过错。陈某之所以残疾是由拆除钢钉和自身的身体情况导致的。

要让调解有所推进，首先要确定造成残疾的原因，到底是因为固定术实施中钢钉打出了股骨头外，还是因为拆除了固定用的钢钉导致的？律师调解员带着疑问前往浙江省图书馆翻看了相关的医学书籍，同时向其他医院的骨科专家进行详细咨询，了解到固定术可能是存在一定过错的。律师调解员将以上情况和该县级医院进行沟通，但是医院拒绝调解，坚持认为自己不存在过错。无奈之下，律师调解员只能暂时搁置调解，让陈某先行提请司法鉴定，查明本案事实。

医疗损害鉴定结论为：该县级医院的医疗行为存在过错，但是与陈某的身体损害不存在因果联系。根据以上鉴定结论，律师调解员心里非常清楚，这个结论对陈某是不利的，也难以让陈某接受，搞不好会使矛盾进一步激化。

果然，陈某在得知鉴定结论之后情绪非常激动，失望而无助地大声嘶吼，认为这家鉴定机构有问题，坚持另外找机构重新做鉴定。律师调解员首先稳住陈某的情绪，进行悉心安抚，劝说道："虽然鉴定结果不太好，但是我们也有了进一步与对方医院协商的依据。"待其情绪稍有好转后，律师调解员开始耐心向陈某讲解法律对于侵权行为的构成要件的规定，同时分析鉴定的结果。同时，律师调解员还抓紧和医院协调，指出：毕竟医院确实存在过错，医院本就是治病救人的地方，要勇于承担责任；陈某面临的是一辈子的身体残疾，一点赔偿是不足以弥补的，但能给患者极大的安慰。在律师调解员的反复沟通说服下，该县级医院最终同意让步，赔偿当事人陈某 8 万元。这起历时 6 个多月的医疗纠纷案得以顺利化解。

◈ 案例点评

本案为医疗损害责任纠纷案件，被公认为侵权损害赔偿案件中的难点。一般侵权行为的构成要件包括有加害行为、有损害事实的存在、加害行为与损害事实之间有因果关系、行为人主观上有过错等四个方面。只有同时具备这些要件，侵权行为才能成立。只有侵权行为成立才能依法要求行为人承担赔偿责任。医疗损害责任纠纷案件的难点之一即在于证明侵权行为的成立。

调解医疗损害责任纠纷时不可避免地要面对记载整个医疗过程的病历。病历中的很多专业术语，对于不具有医学专业知识背景的人来说，很难理解并做出准确判断。患者由于自身疾病问题，极易产生仇视情绪。本案调解员起初在遇到医院方强势表态拒绝调解时并没有放弃，而是在对医疗专业问题做了进一步查询、咨询后，有针对性地引导患者不要主观臆断。待医疗鉴定出来以后，调解的方向也就进一步确定了。鉴定结论对患者是不利的，如果不进行调解，其可能面对的是一纸败诉。对于其内心而言，将会一直无法理解为什么有错却不用赔偿，最终对法律、对鉴定产生误会。本案调解结案，虽然最终患者终身残疾的事实无法改变，但是从化解矛盾的角度上来说，多少使得患者在心理上能够得到抚慰，内心也得到了一定的平衡，从而提振开启新生活的信心。

美容不成反毁容 人民调解化纠纷

◈ 案情简介

　　家住杭州市上城区的小翁从小就是一个爱美的姑娘,可惜脸部在青春期时留下了许多痘印、痘疤。2022 年 5 月初,小翁偶然间看到杭州 W 医疗美容医院(简称 W 医院)的宣传广告,称光子嫩肤和微针项目能改善脸部毛孔粗大、痘疤、痘印等皮肤问题,遂前往 W 医院现场咨询。小翁当即订购了该美容医院的光子嫩肤和微针项目,并支付医疗美容费用人民币 15600 多元。但术后当天,小翁就感觉皮肤异常疼痛,第二天面部居然出现长方形烧伤瘢痕。于是,小翁去附近浙江某三甲医院皮肤科检查,被诊断为光子嫩肤致皮肤烧伤。于是,小翁找到 W 医院要求给个说法。连续两次上门交涉后,W 医院的相关人员在言谈中也承认是其医疗操作失误所致,愿意给予一定赔偿,但双方就具体赔偿数额无法达成一致。小翁回到家后越想越气,一怒之下使用自媒体在某视频网站上对 W 医院进行了曝光。随后,小翁又向杭州市上城区人民法院提起诉讼。上城区人民法院委托上城区调委会介入调解。

◈ 调解过程及结果

　　上城区调委会调解员受理后,先是打电话向小翁了解情况。小翁向调解员哭诉道:"我现在每天躲在家中不敢出门见人,原以为进行医美项目能达到变美的预期效果,没想到竟是'花钱找罪受'。"同时,她给调解员提供了很多触目惊心的烧伤照片，表示自己后续还需要进行 10 多次修复治疗，每次费用都高达 3500 元。在提到之前与 W 医院负责人协商时对方的强硬态度，小翁情绪更是激动。眼看当事人情绪濒临失控，调解员对小翁悉心安慰道："你的情况我基本了解了，你先安心在家休息，我这边帮你和对方医院进一步交涉，努力帮你们调解，看看怎么解决这个问题！"于是，调解员与 W 医院负责人取得了联系。对于小翁脸部术后出现的问题，对方并无异议，也不回避，但对于小翁"狮子大开口、漫天要价"表示无法认同。调解员在掌握了基本案情，并了解双方调解态度后，为尽快解决好小翁与 W 医院的纠纷，遂围绕争议焦点分头做两边的工作。一方面，调解员向小翁阐明医美机构承担赔偿责任须经过专业的医疗鉴定，判定诊疗行为存在过错且过错与损害后果之间存在因果关系，但这样维权时间和成本很大，且小翁面部的烧伤瘢痕能否评上伤残等级也是未知数。另一方面，调解员又通过援引审判案例，向 W 医院负责人指出医美机构在诊疗前应充分检查并评估患者身体状况，否则一旦出现不利后果，仅凭个人体质问题不能完全免除医美机构的赔偿责任。其间，调解员又多次电话询问小翁身心状况，当得知小翁为尽快获得赔偿准备去 W 医院门店蹲坐妨碍机构正常经营后，便劝其要采取理智、平和的方式维护自身权益，以免矛盾激化，得不偿失。

经过调解员专业的释法析理，双方逐渐回归理性，初步达成赔偿意向，但矛盾的焦点在于双方对赔偿金额无法统一。小翁认为医美项目使自己毁容，坚决要求 W 医院赔付医疗费、误工费、营养费、交通费、精神损害抚慰金等各项损失以及后续瘢痕修复的费用共计 80000 元。W 医院负责人则表示，小翁做光子嫩肤项目被烧伤产生瘢痕也有自身体质的原因，医院只愿意赔付小翁的医疗费、误工费、营养费、交通费共计 10000 元，认为小翁主张的后续瘢痕修复费用过高，不愿意支付。调解员抓住时机，采取利弊分析法与 W 医院负责人、小翁再度背靠背展开深度交流。根据《中华人民共和国民法典》第一千二百一十八条，患者在诊疗活动中受到损害，医疗机构或者其医务人员有过错的，由医疗机构承担赔偿责任。调解员针对此次医疗美容过程中医美机构存在的问题和导致小翁毁容的事实进一步做了分析，明确指出相关方应该承担的责任，同时对机构负责人进行了劝说："医院也要有个姿态，要尽快妥善处理，并以此次事件为鉴，杜绝类似事件再次发生。希望医院这边从解决实际问题和真诚给予小翁心灵抚慰的角度换位思考，充分理解给小翁带来的实质性伤害及后续治疗恢复的时间和金钱成本，并尽量在经济上提高一些补偿。只有彼此的差距不断拉近，才能最终赢得和解。"W医院负责人随后表态，小翁在其医院接受美容项目导致烧伤出现面部瘢痕，医院负有不可推卸的责任，为此向小翁真诚道歉，并且愿意在赔付金额上做出让步。调解员又开导小翁："对于你的赔偿诉求，我们都表示理解，但还需要对方的认可。在调解的平台上，首先是双方要自愿，然后通过协商一致，才能最终实现和解。协商的过程就是各自退让，找到平衡点。如果协商不成，那就要通过诉讼等其他途径来解决争议，意味着还需要更多的时间和金钱成本。眼下，你的情况是尽快与美容医院这边了结掉，从过去的阴影中走出来，一心一意进行修复性治疗，重新面对新的生活。刚刚我与W医院这边进行了深入交流，他们也愿意与你和解，并在原来的基础上适当提高补偿金额，当然也不会是你之前提的那个数字。"小翁听了之后，也表示认同，就是对具体的金额有些疑虑。随后，调解员又就具体赔付金额来回几次拉锯，居中劝说，最终双方达成一致。双方签订调解协议：W医院于调解当日一次性赔偿小翁65000元，双方纠纷一次性了结，其他无争议。

◈ 案例点评

　　近年来，颜值经济与网红效应相叠加使越来越多的人开始信奉"颜值即正义"。医美行为不再是部分明星、网红的专属，而是"飞入寻常百姓家"，成为备受大众追捧的消费方式。与此同时，诸多问题也随之而来，"美容变毁容""某网红抽脂后死亡"等新闻事件层出不穷，一些搬弄是非、罔顾正义的医闹也频频"发声"挑战社会人伦底线。相较于其他民事纠纷，医疗纠纷具有专业性强、情绪对立面大、易引发群体性事件等特点。想要妥善处理此类案件，调解员不仅需要对医疗侵权等法律法规进行精准把握，还需要同时具备高超的沟通技能和处变不惊的应对能力，方能将法、理、情高度融合，为实现医疗纠纷高效处置、医患关系及时修复提供有力保障。本案中，调解员基于事实，由法切入，分析推理，以情动人，最终说和成功，体现了人民调解的专业、敬业精神。

小 结

◇◇◇◇◇◇◇◇◇◇◇◇◇◇

  人身损害赔偿纠纷根据人身损害的原因，可以分为一般侵权人身损害、特殊侵权人身损害、产品损害、交通事故损害、医疗损害、环境污染损害、高度危险作业损害、饲养动物损害、工伤损害、物体损害和意外事件损害等几种类型。

  很多时候，人身损害赔偿纠纷是因为当事人对损害责任有争议和无法就赔偿达成一致导致的，它一般可以通过调解或诉讼的方式来处理。作为当事人要清楚地知道，提出什么样的诉求，就要有什么样的证据来支撑（包括基本事实与证据凭证、第三方权威机构或专业部门出具的鉴定等），同时了解人身损害赔偿范围是怎样规定的，再根据自己的实际情况来主张赔偿。而对于调解员来讲，在调处此类人身损害赔偿纠纷时，在坚持自愿平等、依法协商的原则下，要做到以下几个方面：一是尊重事实，查清原委，充分了解案情，给出基本判断；二是核实证据，释法析理，适用法、情、理，把准调解方向；三是情、法结合，疏导规劝，力促互谅互让，达成和解方案。在具体的案件调处过程中，调解员在运用《中华人民共和国民法典》和《最高人民法院关于审理人身损害赔偿案件适用法律若干问题的解释》等法律法规的同时，还需注意尊重民风民俗、村规民约，大力弘扬社会主义核心价值观和时代正能量。调委会在受理该类案件时，要特别强调调解程序上的规范性，调解协议的内容切不能违反国家法律法规的规定，更不得通过调解损害国家、社会公共利益和他人的合法权利。

　　本章选编了涉及打架斗殴、意外伤亡、交通事故、医疗纠纷等方面的典型案例10个。案例介绍了各调委会、调解员依法释法用法、用情用心用力调解纠纷的过程与结果，从中也可以看出，不同纠纷案情下，调解员在法、理、情的尺度把握和灵活运用的方式上也各不相同。特别是在把握调解节奏和形成调解方案的过程中，对调解员的专业知识、职业技能、心理素质、社会阅历等各个方面都提出了严峻挑战。

第三章

合同纠纷调解案例

HETONG JIUFEN TIAOJIE ANLI

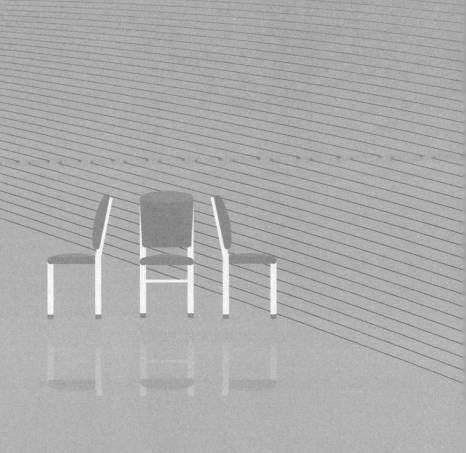

集体上访群情愤　逐个击破稳局面

◈ 案情简介

　　杭州某大厦女装市场的经营管理方杭州某有限公司原本有 7 名股东，后因经营不善，6 名股东退出。剩下的股东曹某买下了这 6 人的股份并重组了公司，且决定改变市场经营类别，以经营男装为主。由于开业近两年来，大部分商户处于亏损状态，对市场发展前景感到悲观，加之在合同期内经营管理方又要调整市场经营类别，因此大部分商户提出提前终止商铺租赁合同并要求退回商铺租金及管理费等。在上百位商户中，除了部分商户走司法途径解决纠纷，大多数商户通过围堵市场大门，悬挂横幅，多批次向市、区政府集体上访等方式主张诉求。2017年 9 月，曹某为彻底解决与商户之间的纠纷，实现转型，正式向上城区调委会申请调解。

◈ 调解过程及结果

　　上城区调委会受理此案后，考虑到商户众多、面临的问题又各有差异，为了能在最短时间内抚慰好商户的情绪，为他们争取应得的利益，决定选择逐个击破、以点带面的办法来化解这次群体性纠纷。

　　在前期准备阶段，上城区调委会采取了 4 项措施：一是迅速移除大门障碍物，撤掉横幅，恢复市场经营秩序；二是对涉访商户进行安抚，掌握其基本诉求；三是告知商户要合情合理地提出赔偿依据和标的，不能简单地发泄情绪；四是要求商户们选派出代表，进行有序协商。

在实施调解阶段，在与双方背靠背的询问过程中，调解员严厉批评了负责人曹某，指出其缺乏风险预判意识、民主沟通意识和稳控市场能力，在没有做实做细商户思想工作的情况下，就贸然贴海报通知改变业态，由此造成了整个市场内外秩序混乱，交通主干道堵塞，周边老百姓受到极大冲击。曹某没有回避调解员的批评，表示市场业态从女装改为男装也是市场不景气下的无奈之举。他恳切地求助调解员尽快解决他与商户的矛盾，并提出目前因公司重组，资金周转困难，此次涉及商户数量又多，希望能给予一定的缓冲期。基于曹某的诚意，调解员随后与商户们分批进行沟通并征求意见。对于曹某提出的 6 个月缓冲期，商户们的回复是 2 个月。调解员认为不管下一步商户的主张是否合理，一定的资金保障是解决本次纠纷的重要条件。所以调解员给曹某的建议是 15 天内保障资金要到位。

同时，在与商户的沟通中，调解员同样批评了商户代表，告诉他们以大闹实现诉求的行为是不理性的，万一被人利用，出现危及社会安定、百姓生命财产受损等事件，这个责任谁也担不起。在征询意见中，商户们提出女装库存处理、员工工资结算、合同违约等几个问题的引发责任全在市场经营方，因此他们坚持要求赔偿 2 年租金、免除进场费，且赔偿总额每户不得低于 30 万元。在掌握了双方的基本诉求后，协调小组展开了深入细致的调解。整个过程持续了 6 个多小时，争论空前激烈，几乎到了剑拔弩张的程度。第一轮的调解因双方存在较大的分歧而中止。

其后，又发生了一段小插曲。有一天，调解员在办公室与曹某进行沟通时，巧遇商户李某带着一位律师和一个操着外地口音的朋友，气势汹汹地来找曹某讨说法。调解员凭直觉判断他们不是代理人和朋友的关系，于是刻意问了几个问题，发现他们不仅对商场的经营方式、合同的权利义务等一概不知，而且言语粗鲁，情绪激动。调解员担心他们会危及曹某的人身安全，便巧妙地与在场的保安打了个手势，让其报了警。经公安部门核查，这所谓律师和朋友的身份全是假的，他们是李某花钱雇来威胁曹某的。警方依据《中华人民共和国治安管理处罚法》当场给了警告处理。随后，调解员也对李某进行了教育，告诫他做事不能逾越法律的底线，否则只会得不偿失。李某认识到了自己的错误并向曹某道歉。

第二轮调解开始前，调解员对双方的租赁合同进行了反复查看，发现合同上的租赁时间即将到期，商户提出赔偿 2 年租金的诉求从法律层面上来说站不住脚。随后，调解员从新的突破口切入，采取逐个约谈的方式与商户们打"心理战"，同他们解释因为当初合同内容存在着相互之间对权利和义务制约的缺失，所以给随意改变业态留下了隐患；建议他们慎重考虑目前提出的诉求，降低心理预期；对个别死咬"底线"不放、一味追究经营管理方责任的商户和一些认知比较狭隘、不够理智的当事人，进行法律宣教和利弊分析。同时，调解员也认同合同期未满给商户造成的损失和压力，提出了一个能让双方都接受的心理价位。

整个调解阶段，虽然耗时久但成效显著。双方在调解员的耐心劝导下，各自回归理性，求同存异，除极个别商户提出要离开外，大部分商户还是愿意留下继续经营。由此，曹某宣布两个决定：一是下调摊位费10%；二是以经营男装为主，同时可兼营女装和童装。此决定当场获得了商户代表们的掌声。

进入冲刺阶段，调解员要求参与此次调解的街道、社区等相关人员放弃休息日，一鼓作气拿下了最后4个"钉子户"。通过轮流上门走访，耐心劝说，讲清小家与大家的关系、社会和谐的重要性，最终做通了"钉子户"的工作。经过了近1个月的拉锯战，最终47名商户全部签下了调解协议书，并如数领到了补偿款。

◈ 案例点评

这起重大生产经营性纠纷涉及的群众利益大，影响面广，一旦处理不好将会给社会带来不可预知的负面影响。从本案的法律关系来看，该服装公司经营的商场和单个商户之间仅为租赁关系，只需依据《中华人民共和国合同法》审查违约事实及责任大小即可，但与众多商户之间的矛盾关乎市场的生存与发展，必须妥善处理，消除隐患。生产经营性纠纷的特点是：组织化程度高，对抗性强，持续时间长。在调处此类案件时，摸清双方各自底牌非常重要，寻求最佳平衡点是关键。本案中，调解员着重运用了谈心调解法，即以随和的圆桌形式替代严肃的法庭审判，用可以缓和双方当事人情绪等的话语，拉近与当事人的距离。另外，调解员还对重点商户进行多次走访，考察实情，坦诚交流，宣教法律。在各部门联动协助，法、理、情综合发力下，纠纷得以圆满解决，保住了市场主体，保住了良好的营商环境。

公房房改起争议　联合调解巧解纷

◈ **案情简介**

2020 年 5 月的一天，当事人章小某来到上城区社会治理综合服务中心窗口咨询并反映，其父亲章仲某工作单位上城区 ×× 局在单位直管公房完成房改后，一直拖着不给其办理产权过户手续。窗口工作人员联系上城区 ×× 局了解情况后，决定启动行政调解机制，邀请上城区调委会开展联合调解。

◈ **调解过程及结果**

在正式组织调解之前，上城区调委会了解到，章仲某是上城区 ×× 局的离休干部，于 1983 年起承租单位自管房某小区 3 幢 4 号 101 室。1986 年 8 月章仲某去世后，其妻倪某于 1991 年 3 月与李某结了婚。1995 年 6 月 5 日，倪某向上城区 ×× 局申请购买某小区 3 幢 4 号 101 室办理房改。当时，倪某并没有申报填写其 1991 年已再婚的情况，而是以丧偶后单身未婚名义参加了房改，此后其又与李某申请了另一套李某所在省级单位的房改房（因当时房管系统网络未合并，故数据未能互通）。2018 年李某去世了。2019 年倪某向上城区 ×× 局要求撤销该房房改。经上城区 ×× 局党委会专题讨论后，同年 9 月同意倪某的申请，撤销其房改，并按照相关房改政策规定，同意其儿子章小某购买该房改房。但在办理产权过户前，章小某对上城区 ×× 局要求倪某补缴 1995 年 9 月至 2020 年 4 月房租费 3 万余元有异议（参照直管公房租金标准），所以相关产权证过户手续一直未能落实。由此，章小某就该房改房因租金争议问题引致办证一直被拖延事宜多次信访，并有意提起行政诉讼。调委会在了解相关情况后，建议上城区××局与上城区住建局在调解前开专题会研究一下，就章小某关于参加房改房办证涉及的相关问题进行分析和讨论，结合有关政策等初步给出一个处理意见。

2020年5月中旬的一天上午，上城区调委会会同上城区信访局，召集当事方上城区××局的授权代表、上城区住建局代表及信访当事人章小某等在上城区社会治理综合服务中心调解室进行调处。调解员在阐明调解的原则和程序后，首先请当事人陈述自己的相关情况和主要诉求。章小某提到："父亲1986年过世后，我一直住在这套房子里。母亲在1991年再婚后就搬离了。当时单位给她办理房改就有问题。母亲连续2次参与房改，我这个实际居住人居然被蒙在鼓里。直到2年前，我与母亲交流时才得知，后来自己又多次跑了有关部门，他们都说没办法。之后，我与母亲吵了一架，她才同意退出来。去年她就退出来了。可是现在又说前些年的房租费未交所以不让办产权过户，这是什么道理？"章小某越说越激动，调解员忙对其进行了安抚，随后请上城区住建局代表就房改政策和此前房改过程中的问题进行了解释和说明。之后，又请上城区××局代表讲一下掌握的情况和处理的方案。上城区××局代表介绍完后表示："单位已经充分考虑你们家的特殊情况了。你母亲提请退出房改之事，经党委会讨论后，我们也及时撤销了。在你申请房改时，单位也给予了支持和方便。但是，补缴1995年9月至现在的房租费是规定，也是作为承租户应该履行的责任和义务，况且是参照直管公房租金标准计算的，总计费用也就3万余元。这是依据和计算的清单。"听罢上城区××局代表的说辞，章小某表示不能认同："这套房子虽然是单位公房，但是我从小住到现在，从来没有看到你们单位来维修或维护过。前些年楼上漏水、墙面脱落、阳台栏杆脱皮等等，都是我自己花钱维修的。另外你们所说的参照直管公房租金标准计算，我也不认同。我这里有那时候缴费的凭证，当时缴费的标准也在上面清清楚楚写着。"说完，章小某拿出了一张破旧的房租缴费凭证和当时单位催缴费用的通知单，上面清楚写着当时的计费标准，远远低于现在的标准。章小某接着说："这套房子这么多年租下来，一直没有更换过，单位也从来没有书面通知过。现在我要办房改了，你们却要补缴费用，合理吗？"上城区××局代表则表示："这个通知单和房租缴费凭证，之前你也拿给我们看过，但是毕竟年代久远了，过去经办的人也都不在了。我们现在对于公房管理有一套新的制度规定，对于租金的标准也是参照新的标准来执行的。对此，我们也没办法！"言至于此，调解一下陷入了僵局。调解员听完双方陈述后，又仔细看了看双方提交的"证据"，随即缓缓地与章小某交流起来："小章，你从小就住在这套房子里，相信你对它也是有感情了。虽然之前有些波折，但是你母亲在这当中确实负有一定的责任。不管怎么样，现在结果是向好的，房子还是回到了你手里，由你来参加房改。至于前些年的房租嘛，毕竟那时房子还是单位的，作为租客，不管是你妈还是你，租金还是要付的。这点我相信小章你还是认可的。"章小某听到这里微微点了点头。随后，调解员看着上城区××局代表继续说："至于具体的缴费标准嘛，我觉得既要依法依规，也要尊重历史。同时，我们也要充分考虑到章小某作为实际居住人，这么多年来，房屋出现漏水等问题时多次自行维修维护并承担相关费用等方面的实际情况。本着解决实际问题的原则，单位这边是否可以考虑根据实际年限和情况分段计算，这样显得更合理些，也更容易接受。"上城区××局代表问道："那如何分段计算呢？"调解员继续说："大家来看，1995 年 6 月至 2019 年 9 月，房子是由章小某母亲办理房改的，而 2019 年 10 月至 2020 年 4 月期间，则应该是由章小某办理房改的。所以，我们不要一刀切，可以将时间分成两段来计算，具体费用呢，也按照对应时期的标准来算。你们觉得是否可行？"上城区××局代表回应道："考虑到章小某这套房子房改过程中的实际问题，对于这个参照不同时期标准进行分段计算的提议，我个人觉得也是一个办法，但是具体还需要回去汇报给领导和上会研究。"调解员随后询问章小某的意见，他也回答道："调解员的这个建议比较客观合理，我很认可。我早就说过，只要是合理的，该付多少，我一定会付，而且一分也不会少。"于是，调解员建议按照这个方案先算出具体数额，由上城区××局代表回去向领导汇报和商议过会，择日再继续调解。

之后，调解员一直与上城区××局代表保持联系，及时了解进展、跟进交涉、反复沟通，为后续调解做好准备。4 天后，上城区调委会再次召集双方面对面协商，在上次确定的方案的基础上，就具体支付细节和后续办证等问题做了具体约定，双方现场签订了调解协议。一起单位直管公房房改引发的延续 1 年多的行政纠纷得以顺利化解。

◈ 案例点评

本案是一起由房租缴费争议引发的纠纷，看似问题不大，但是毕竟涉及当事人的房产利益。当事人在公房房改过程中因前后承租人变更出现的一些情况给其带来了内心的不平衡，以至于对后面支付房租的标准与数额有异议。调解员在充分调查、摸清事实的基础上，直言不讳地指出双方在处理过程中的不足，并以此为切入点，仔细解剖，找到破解双方争议的办法。其间，调解员有序组织协调，做到会前沟通、会中协商、会后跟进，并较好地运用释法析理、换位思考、利弊分析、谈心调解等方法与技巧，使这起可能成为信访积案或行政诉讼的纠纷得到妥善化解。

老访户遇新纠纷　调解员耐心化解

◈ 案情简介

　　2018 年 9 月下旬，家住上城区某小区的李某一脸愁容、焦虑万分地来到上城区调委会，要求帮助调解其与房东张某的房屋租赁纠纷。之前，李某曾多次因房屋拆迁、房屋租赁、婆媳关系等问题到妇联、社区、街道、信访局等相关部门上访，并要求他们出面协调解决。由于相关部门多次调解均未达到其要求，故其内心一度失衡，看人看物多少带点负面情绪，且对相关部门也存有较大的怨气。区里、市里的相关部门，她都跑了个遍。时间一长，她也就成了相关部门工作人员熟识但又"敬而远之"的老上访户之一。

◈ 调解过程及结果

　　虽然本案看似事情不大，但李某是一名老上访户，她习惯以自我为中心，遇事情绪极易激动，举止行为容易失控。接待过程中，如言语方面稍有不慎，李某情绪就会被迅速放大，一旦处置不到位还可能会导致李某对政府部门失去信心、徒增怨气，甚至上访升级，闹出更大的矛盾。为此，上城区调委会调解员耐心接待了李某。与李某及房东张某进行背靠背的沟通交流后，调解员对双方当前纠纷的焦点以及房屋产权归属、租赁合同履行等相关情况进行了了解。李某现租住的房屋，原是李某 2017 年 9 月通过房屋中介卖给现房东张某的，但当时李某表示暂无处居住，要求以每月 2000 元的租金返租该房屋过渡，声称只要找到房屋就搬走。当时房东张某也同意出租，故双方签订了为期 1 年的租赁合同。但到 2018 年 9 月合同即将到期之际，李某似乎仍未打算搬离房屋。在之前协商时，张某提出，周边同类房屋的出租市场价在 3000 元 / 月以上了，如果李某续租则需要按市场价支付租金，否则不租，但李某认为价格太高，只肯按 2500 元 / 月续租。双方均寸步不让，几次协商未能达成一致。直至租赁合同到期最后一天，张某的母亲、舅舅等也卷入其中并在协商过程中与李某发生了口角，执意要求李某马上搬离。双方遂起纠纷，矛盾升级。

在了解具体情况后，调解员组织双方当事人进行了面对面调解。房东张某认为，去年房屋交易时自己钱款已付清，证件已办好，自己已是房屋产权人，有出租与否的决定权。当时是照顾到李某有实际困难，才同意租给她的，现在租赁合同到期了，李某应该按约定搬离。张某同时也表示，如果李某实在要续租也可以，但租金绝不能低于小区同等价位，否则自己太亏了，宁愿不租。李某则提出，当初卖房给张某时房屋内管道煤气初次安装费用是她付的，张某应该还给她。并且她坚持认为 2017 年自己低价把房屋卖给张某，现在房价上涨厉害，张某已经赚了不少了，应该给她让利。况且当初签返租合同时她是很照顾张某的，本来可以签 2 年合同却只签了 1 年。现在租金涨了，张某应该考虑给她优惠点。就这样，你一言我一语，双方各执一词，公说公有理婆说婆有理，喋喋不休，争执不下。此时，调解员顺水推舟，索性让双方都畅所欲言，把各自的心里话一股脑儿都倒出来，并借此弄清双方的核心诉求。

随后，调解员通过背靠背的形式，同时采取"适度冷却法""换位思考法""法律宣教法"等分别对当事人进行沟通和疏导，其中，着重对李某做了心理辅导。对于李某提出的房屋买卖及承租差价，以及与该房有感情搬到他处可能住不惯等一系列问题，调解员也用"例证法"等进行了说明和劝慰。任何一名成年人都要对自己的行为负责，买卖房屋的双方都要承担可能产生的风险，因此要面对现实、面向未来，只有往前看，日子才会越过越好……一番劝说后，李某逐步认识到自己存在的问题，也开始正视目前自己与张某的关系是租客与房东的关系这一事实，并表示愿意接受租金上涨。同时，调解员也对房东张某做了工作，就房屋较旧、楼层偏高、装修老化等实际情况以及周边租房市价、房地产整体发展形势等几方面交换了意见，希望张某综合考虑各方面因素并适当体谅李某本人的实际情况做些让步。张某对此表示认可，于是，双方达成一致意见：（1）续租合同期为 1 年，租金前 3 个月 2500 元 / 月，第四个月起 2800 元 / 月。（2）李某在合同期内一旦找到新住房即可通知对方提前搬走，相关租金按实际收取，多退少补。1 年合同期满，李某不得以任何理由续租。（3）关于煤气设施初装费等，双方同意在查阅当初的买卖合同书相关约定后，按合同约定条款处理。

事情原本可就此了结。时至中午，经过双方确认，调解协议也已起草完毕。但就在准备签字时，情况又突生变化。李某以"肚子饿了，思维不缜密，此时签字不妥，需要再考虑考虑"为由，边咳嗽边说要到外面去透透气，迟迟不肯签字。

面对李某的变卦，调解员一方面安抚好房东张某，劝其不要急躁，另一方面，对李某单独进行了教育，同时耐心倾听、了解其心中萌生的新想法。李某说，今天调解的结果她是认可的，但是心里还有其他疑问，如果后续租房市场价不是涨了而是降了怎么办，房东是否应该按市场价将差价退还给她？万一新的住房找不到怎么办？找到了新房子自己又住不惯怎么办？……所以，她觉得应该先去咨询下自己要好的小姐妹，然后再签字。至此，绕了一圈，又回到了起点！

但是，调解员并没有因此而放弃，而是继续就租金问题及李某心中的种种疑虑对她进行耐心的讲解和疏导，帮助她认清现状，不能一味地从利己的角度看问题，应该把时间和精力花到更有价值的事情上去。时间转眼已到下午 1 点 30 分，经过与双方的新一轮协调，特别是对房东张某做了进一步的工作后，张某最后同意把房租优惠到 2600 元 / 月，但是也提出了明年不再续租等要求。同时，李某对房租也给予了确认，并同意了对方的要求。可就在准备打印新的调解协议时，李某出去打了一个电话，回来又一次提出了疑问。她说房租她一个人承担不了，老公和她关系不好，平时不管她，只知道喝老酒，所有开销都要由她来承担，压力实在太大了。如果老公不付房租的话，她也无法续签合同。为此，调解员又当场与其老公梁先生取得了联系，并进行电话沟通，告知他作为妻子的丈夫、儿女的父亲，要承担起相应的家庭责任和义务……经过一番至情至理的劝说，梁先生不仅对房租金额表示认可，还同意前半年的房租由他支付，并承诺于 3 日内将半年房租以银行转账形式支付给张某，而且表示以后也会注意与妻子处理好关系。时至下午 2 点 20 分，李某提出的各种问题和疑虑最终得以一一化解。调解员立即起草调解协议。最后，双方在调解员的见证下，续签了租房协议。

协议明确规定：双方的租房合同为期 1 年，合同到期后不再续签。租期内，租金按 2600 元 / 月计，半年一付。李某及其家人在这一年内尽快落实新的住房，一旦落实好新的住房即可通知房东搬出，相关房租按实际计算支付，多退少补。如合同期满，李某及其家人仍未找到新的住房，也必须按约定如期搬离。涉及李某提出的当初卖房给张某时有关房屋内管道煤气初次安装费用等事宜，双方同意在查阅当初的买卖合同后，按合同约定条款处理。

◈ 案例点评

本案中双方争议的焦点是，房屋买卖后延伸出的返租续租及租金问题。在城市化进程不断推进和房地产市场快速发展的过程中，房价的普涨带来了很多房屋买卖和租赁问题。房产交易纠纷、租赁纠纷在百姓日常生活中日趋常见。如果没有及时化解，很容易产生不良的社会影响。本案中，当事人之一是一个老上访户，身上已有多个信访案子未了结，新增的这个案子如果再不处理好，恐怕会引发更大的社会矛盾。受理本案的人民调解员，在热情接待和耐心倾听的基础上，能审时度势，把握时机，找准切入点，从法、理、情各个角度进行耐心疏导，逐个解除当事人的疑虑，最终赢得了双方的一致认可，并让双方满意地签下了调解协议。一场老信访户的新纠纷也由此得以妥善化解。

糊涂租房引纠纷　情法结合除隐患

◈ 案情简介

　　2019年1月某日，年过八旬的张某将装修好不久的位于上城区某小区的501室房屋通过房产中介公司的孙某出租给了李某。春节过后，邻居向张某反映其房子里部分家具被拉走了，且人员出入繁杂。张某随即上门查看，发现李某违反租赁合同，擅自改变房屋结构，分隔客厅、餐厅，将其做成了房间，准备转租给新的租客，使该房屋变成了群租房。于是，张某多次上门找房产中介公司协商，但对方声称并未代理该房屋租赁事宜，而孙某要么联系不上，要么推托自己不在杭州。无奈之下，气愤不已的张某于2019年3月26日来到上城区公共法律服务中心咨询求助，后向上城区调委会申请调解。

◈ 调解过程及结果

　　当天下午，上城区调委会调解员详细听取了张某房屋出租纠纷的前后经过。张某坦言，自从得知房屋出租后发生"突变"，老婆和他已经多次吵架。"这一个多月来，我快要气疯了，真的是不知道怎么办了。请你们帮帮我！"其后，调解员认真查看了张某签署的租赁合同，并陪同他前往出租房现场察看了房屋现状。随即，调解员与房产中介公司的店长罗某以及承租人李某等取得了联系，对有关情况进行进一步了解。

　　2019年3月27日下午，上城区调委会组织张某、李某、房产中介公司的店长罗某三方进行面对面调解。调解员先是阐明人民调解的程序与原则，随后详细倾听各方介绍纠纷发生的情况和对处理方案的意见。

"你们把客厅与餐厅分隔搭床、厨房住人、私拉电线、阳台烧饭。我好好的新房子呀，被改得一塌糊涂！"张某一只手拿着装修好的房子照片，另一只手拿着出租改装后的房子照片，激动地说。他非常痛心，所以要求收回房子，并要求对方恢复原状，对损坏的设施也要进行赔偿。李某听了之后，同意恢复原状，但认为自己投入资金装修而且年前没有租客入住，所以要求退还3个月的房租和押金。一旁房产中介公司的店长罗某，则声称之前与张某签合同的孙某并不是公司员工，孙某的行为与房产中介公司无关。经详细询问，罗某也说出了孙某的真实身份。原来孙某只是前任店长的朋友，没什么正经工作，经常来店里玩，与其他店员也比较熟悉。自罗某担任店长后，孙某就很少来了，偶尔晚上会过来与店里的租赁服务顾问吃吃夜宵等。罗店长说，孙某近2个月没有来过门店。这也是之前张某联系他要去店里协商处理，他曾多次推托的缘故。经过汇总几方的信息，得出了一个基本事实：1月1日那天，孙某趁罗店长外出开会，在晚上8点门店工作人员下班前后，来店里私拿了房屋租赁合同文本。随后，孙某带张某、李某去他朋友家里签订了房屋租赁合同，收了租房佣金后离开了。张某因年纪大，视力不好，听孙某口述租金情况后就稀里糊涂地签了合同，于次日办理了房屋移交手续。对于孙某私拿合同带客户签订租赁合约一事，调解员对罗店长提出了批评告诫，要求其加强门店的日常管理，特别是对房屋租赁合同的签订要设定和完善相应的监管程序。

调解员在详细倾听各方的意见后，先是结合《中华人民共和国合同法》和《杭州市房屋租赁管理规定》的相关条款，仔细查看了合同条款以及备注处手写部分的内容，明确合同中附加了霸王条款，涉嫌欺诈。且该合同多处有不合常理的涂改字迹，故调解员认定该合同不具备合法性，房东张某有权依法解除合同。接着，调解员又劝解李某要君子爱财取之有道，在明知群租房存在很大的安全隐患、容易引发治安问题的情况下，还动足脑筋把一套房硬生生隔成多间以牟取暴利。但李某一口咬定自己也是受害者，房东解除合同需要赔付违约金。于是，双方一时间情绪激动，开始争执，互不相让。这时，调解员立即采取背靠背的方法：一方面，对李某施加压力，说明群租房是违规的，房子内乱拉电线，煤气乱用，众人聚集，鱼龙混杂，很可能引发安全责任事故或者犯罪案件；另一方面，对张某只顾经济利益，忽视了房屋出租的严肃性和作为房东的责任，粗心大意找了假中介，没有仔细阅读合同内容等行为也进行了批评，并希望张某能"花钱买个教训"，退让一步，以尽快解除合同。调解员运用法理推演、利弊分析等方法劝说双方当事人停止埋怨，尽快冷静下来，着重围绕如何解决实际问题来协商。之后，调解员启发双方当事人转换角色、换位思考、将心比心，在考虑个人得失的同时，也要替对方的利益着想。"张某年迈，身体不好，精装修房子被破坏后，为房子的事着急上火，心情极度不快，曾多次入院治疗，实属不易。"同时，调解员又坦言："李某作为外地来杭打拼的年轻人，有压力、有艰辛，我们也应该给予理解和照顾。"最后，调解员提出了兼顾双方诉求的处理方案，双方达成了共识，签订了调解协议。协议约定如下：（1）双方当事人一致同意解除原房屋租赁合同。（2）李某于5个工作日内腾空房屋，搬回家具。（3）清退后，张某退还半个月房租即4000元给李某。（4）李某于4月15日前将房屋恢复原貌。双方当面验收完成并办理移交后，张某将保证金8000元退还给李某。

◈ 案例点评

　　本案是由于房东在没有核实房产中介公司资质及对合同内容没有仔细阅读的情况下签订租赁合同而引起的纠纷。调解员在充分调查、分析核对、查清事实的前提下，先是通过讲解《中华人民共和国合同法》和《杭州市房屋租赁管理规定》等相关条款，让双方意识到合同是不合法、不合规的。接着，通过法理推演、利弊分析，让当事人从社会治安角度考虑群租房的危害，从解决实际问题的角度去思考方案，争取互相体谅，求得各退一步，最终使该起矛盾纠纷顺利化解。本案的成功调解，既维护了当事人的合法权益，又防患于未然，为维护社会稳定做出了积极贡献。

租房遇拆欲轻生　调解登楼勇施救

◈ **案情介绍**

　　2015 年 3 月某日，有居民发现一名女子坐在楼顶边缘，双脚悬空，不断往楼下扔砖块、石头并大喊要跳楼，便立即拨打 110 报了警。警方到达现场后，该女子称要与杭州电视台的"和事佬"沈寅弟对话。得知此事后，沈寅弟马上随杭州电视台西湖明珠频道《和事佬》节目组第一时间赶往现场进行调解。

◈ **调解过程及结果**

　　沈寅弟先是与欲跳楼者徐女士喊话沟通，得知她是附近一间商铺的老板娘。最近商铺所在的整幢楼要拆迁，房东张某已经和拆迁部门签了拆迁补偿协议，徐女士的租期虽已到，但她不肯搬离。房东与她多次协商未果，此事一直拖着没有下文。直至昨天早晨，相关部门工作人员正式通知她尽快搬离，而且今天早上她来到商铺后发现自己的货物不见了踪影。于是，徐女士一气之下爬上了楼顶，打算以跳楼的方式要回之前被拉走的货物，并要求拆迁方及房东赔偿其约 53 万元的经济损失。一开始，徐女士对沈寅弟提出近距离面对面沟通的要求还是有所抵触的，她捡起一块木条挥舞着，阻止沈寅弟上楼。在沈寅弟 1 个小时的倾听、引导、劝说下，徐女士终于同意让他上楼，不过坚持要求拿回自己的货物，否则还是要跳楼。在警方找回货物的过程中，沈寅弟就一直和徐女士聊家常，聊儿子，聊这次案件自己能帮到她什么。慢慢地，她放松了对沈寅弟的戒备，情绪渐渐平和。随着时间的流逝，已至下午3时许，警方把徐女士的部分货物运抵现场，然而她在看到货物后情绪突然再次激动起来。她表示至少还有一半货物没被运回来，并扬言马上跳楼。沈寅弟见她情绪极其不稳定，又哭又闹。为了稳住徐女士，沈寅弟扯着嗓子向她提出了3个问题：（1）你今天在这里，你儿子知道吗？你儿子要是知道了，他怎么看你？（徐女士听后一言不发，但是肩膀颤抖起来，看得出来她内心十分痛苦）（2）你今天从这里跳下去就能解决问题了吗？你既然叫我来，那就要相信我能帮你把事情解决好。（这时候徐女士开始有些动容）（3）你知道生命的可贵吗？你儿子刚出生的时候你有多喜悦？现在儿子上大学了，一家人生活应该越来越有盼头，你一时冲动做出这样不负责任的选择，作为孩子的母亲，你不会后悔吗？

最后一问击垮了徐女士的最后一道心理防线！沈寅弟见势悄悄地快步走向她。当时她所处位置的周边环境恶劣，脚下的隔热板前段凌空，稍有不慎人就有可能掉下去。沈寅弟心里一直担忧会发生意外。趁她还沉浸在悲伤的情绪中，沈寅弟顺势一下子扑过去把她往回揽，倒地的时候沈寅弟用手下意识地支撑了她的头部，手臂被划出一道长5厘米左右的口子，血马上渗了出来。但当时沈寅弟心里更多的是庆幸。随后，在民警、消防人员的协助下，徐女士被安全地带下了楼，大家这才松了一口气。

第二天，沈寅弟去派出所准备和民警商量下一步找人（房东）的事，得知由于徐女士的行为已触犯了《中华人民共和国治安管理处罚法》，她要被派出所依法予以拘留的消息。沈寅弟遂与派出所民警沟通："犯错受处罚是必须的，但是鉴于徐女士事出有因，急切想要拿回自己的货物和装修款才出此下策，并非纯属无理取闹，请酌情处理。"他又告知民警，徐女士事后对自己的举动深感懊悔并表示不会再犯，如果这时候拘留她反而会使矛盾激化。根据"枫桥经验"四前工作制的要求，又考虑到矛盾激化的风险因素，最终派出所做出暂不拘留，先解决徐女士的实际问题的决定。与此同时，沈寅弟建议民警先找到房东张某，解决徐女士与房东的利益纠纷。民警采纳了沈寅弟的意见，当即给房东打了电话，房东得知情况后也表示愿意接受调解。沈寅弟根据《中华人民共和国物权法》和《杭州市城市房屋拆迁管理条例》（2022年8月1日起被《杭州市国有土地上房屋征收与补偿条例》替代）的相关规定对房东展开劝说："营业用房遇拆迁，实际经营户可以依法取得属于承租人的相关补偿和装修费。"房东接受了这一说法，随即，"警民联调"工作室召集双方当事人进行面对面调解，最终双方达成以下协议：（1）房东张某归还徐女士所有的货物（之前丢失的部分货物后来也找回了）；（2）房东张某支付徐女士相应的商铺装修费，并给了3个月的临时过渡费。

跳楼之举有惊无险，纠纷就这样化解了。事后，沈寅弟送了徐女士一句话：人生都有不如意，福祸、悲欢、离合从来都是相互交织存在的，但是我们都要学会面对，懂得承担。徐女士紧紧拉着调解员的手，感激之情溢于言表。

◈ 案例点评

本案中，调解员主要运用了动态调解法，即善于把握纠纷当事人在调解过程中的不同思想状态和意愿，实施有针对性的调解方案，适时把握现场的主动权。本案当事人因商铺拆迁而利益受损，急得想以跳楼的方式来维权，造成较大的社会负面影响。调解员以自己诚信的社会形象，以军人的大无畏精神，该出手时就出手，救下屋顶上准备跳楼的当事人。随后，他依据《中华人民共和国物权法》《中华人民共和国治安管理处罚法》《中华人民共和国人民调解法》《杭州市城市房屋拆迁管理条例》等，及时依法维护了当事人的合法权益，依法化解了突发的社会矛盾。正可谓法律是把宝剑，若要善于运用还需一颗共产党员无私奉献的初心。

房屋买卖起纷争　情法结合来化解

◈ 案情简介

2018年6月初，原房产所有人吕某将房屋出售给现房产所有人赵某后，因不愿将原有的家具搬出，故要求赵某以1万元的价格收购他的家具。若赵某不收购其屋内家具，吕某就不将其配偶陆某的户口从该房屋迁出。双方因此产生了分歧，几次协商后不但互相没能达成一致意见，反而矛盾愈演愈烈。其后，赵某来到属地街道信访接待中心投诉。

◈ 调解过程及结果

街道信访接待中心工作人员在了解情况以后，认为这是一起典型的房产买卖纠纷，建议通过人民调解来解决。在征得赵某同意后，街道信访接待中心工作人员帮其联系、对接了街道调委会。

街道调委会接到街道信访接待中心移交的案件后，对赵某的这起房屋买卖纠纷案进行了详细问询和调查，并分别组织双方当事人至调委会进行面对面的沟通调解，但双方都无法达成一致意见。之后，调解员又多次通过背靠背的方式，逐个约谈交流，并再次召集双方面对面进行调解，但双方话不投机半句多，没说几句话就吵了起来，最后闹得不欢而散。但是，调解员并未因此而放弃对该案的调解，而是通过走访等方式多方面、多渠道地采集信息，并与办理过类似案件、经验丰富的区调委会调解员、社区律师、社区综治委员等进行了深入交流和探讨。

在充分掌握有关信息的基础上，最后约定于6月25日下午，街道、社区调委会调解员与社区律师一起召集双方当事人及家属在社区尚法工作室内进行面对面调解。

然而，众目睽睽之下，双方当事人完全不顾及他人看法，一见面就开始争吵，相互指责，互不相让，现场气氛几近冰点。于是，调解员分成两组，背靠背与双方当事人进行交流，安抚情绪，让其冷静下来。20分钟后，双方情绪总算都稳定下来了。经调解员一番劝说后，双方也愿意保持克制回到调解桌前。

调解员再次开启面对面调解，双方开始各自陈述想法，提出诉求。社区律师结合相关法律法规，对二手房买卖的法律关系，买卖双方的权利义务等做了说明。"在普通民事法律关系中，房屋买卖双方具有平等的法律地位，在具备完全民事行为能力的前提下，签订合同时均可将自己的权利义务进行明确约定，特别是房屋买卖的标的物、价款、付款期限、成立条件、过户要件。""根据《中华人民共和国合同法》第八条，依法成立的合同，对当事人具有法律约束力。当事人应当按照约定履行自己的义务，不得擅自变更或者解除合同。依法成立的合同，受法律保护。"随后，调解员和社区律师一起帮助双方当事人对照房屋买卖合同的条款逐一进行分析解读。调解员本着解决实际问题的原则，从情与理的角度对双方进行了正面引导和规劝："你们刚刚吵了吵了，双方既然有意愿来调解，就各自都退让一步。刚刚在和你们单方面交流时，你们也都对家具作价转让没异议，那就商量出一个价格来嘛。"见到双方当事人都点了点头，调解员随即提出了兼顾双方诉求的建议，对家具进行一次性折价，并就户口迁移问题做了明确。针对双方在家具价格方面还存在较大差距，调解员接着说道："其实你们对这些家具的价格心里都是有杆秤的，无非就是自己的心理价位与对方存在差异。所以啊，我建议你们现在就家具的新旧程度、市场上同类商品价格、人工搬运成本等方面重新做一下评估，给对方报一个更为合理的价格。"随后，他劝说吕某夫妇："毕竟是旧家具，再怎么好用也是要打折的。如果搬走也要花很多人工费呢。既然诚心转让就要拿出诚意来。希望你们好好算算，明白其中的得与失。"同时，又劝解赵某夫妇："毕竟这些东西都还是很新的。如果买下，也免得自己再花大价钱去购买，省心又省力。所以，既然有意向接收这批家具，你们也考虑适当提高下价格。"之后，双方对具体价格进行两轮交涉，不断拉近距离后，终于达成了一致意见。

双方自愿签订调解协议：房屋原产权所有人吕某（配偶陆某）滞留在房屋内的家具（含衣橱、床、沙发、桌子等）折价 5000 元卖给现产权所有人赵某；现房屋所有人赵某按时付款给吕某（配偶陆某）；陆某的户口于付款后 1 周内迁出。双方纠纷就此了结。双方承诺不再就此事追究对方责任，不再影响对方正常生活。此起房屋买卖纠纷通过调解员的耐心调处，最终以双方捐弃前嫌、握手言和结束。

◈ 案例点评

这是一起典型的房屋买卖纠纷。在此案中，赵某与吕某产生纠纷是因为双方在二手房买卖过程中未处理好家具的腾退及户口的迁移问题。本来这是一件不起眼的小事，但是由于双方一直未找到一个合适的调解平台，导致矛盾不但没有及时解决，反而愈演愈烈，以致诉诸信访方式。当事人来到街道信访接待中心，这里的工作人员了解基本情况后及时将该案件引流到街道调委会进行调解，将一起信访案件解决在萌芽阶段。双方当事人在调解初期情绪上比较激动，无法冷静下来面对面协商，但调解员并没有因此放弃，而是始终牢记"矛盾不上交、就地解决"的工作使命，一方面采用背靠背的方式，不厌其烦地继续沟通、疏导；另一方面，充分利用人民调解队伍中的资源，多方面采集信息、借鉴经验，与社区律师等一起研究案情，积极探讨工作方法。在具体调解中，调解员秉持依法依规、合情合理的原则，运用冷却宣泄、释法析理、利弊对比、融情入理等方法，适时提出兼顾双方诉求的专业处理方案，最终赢得双方当事人的认同，使得这起信访案得以妥善化解。

疫情致困惹纠纷　调解为企化干戈

◈ 案情简介

"为我们小企业排忧解难，你们尽职尽责，维护公平，真心给你们点赞！"这是当事人杭州某设备有限公司法定代表人龙某等专程来上城区矛调中心为调解员送上致谢锦旗时的一番真情感言。

龙某于 2021 年 12 月 9 日到上城区矛调中心访调窗口咨询，称其与承租人浙江某会展策划有限公司法定代表人薛某，于 2020 年 2 月 17 日续签了上城区中河中路某临街商铺的租赁使用合同（合同期从 2020 年 3 月 2 日至 2022 年 3 月 1 日，共 2 年），但薛某在 2021 年 9 月之后就未按约支付房租。两人几次电话沟通无果，产生了纠纷，龙某遂向上城区调委会申请调解。

◈ 调解过程及结果

2021 年 12 月 13 日上午，上城区调委会调解员现场接待了龙某，详细倾听和了解了其公司出租商铺给浙江某会展策划有限公司的合同签订、商铺实际使用及租金支付等相关情况。龙某说，这个商铺本身也是他们公司从别的单位租过来的，面积比较大，而自己公司属于小企业，故除一小部分用作办公，大部分场地都出租给了浙江某会展策划有限公司。前几年对方都根据合同约定按季度缴纳房租，从不拖欠，但是从 2021 年 9 月以来，已经有半年没有付房租。几次与对方电话沟通，对方都以受新冠疫情影响生意不好、手头紧等理由拖延搪塞，一直未能解决问题。眼看合同期就要到了，但是对方公司法人一直称出差在外，无法回来，此事一直无法协商解决。"他们企业有难处，受疫情影响，生意不好，可我们企业也有难处，我们已经把房租付给大房东了，他们不付给我们这边，等于我们要垫付房租。找他们协商，还不见人。真是气死我了。"龙某在情绪激动之下，准备一纸诉状将对方告上法庭。调解员在听了龙某的倾诉之后，劝导他："疫情之下，大家做生意确实都不容易。你们这个租赁纠纷，事实也是比较清楚的，能不上法院尽量不上法院。毕竟做生意和气生财嘛。我们尽量帮你联系下对方公司，看是否可以进行调解。"随即，调解员电话联系了另一方当事人浙江某会展策划有限公司薛某，得知其确实在外出差，与省外合作单位接洽催讨欠款事宜，一时回不来，但表示愿意调解，约一周后回杭，届时再与调解员联系。

12月22日上午，调解员召集双方当事人龙某、薛某等在上城区矛调中心调解室进行面对面调解。调解员首先就双方房产租赁合同的签订和履行情况、房租未及时支付的事实以及产生的争议纠纷等进行询问调查、核实确认，并耐心倾听双方的诉求。

根据《中华人民共和国民法典》第七百零四条"租赁合同的内容一般包括租赁物的名称、数量、用途、租赁期限、租金及其支付期限和方式、租赁物维修等条款"，第七百二十一条"承租人应当按照约定的期限支付租金"，第七百二十二条"承租人无正当理由未支付或者延迟支付租金的，出租人可以请求承租人在合理期限内支付；承租人逾期不支付的，出租人可以解除合同"等相关条款，调解员释法、明理、融情，积极开展调解。双方各自阐述了自己公司因新冠疫情带来的经营压力、资金周转困难、房屋装修成本等各方面情况，同时表明了合同到期不再续签和协商解决问题的意愿。薛某说："受新冠疫情影响，我们公司主营的会议会展、培训服务等业务自2020年开始一直在萎缩，而且前期的项目款项还没有全部收回。这段时间公司里都没什么人了！我们与龙总他们公司也合作了好多年，之前我们都是按期支付房租的，但近半年来我们确实很困难，房租也确实没有付。这个之前我也和龙总他们在电话里说过。现在疫情蔓延，影响很大，公司没有新业务进来，我们也很无奈。"龙某接过话头说："我们此前确实合作得很愉快。但现在你们随意拖欠房租，而且不来和我们协商，几次找你薛总都说不在杭州。我们公司也要开支的，而且大房东那边我们这一年的房租都提前付掉了，也就是说我们一直在帮你们垫钱。几次催你们交租，你们都在推托，也没个明确态度。"见到双方各自在倾诉自己的难处，调解员乘势劝导大家："疫情当下，各行各业都不容易，办企业更是成本不小生意难做。大家都要互相体谅一下。但是合同就是合同，企业以诚信为本。房租还是要按时付的，但是彼此间如有困难能互相沟通就好了。"薛某接着说："我也跟龙总说过，等我们之前的项目款收回来了之后一定会付房租的。至于房租递增部分和违约金这块，希望龙总能体谅我们承租方的困难，给予适当减免。可是，龙总你也没有回复我。""不行，这 20 万房租你们已经拖欠半年了，几次找你们协商都没个明确态度。所以，这段时间拖欠房租产生的利息，还有按合同约定房租每年递增 5% 的那部分以及违约金都要支付，并且一分都不能少。另外你们半年来的水电费也没有付过，都产生了滞纳金。"双方当事人互不相让，又开始争吵，现场气氛一下子紧张起来，调解员立即出言劝止："大家都消消气，先坐下来。今天你们是来这里吵架、斗气的，还是来解决问题的？如果执意要诉讼，这是你们的权利。但是，既然今天有机会坐下来沟通协商，为什么非要争个你高我低呢？就不能和和气气协商解决吗？"调解员开始积极引导："双方都有解决问题的意愿，那么彼此也都要拿出诚意来。和气生财，能成为租赁合作关系也是一种缘分。遇到一时的困难，要本着合作、协商的态度解决，以后生意场上难免还会再遇到。有什么过不去的仇怨，非要上法院？"调解员接着拿出双方的合同，针对双方提到的房租及每年递增 5% 那部分、拖欠房租产生的利息、水电费及违约金等几项费用问题，进行逐条分析并提出解决方案供双方参考。经过背靠背、面对面的释法明理、耐心沟通、反复疏导、逐项探讨、一一敲定，最终，双方愿意本着互谅互让、解决实际问题的态度，协商达成一致意见并签订调解协议：（1）双方当事人一致同意，浙江某会展策划有限公司于 2022 年 3 月 1 日一次性转账支付给杭州某设备有限公司已拖欠的半年（2021 年 9 月 2 日至 2022 年 3 月 1 日）房租费和租期内第二年递增的房租（双方协商一致按年递增 3% 计算）；租期内的水电费用由杭州某设备有限公司按照承租方实际使用情况和相关部门出具的收费依据在浙江某会展策划有限公司的 5 万元租房保证金中扣除并代为缴纳，剩余部分的保证金在双方于 2021 年 11 月 1 日完成上述房屋的移交手续后由杭州某设备有限公司即时退还给浙江某会展策划有限公司。（2）双方的租赁使用合同期满自动终止，当事人浙江某会展策划有限公司在租用房屋期间装修中自己添置的设施设备、家具等由其在移交房屋前自行负责拆下带走，其间不得损坏原房屋设施，否则应负责恢复原貌或照价赔偿。

所有争议于此次调解中一次性处理完毕。一起受疫情影响矛盾尖锐、情绪激烈的商铺租赁纠纷，就这样在上城区调委会调解员的耐心疏导和双方当事人的互谅互让中案结事了。

◈ 案例点评

2020年初，一场突如其来的新冠疫情肆虐全国。受疫情的影响，全国各省区市陆续实行相对封闭的管理措施。企业、商场停工停产、复工延迟，导致很多租赁房屋空置无法使用。即使是与居民日常生活密切相关的超市、日用品店等也因居民的封闭式或半封闭式管理而客流量严重下降，经营困难。一些人员密集型、服务型企业更是受到了较大冲击。本案中，我们可以看出，因疫情导致企业经营困难，从而引发房租未能及时支付、租赁关系紧张等问题。但是，受困企业也不能盲目地以疫情为由，提出解除合同、不交租金或者减免租金等诉求，还是应该根据实际情况理性分析、理性处理。调委会受理该纠纷后，首先在做好双方的安抚工作的同时，查实双方合同履行情况，找到纠纷争议点，然后按照《中华人民共和国民法典》中的相关条款，从合同本身出发，看是否符合合同约定的可以减免房租或解除合同条件，同时结合新冠疫情给社会和企业带来的各方面实际影响，对双方进行耐心疏导，本着合法、合情、合理的原则和互谅互让、解决实际问题的态度，来维护各方权利，化解彼此矛盾。处理疫情期间发生的房屋租赁合同纠纷时，租赁合同有约定的应从约定，不可盲目跟风、随意主张减免租金或解除合同。本案中，调解员将法、理、情有效结合起来，帮助双方企业在"以和为贵"的氛围下解决纠纷，免去了一场不必要的官司。

小　结

◇◇◇◇◇◇◇◇◇◇◇◇◇◇

　　一般合同纠纷的类型包括：（1）口头和书面合同纠纷；（2）无效和有效合同纠纷；（3）有名和无名合同纠纷；（4）国内和涉外合同纠纷；（5）标准和非标准合同纠纷；（6）其他，如合同订立纠纷、合同履行纠纷、合同变更纠纷、合同转让纠纷、合同终止纠纷等。合同产生纠纷的原因主要有：（1）主体不适格的纠纷；（2）标的的质量、数量与约定不一致的纠纷；（3）价款和支付方式、支付期限的约定不明确的纠纷；（4）合同的履行不符合约定或不履行的违约纠纷。

　　解决合同纠纷的方式一般有4种：一是双方自主协商解决的方式，这是最好的方式；二是由第三方调解的方式，即由有关部门人员介入协调解决；三是通过仲裁的方式，由仲裁机关解决；四是通过诉讼的方式，即向人民法院提起诉讼以寻求纠纷的解决。

　　本章选编了7个纠纷案例，其中纠纷主体有个人之间、个人与企业之间、企业之间、专业市场与小业主之间等，常见纠纷包含了租赁、买卖、经营合同等。调解员作为中立第三方，在参与调处合同纠纷过程中，依照《中华人民共和国民法典》合同编等相关法律法规和当地政府出台的有关规章制度及行业规范，结合当事人签订的合同，在查明事实、分清是非的基础上，对照权利义务履行情况及由此造成的结果或后果，进行分析沟通、释法解读，并对纠纷双方当事人进行说明劝导，促使他们互谅互让，自愿达成和解协议。

　　从中可以看出，作为低成本、高效率、能共赢的纠纷解决方式，调解具有3

方面特征：

第一，调解是根据法律、政策，在尊重事实、查明凭据的条件下，依法依规进行调解，而不是事实不清、是非不分，罔顾法律与政策的"和稀泥"。

第二，调解是在中立第三方的主持下进行的，这与双方自行和解有着明显的不同，有利于双方当事人在平等、友好、信赖的环境下合法、合情、合理地协商解决。

第三，调解员作为第三方，在调解中只是劝导双方当事人相互谅解、理性对待，最终由当事人自愿达成调解协议，而不是由仲裁机构、法院等做出裁决或判决。这恰恰也说明调解和仲裁、审判不同。

第四章

相邻关系纠纷调解案例

XIANGLIN GUANXI JIUFEN TIAOJIE ANLI

停车占位起纷争　法理结合促和解

◈ 案情简介

随着城市化进程的加快及经济的迅速发展，杭州市的一些老旧小区人口激增，人均车子保有量也不断上升，而原来的老旧小区都少有规划停车位，更不要说地下车库。位于杭州市上城区某街道的花园小区就是此类小区之一。2018年7月的一天，某街道派出所接到市民报警，称花园小区有2名群众因为停车问题发生纠纷，已经引发肢体冲突，并且矛盾还在升级中。10分钟后，民警到达花园小区，远远就听见争吵声，民警先将双方分开，并将围观群众遣散。简单询问后，民警了解到涉事一方夫妻俩均有外伤，便由1名警员陪同其前往附近医院治疗伤情，留下2名警员在小区内对案件做进一步了解。经杭州市某医院诊断，张某（受害人）鼻骨骨折、头部有外伤、颈部软组织挫伤，其妻郑某右眼挫伤、双眼感光不正，但好在没有特别严重的伤害，经处理后便回家休养。民警给双方做完笔录后，询问双方是否愿意调解，双方均表示愿意。于是案件就交由"警民联调"工作室的调解员进行处理。

◈ 调解过程及结果

调解员收到调解任务后，第一时间赶往当事人所在小区。他先对双方当事人的情绪进行安抚并耐心倾听双方叙述，认真了解纠纷缘由。原来该小区因建成时间较早，无地下车库，车位一直非常紧张。目前车位只有99个，是包月制，对于小区业主来说供不应求，导致乱停车的现象频频出现。王某称自己车位是向物业租的，并签有合同，但张某时常将车子停在自己的车位上。王某对此非常生气，随即上门理论，没料到会发生争执并引发肢体冲突。张某停车的理由是："此车位并没标注已出租，凭什么不能停？王某上门只要说清事由，我是能理解的，也是会移车的。但王某盛气凌人、言语伤人，实在难以忍受。更不能接受的是王某动手打人的流氓行为。"说完，张某委屈地拿出杭州某医院的诊断书。调解员见状安抚道："王某打人是侵权行为，要严肃批评，如果造成人身伤害，还要承担法律责任。"同时，调解员也向其说明，对方租的车位是签了合同的，其合法权益应受到保护。调解员见张某情绪有所缓和，又建议道："小区车位紧张，若暂时租不到，可以先看看小区周边是否有停车位，等小区有空车位时再想想办法租一个。大家都同住一个小区，应该相互体谅，没有什么事是不能商量的。"

对于此次纠纷，王某也是一肚子的火，明明是自己的车位被人占用了，可最终自己却要赔钱，很是不服。调解员从缓和气氛入手，先询问了王某的家庭情况、工作情况，发现王某其实是一名企业负责人，文化学历也高。了解这些情况后，调解员心里也基本有底了，认为王某肯定也是一时冲动，只是因为自己的权利受到侵害后，面对不认错的张某，才一时心急，出手伤人。于是调解员将拉家常的话题转移到小区停车难上，与王某产生共鸣，并且与王某探讨了关于如何充分开发小区现有车位的话题。此时的王某已经完全没有了之前激动的情绪，更多的是体现出了理智和高素质的一面。于是调解员从法律的角度对王某动手打人这件事进行了批评教育："现在是法治社会，打人首先触犯了《中华人民共和国治安管理处罚法》的规定，是要受到行政处罚的。如果构成犯罪的，还应当追究刑事责任。"经过调解员前期的疏导与沟通，王某对调解员的批评教育欣然接受。

于是调解员邀请双方一起到物业公司办公室，就具体赔偿方案面对面进行协商。调解员根据《中华人民共和国侵权责任法》及最高人民法院关于人身损害赔偿的相关司法解释，对张某夫妇的医疗费、误工费、护理费、营养费、交通费等一一进行了计算，总额为1万元左右。双方对总额不持异议，但是对赔偿的比例还有争议。王某认为事情的起因就是张某占用车位，所以张某自身负有很大的责任，而且张某老婆也是自己加入打斗中的，所以王某只愿意承担2000元的赔偿。而张某夫妇认为自己被打还要承担责任肯定不合理，医疗费都花了3000多元，所以无论如何，王某也要赔偿大头，金额不低于7000元。

鉴于双方对赔偿数额均有异议，调解员指出，双方在本案中都有过错，但是双方应秉持邻里友好互助的原则，相互体谅。张某夫妇都已经支付3000多元医疗费了，若还要承担其他损失肯定不合适。为此，调解员着重做王某的思想工作："不管怎么说，张某夫妇受了伤，在一定程度上影响了正常工作，造成了损失，所以误工费这块肯定还是要赔偿的。另外，建议再适当补偿一些，让他们心里有个安慰，这事儿也就过去了。"经过耐心劝导，王某再一次同意了调解员的建议。最后，王某一次性赔偿张某夫妇所有损失合计5000元。对于车位问题，调解员会后也向小区物业反映，让社区做协调，尽可能满足业主张某的停车需求。

◈ 案例点评

在该案件调处中，调解员通过法律分析，指出双方当事人的违法之处，再帮助当事人分析利弊，厘清对错、分清责任，协助解决实际问题。针对王某的打人行为，调解员告知其应当自我反省，主动对自己的伤人行为承担相应的法律责任；而对于张某占用他人车位的行为，调解员也指出其不对的地方，让其意识到自己所犯的错误，积极改正。调解员的依法调解，赢得双方当事人的高度认可。本案中占用他人车位及侵害他人人身安全均为侵权行为。张某侵犯了王某的车位使用权，而原本是占理一方的王某因维权方式不当，最终成了人身侵权的一方。本案中调解员能第一时间发现双方当事人的争议焦点，并且找到他们各自的过失，让双方当事人清晰地认识到自己的错误以及可能带来的法律后果，最终让看似已经激化的矛盾，通过调解得以圆满化解。

窗户隔音不隔心　及时调解破寒冰

◈ **案情简介**

　　南北向穿行杭城的重要通道秋石高架即将建成，然而施工产生的噪声让距离秋石高架仅有 600 米之隔的小区居民苦不堪言。安静的生活环境竟然成了一种奢望。上班族、老年人天天失眠，叫苦不迭："噪声污染的日子还要持续多久？这样下去我们的身体如何受得了？"

　　小区居民认为这已经造成了环境噪声污染，于是他们纷纷通过信访投诉平台反映，要求尽快解决问题，保障其基本权益。街道、社区接到投诉之后，第一时间走访了部分居民。居民们情绪有些激动："你们每天都来听听这个声音，家里的老人、小孩子被噪声弄得心烦意乱，你们政府应该急我们老百姓之所急，至少应该想个办法消除噪声……""现在还没有正式通车就有这么大的噪声，通车以后可怎么办？……"为了这个扰民的噪声问题，天天都有来电诉苦和来访反映的人，有些居民情绪还特别激动。既然出现了问题，就得想办法解决，绝不能让市政建设提升工程变成了扰民伤民工程。

◈ **调解过程及结果**

　　街道、社区两级人民调解委员会联动，积极介入。调解员们分批逐户走访居民，了解情况，并专门组织了一次由项目建设指挥部、城管、信访等部门共同参与的征求意见会，提出由专业机构到高架旁相关小区居民家中分时段进行噪声监测，然后根据监测结果，通过安装隔音窗来改善或消除噪声。但是隔音方案一出，居民中又出现了不同的声音。一些居民表露顾虑："太麻烦了，白天我们还要上班，来监测的话还要请假，很不方便。""安装时把材料堆在楼道上影响通行，会有安全隐患。"另一些居民则表示支持："房子外面就是高架，现在好不容易有办法解决了，绝对不能因为小部分人有意见就不安装。""我们不管是什么样子的隔音设备，只要消除噪声了，就必须要装……"双方各执一词，导致这个除噪利民项目陷入僵局。项目建设指挥部、施工单位等也是十分头大，工程难以顺利推进。街道调委会将这些问题汇总后第一时间反馈给项目建设指挥部和施工单位联系人，看是否能做出合理调整，最大限度地满足居民们的要求。对此，施工单位表示理解并承诺会充分考虑居民的要求，但坦言具体实施安装过程中对居民产生影响是无法避免的："今夏天气特别炎热，白天可以施工的时间实在很少，拖延到傍晚甚至晚上也是有可能的。"

鉴于双方的矛盾涉及隔音窗统一安装、施工时间安排等方面，且牵涉居民众多，街道调委会在了解基本情况后，发挥"三治融合"作用，通过社区积极发动和组织居民进行"自治"，推选出了5名群众基础较好的居民代表一同参与此次事件的深入沟通，并及时向大家汇报进展和听取意见与建议。调解员则做好与重点居民的进一步沟通，本着解决问题的态度，耐心细致地做他们的思想工作。为了照顾居民不同的作息时间，调解员与居民代表不分昼夜地逐户走访，恳切交谈，以心交心，引导他们换位思考："噪声污染一直是政府关注和关心的问题，整天生活在噪声下肯定不是长久之计，这次也是站在便民利民的角度提出了最为合理的解决方案。当然你们如果有实际困难或更好的想法，都可以提出来，我们会努力去协调，最终都是为了在不影响大家日常生活的前提下，改善大家的生活环境……"

调解员一次次诚恳又有说服力的劝说，赢得了居民们的肯定与信任。大家也表示，不是他们不想安装隔音窗，而是担心安装起来会有很多麻烦，比如使用的材料符不符合要求、后续如果有维修费用谁承担、安装起来是不是很费事、效果如何……这一系列问题都需要在安装之前搞明白。针对居民提出的顾虑与想法，调解员设身处地地认为居民们提出的问题大部分都是有道理的，表示将与项目建设指挥部和施工单位联系，把居民们的顾虑和想法一一传达，督促他们尽快拿出一个方案来。

　　经过近一周的多方沟通、多次协调，一份详细、可操作且盖有施工单位公章的隔音窗安装方案出炉，并及时传递到相关居民手中。施工单位代表与居民代表一起在社区会议室签订调解协议，就具体操作方案及相关环节与配合细节等进行明确。安装隔音窗解决高架带来的噪声问题最终得到了全体居民的理解，隔音窗安装工程赢得了居民的肯定与支持，后续工程的推进也非常顺利。"噪声问题解决了，心情也好了，非常感谢调委会的同志们为我们老百姓跑前跑后张罗了这么久，谢谢你们，你们辛苦了！"看着新安装的隔音窗不仅整齐美观，而且隔音效果很好，居民们心里的疙瘩终于放下了。

◈ 案例点评

　　窗户隔音不隔心，及时调解破寒冰。一场由高架噪声扰民引发的隔音设施安装事件，在街道、社区调委会的共同努力下，得到了圆满的解决，居民生活也恢复了往日的平静。本案的调解思路是：基于深入了解居民的实际情况，为他们争取最大的权益，并采取融情入理、利弊分析、换位思考等调解方法与技巧，搭建起与居民之间沟通信任的桥梁，一步步与居民沟通协调，从而摸准心结、打开调解的突破口，最终得出化解方案。遇到类似矛盾，我们应具体问题具体分析，不应只看到表面矛盾，而要通过表面矛盾挖掘深层次的根本矛盾，从而达到定分止争的效果。市政建设过程中的阵痛在所难免，其间引发的各种矛盾纠纷也是屡见不鲜。人民调解充分发挥自身的优势，及时参与到矛盾纠纷的化解中，努力满足市民的实际需求，解决他们的困难。

邻里为烟成冤家　调解用情建桥梁

◈ 案情简介

2018 年 6 月初，家住杭州市上城区某小区一楼的兰某向上城区信访局投诉，称其对面 101 室开设了一个线上外卖平台中转站，外卖骑手人来人往，抽烟问题严重，且电瓶车充电线乱拉，报警器声音嘈杂。她怀疑该外卖平台中转站无证经营，无内部管理规章。兰某称自外卖平台中转站设立以来，自己深受其害，在几次上门沟通无果后，她不断向有关部门投诉，但一直没有得到解决。

◈ 调解过程及结果

因该案涉及维稳工作，上城区调委会接手后高度重视。调解员马上通过电话联系了当事人兰某，让其于 7 月 25 日下午前来陈述案情。兰某陈述，他们小区原本就是老旧小区，居住的大多是退休老人，在此开设外卖平台中转站本就不合理。外卖骑手每天进进出出，喇叭乱按，电瓶车充电时报警器老是发出报警声，特别是中转站的调度员与骑手们经常在房内和楼道内集中抽烟，这不仅存在安全隐患，还严重影响了居民们的生活质量、身体健康。兰某几次与对方交涉和向相关部门投诉，但是对方始终无动于衷，双方矛盾也日渐激化。因此，兰某请求上城区调委会帮忙解决双方之间的纠纷。为了进一步掌握情况，调解员实地走访并查看了兰某所说的小区及外卖平台中转站，收集证据材料，为接下来的调解工作做铺垫。

此外，调解员又联系了租房给该外卖平台中转站的房产中介公司了解情况。房产中介公司经理缪某称，他们也多次收到兰某的反映和投诉，也曾好几次就此事找过双方协商，但都没有结果。调解员在摸清基本情况后，将外卖平台中转站负责人刘某和当事人兰某约至上城区"访调对接"工作室。双方当事人到场后都对彼此颇有怨言。刘某称，其租的房子平常只是用来给员工临时休息和堆放衣物的，并不用于办公，而且他也未发现有外卖骑手抽烟，若不信可以查看监控。兰某则称，好几次看到中转站的调度员在小房间、楼道内抽烟，并指出刘某还与骑手们互递香烟，有时两三个人一起抽，烟味很重，加之他们房间的空调一开，烟味就飘到兰某家中了。兰某说，她是闻不得烟味的，何况现在一家人都在吸他们的二手烟，实在无法忍受。刘某辩解道，在自己租的房子里抽根烟很正常，没有什么不可以……双方因此又发生了争执，情绪都非常激动，一时间调解陷入了僵局。调解员首先对住宅区开设外卖平台中转站给周边居民带来的影响，从法与理的角度做了一番分析，之后又用了一招"换位思考"来耐心规劝双方："你们两位无论是租住的还是长期住在这里的，都是小区的居民。作为邻里，希望你们都能互相体谅对方。年轻人出来创业确实也不容易。但小刘你也要体谅一下隔壁邻居们的感受，住宅区设立外卖平台中转站，人员来来往往，多多少少会给邻居们带来困扰。"在调解员情与理的感化下，双方的心情渐渐得到了平复。经过进一步沟通，双方最终达成一致意见：由外卖平台中转站负责人刘某在自己租住的房屋内悬挂"禁止吸烟"标志，制定和实行内部管理监督制度对相关内容做出具体要求；若工作人员确实要吸烟可到户外吸烟；电瓶车充电应注意用电安全，且晚上不得对电瓶车进行充电；由于小区退休老人众多，外卖骑手须推车进入小区。双方于2018年7月30日在上城区调委会签订了调解协议。

调解员细致入微、至情至理的开导，成功化解了兰某与外卖平台中转站负责人刘某之间的这场邻里纠纷，解开了双方的心结。

❖ 案例点评

此案中，居民不断投诉、信访皆因住宅区内开设外卖平台中转站后，进出人员较多较杂且均有抽烟习惯，以及电瓶车充电缺乏管理等，从而给周边居民日常生活带来不良的影响。现实生活中，抽烟也好，电瓶车充电缺乏管理也好，类似很多问题都是每个住户自己的行为习惯问题，靠的是个人自律和社会公德约束。

但是本案中，小区内大部分是年龄较大的退休老人，而外卖平台中转站的小年轻们与之相比日常生活习惯迥异，邻里间出现摩擦也就在所难免了。目前，很多无物业和业委会的老旧小区本身不具备独自处理此类问题的能力。居民在产生纠纷、摩擦时不知所措，在多次交涉、投诉无果的情况下，双方矛盾不断激化，居民于是被迫选择投诉和信访方式。这时，"访调对接"工作无疑是妥善解决居民纠纷、有效化解人民内部矛盾的一个便捷、高效的途径和举措。本案中，调解员充当了非常重要的纽带作用，通过务实、高效、至情至理的沟通与协调，最终在一对因日常小事演变成矛盾纠纷的"冤家"之间，重新搭建起了一座互敬互让、互谅互利的情感桥梁。通过"访调对接"工作机制的建立和完善，人民调解工作的做细做实，调解员顺利平息了一场邻里纠纷，真正实现了"矛盾不上交、就地解决"，也为当地政府部门分了忧。

邻里积怨酿积访　调解用情化干戈

◈ 案情简介

事情要追溯到 2015 年，自小马夫妻搬入某小区 602 室后，楼下冯大妈饱受楼上噪声困扰，经常彻夜难眠，这严重影响了她的生活质量。冯大妈多次找社区、街道反映情况，区信访局也多次召开协调会，然而，双方当事人均认为自己不存在过错，多次协调无功而返。于是，冯大妈长期至区、市等上级部门投诉、信访。2018 年 6 月，听从区信访局和所在社区建议，冯大妈来到上城区公共法律服务中心，向上城区调委会申请人民调解。冯大妈在谈话时情绪激动，言辞中透露出自己已前往省政府信访，并同常年至省政府信访的部分人员私下里取得了联系，甚至流露出要去北京上访的强烈决心。

◈ 调解过程及结果

上城区调委会金牌和事佬调解工作室的调解员接手后高度重视，他先是跟当事人明确，没有法律依据的四处闹访不可取，会使原本的积怨加深，不能真正解决问题。调解员秉承"矛盾纠纷一经发现，迎难而上，化解在基层，不上交不激化"的宗旨，一边迅速向有关领导汇报，一边上门走访取证。调查得知，602室曾在装修期间因工人操作不当造成漏水，入住后保姆晾衣服时又经常把水滴到楼下……诸如此类生活小事都未能及时妥善处理。602 室男主人还因误会一时冲动踹坏冯大妈家的防盗门，双方矛盾进一步升级。上城区调委会找准矛盾切入点，决定先找双方背靠背做工作，但602室住户小马夫妻表示以前调解多次均无果，而且自己并无过错，所以拒绝再次调解。调解员只好上门找小马夫妻谈心，规劝其直面问题，积极调解，妥善解决。调解员也考虑到冯大妈不满情绪积压已久，就与她多联系、勤恳谈，疏解其心理压力，并取得了冯大妈的信任。调查阶段结束后，上城区调委会针对性地制订了调解方案。

2018年9月某日上午，上城区调委会召集双方当事人来上城区公共法律服务中心调解室进行面对面调解。虽然调解员已与双方进行了背靠背的疏导，但是一坐下来，小马与冯大妈之间就针尖对麦芒，开始争论起来。冯大妈激动地说："你们年轻人也太自私了，只图自己轻松自由，一点都不考虑我们年纪大的人的生活，几次三番地影响到我们楼下，还理直气壮不肯承认过错……"小马立马回应说："冯大妈，你怎么能这么说呢？之前装修中确实是工人操作不当引起漏水，但事后我们也跟你说对不起，并及时修好了。你不能老是拿这个说事儿吧？再说，我们住楼上，日常生活中难免有些声响，是你自己太过于敏感了吧！"双方就这样冷言冷语地吵起来了。调解员见状赶紧安抚双方先冷静下来："冯大妈，小马，今天请你们来这里是来解决问题的，不是来继续吵架的！之前我们跟两位也基本谈好了，大家摒弃之前的赌气、怨气，平心静气地解决问题。希望你们都能拿出自己的诚意友好协商。"看到双方都安静下来了，调解员将前因后果做了简单的回顾，然后耐心开解道："冯大妈年纪比较大了，比较喜欢安静，几十年的生活规律已经变成了一种习惯。而小马夫妻是年轻人，又带着小孩，生活作息时间肯定不那么规律。之所以楼上一点声音楼下就受影响，可能还是彼此在作息时间上有冲突。另外，这栋楼的隔音不好也是一个原因。"听完调解员的一席话，小马和冯大妈微微点了点头。但是随后，冯大妈率先开问："那他们一直这样子的话，我楼下不是要吃尽苦头啦？再这么折磨下去我是受不了的，要疯的！"调解员赶忙劝解道："冯大妈你不要急，今天我们坐在一起就是要商讨出一个方案来解决这个问题。"其后，调解员又与小马夫妻唠起了家常："你们夫妻俩也是为人父母的，现在的日常生活可能都还是围着孩子转。但是，你们有没有考虑过，自己父母亲的生活需求是什么呢？试想一下，他们是不是也和冯大妈一样期待过着安静而规律的生活？所以，将心比心，我们要更多地尊重和体谅老年人的实际需求。何况，邻里之间互相体谅也是一种美德。有句话说得好，远亲不如近邻嘛。"慢慢地，小马夫妻的心绪有些触动了，两人之间开始时不时轻声交流。

经过调解员一个多小时融情入理的交心深谈与疏导劝解，小马夫妻首次主动对此前处理不当的事情当场向冯大妈深深鞠了一躬并致歉，除了赔偿冯大妈的损失，还愿意将全屋铺满地垫、给桌椅加装软包脚垫，在冯大妈反映噪声来源较多的客厅区域，积极配合查找噪声源并做好消音工作，并做好家中保姆与小孩的降噪提醒与教育。此刻冯大妈的心结也终于解开了，她站起身来大度地表示既然之前已在社区帮助下修好了防盗门，她也愿意放弃对楼上业主的追偿。随后，双方当事人现场签订了调解协议，至此，一起积怨长达3年多的邻里纠纷得以化解。

调解协议达成后，一是考虑到冯大妈多年来为此事奔波身心俱疲，已出现医院认定的心情抑郁方面的征兆，二是为了使调解协议内容进一步得到落实，上城区调委会又与其所在街道沟通，将冯大妈的邻里纠纷问题列入纠纷隐患排查，每周与社区、司法所保持密切联系，并指导社区人民调解组织对于纠纷隐患勤于筛查，全力提供专业的支持和保障。此外，还主动联系上城区妇联，启动跨部门联动机制，安排心理咨询师定期前往冯大妈家探望，多措并举共同做好当事人冯大妈的事后心理疏导和稳控工作，力求将居民矛盾化解在萌芽状态，真正做到服务民生、到家到位。

◈ 案例点评

虽然该案例属于日常的邻里噪声纠纷，但是由于双方当事人前期处置不当、沟通不畅，加之一方当事人年事已高、心理状况不佳，致使矛盾升级激化难以调和。本案中，调解员审时度势，扎实做好前期调查摸底工作，查明原因，做到心中有数。在面对面调处中，调解员又能亦步亦趋，层层推进，从查摆事实、分析问题到启发思考、引导解决，不厌其烦地劝解和疏导，动之以情，晓之以理，最终功夫不负有心人，促成双方和解。这起邻里纠纷看似简单，但由于积怨已久，且此前多次信访、协调无果加深了彼此之间的厌烦，所以能重启调解并最终达成和解，真的不容易。其调解过程也是非常考验调解员的专业水平和方法技巧的。

厨房经年被侵占　调解倾力化矛盾

◈ 案情简介

2020 年 11 月，杭州市上城区 H 新村某户将房屋出售，交易完成后依法办理了过户手续。新产权人发现产权证的房屋图纸上标明的 6 平方米大小厨房被隔壁 B 户型占用。因 A 户型房屋结构为走破式，其厨房在过道，另一侧与 B 户型相邻。新产权人糊涂了，拿着产权证上下楼询问：这个产权证上标注的厨房到底归谁所有？一到六楼的业主纷纷拿出自己的产权证，发现该厨房从一楼到六楼全部被隔壁 B 户型占有使用，但是产权证上列明的面积都是属于 A 户型的。A 户型的业主还对同小区其他幢进行了解，发现只有自己这一幢出现了这个问题，其他幢的厨房和产权证上标注的一致，皆由 A 户型所有和使用。很多 A 户型业主自房屋建成后就居住至今，与房子相伴已达 45 年，这事一出，业主们纷纷上访杭州市住房保障和房产管理局，要求给一个说法。

杭州市住房保障和房产管理局接到群众来访后，查阅相关资料后回复：房改房购买基于承租情况，谁占有使用即由谁取得购买权利，对 A 户型业主要求返还厨房的要求并未支持。同时为纠正以上问题，2020 年 11 月 11 日杭州市住房保障和房产管理局做出《关于上城区 H 新村×××决定书》，并于 2020 年 11 月 16 日向杭州市上城区危旧房改善服务中心出具上述房改重审决定书。杭州市上城区危旧房改善服务中心依据该份决定书于 2020 年 11 月 17 日对 H 新村房屋进行重新测绘，将争议的厨房面积测绘给 B 户型。

A户型的业主纷纷表示不服。自己的房子自入住之日起就无排水管，无厨房，因无法直接居住，每一户都必须另行挖水管，将水排入单元公共厕所。对此，业主们本来就比较疑惑，以为是房屋结构缺陷，现在才了解到原来是隔壁邻居把自己的厨房占了，遂坚持要求按照产权证列明的归还厨房，双方矛盾突出。2020年12月29日A户型的3户业主向杭州市政府提出行政复议，本案进入复议前调解程序。

◈ 调解过程及结果

杭州市上城区调委会调解律师在接到本案后，第一时间和3位提出行政复议的业主进行了会谈。3位业主年纪都非常大，最大的已经80余岁。老人家们谈到本案时非常气愤，说当年入住这个房子后自己比别人多花很多装修的费用，需要打通排水。没有厨房，只能从房间里分出来一部分做厨房。原以为是自己分配的房子结构不好，现在才知道是有人从一开始就占用了自己的厨房，对于杭州市住房保障和房产管理局说的"房改房购买基于承租情况，谁占有使用即由谁取得购买权利"表示不认可，声称要诉讼到底。

调解律师先对3位业主的情绪进行了安抚，然后表示："产权证和实际使用情况不一致，这个问题肯定是需要更改的，不然往后只会引发更多的问题。在这个环节中，政府肯定是有审查上的疏忽，但是现在厨房已经由B户型业主使用了40多年，他们从一开始就占有至今。房屋已经装修好了，部分房屋甚至经过了多次买卖，不能简单地以产权证作为产权的依据。若简单地以产权证作为依据，需要更改的地方太多，无法操作。另外从维护社会稳定的角度来看，大家做了这么多年的邻居，维持现有的状态是比较好的。"

讲到这里，3位老先生表示同意继续把厨房给邻居使用，但是占有这么多年，邻居应该以现在的市场价购买。这个调解方案是否可行呢？调解律师遂与杭州市住房保障和房产管理局沟通，杭州市住房保障和房产管理局表示产权证面积错误是由测绘造成的，他们已经出具《关于上城区H新村×××决定书》重新进行测绘，之后会以新的测绘面积退还当年购买多收的房款。B户型的业主则表示自己是按照规定购买、入住的，厨房一直都是自己在使用，并不存在他们用了别人厨房的情况，届时会按照购买时房改房的价格补上这厨房的钱。当年房改房购买时整套房子才几千元，现在房子的价格已经涨到了3万多元/平方米，差距几十倍。若按照杭州市住房保障和房产管理局与 B 户型业主的方案，A 户型的业主只能得到几百元的补偿，对此 A 户型的业主是断不可能同意的。

无奈之下，调解律师再次来到现场，对现场进行了勘验，发现在这个厨房的旁边有一个闲置的房间。经了解，这个房间为该单元的公共卫生间，现在无人使用，面积恰好和争议的厨房相当，那这个房间是否可以划给 A 户型的业主作为补偿呢？调解律师再次与杭州市住房保障和房产管理局进行沟通，提出将该房间划拨给 A 户型业主的调解方案。但得到回复是：共有面积不得划拨给单户。

在毫无头绪的时候，调解律师注意到对其重新进行测绘的是危旧房改善办公室。重新测绘的依据是危房改造，且并不是仅针对这一幢，这又是怎么回事？原来 H 新村的房屋建造已久，起初是没有独立卫生间的，只有公共卫生间。后来为改善居住环境，相关部门给每户重新搭建了阳台和卫生间。搭建的阳台和卫生间按照成本价卖给老百姓，购买后产权证面积有了变动，因此需要重新进行测绘。该项目也是由杭州市住房保障和房产管理局负责的，既然重新测绘是以此名义，那么补偿是否可以此作为一个突破口？

由于本案在行政复议过程中，杭州市住房保障和房产管理局决定经过重新测绘以后，将购房资金进行退还。该购房资金为政府管理资金，计算的利息也只能是按照存款利息计算。调解律师了解情况后马上进行沟通，表示从其他幢的承租情况看，确实存在当年承租时就错误地将本应该承租给 A 户型的厨房承租给了 B 户型的可能性。如果只补偿几百元，的确很难让人接受。至于利息方面若按照银行同期贷款利率计算也是有法律依据的。另外在危改项目中，可否考虑实际情况，将厨房面积纳入该项目的成本价中计算？杭州市住房保障和房产管理局表示，危改为杭州市统一项目，资金计算不得混同，但同意按照银行同期贷款利率计算利息。

调解律师马上将情况向 3 位老人汇报，3 位老人看到调解员如此热心为其寻找调解方案，态度有所缓和。调解律师马上讲到政府的难处：每一个款项支出都要有依据，口子一旦开了，以后很多事情都无法处理了。老人家表示自己维权以来，从来没有相关负责人为此事给他们一个说法。调解律师从他们的陈述中发现，对于厨房的归属他们已经有所松动，现在的坚持可能是因为政府部门的处理态度，遂马上与杭州市住房保障和房产管理局沟通，希望能召开一次听证会，听取一下群众的意见，再直接向群众讲解处理的情况。

后来杭州市住房保障和房产管理局应邀召开了听证会。听证会上，几位老人表达了自己的意见和不满。相关负责人听取了他们的意见，表示政府对这件事是十分重视的，但是厨房自承租起就是由B户型的人承租使用，房改购买一定是按照实际居住情况出售的，其他处理上可以按照法律规定给予按照银行同期贷款利率计算利息。听到相关负责人如此耐心地讲解，老人们放下了心中的不满，双方达成和解。

◎ 案例点评

本案是一起与政府部门有关的调解。政府部门依法行政，纠正也只能依法纠正，并非老百姓所理解的，可以随意变更。《杭州市市区出售公有住房管理办法》（杭政发〔1995〕12号）第四条规定：购买公有住房的对象是具有本市城镇常住户口的公有住房承租人和新分配住房的职工。承租人放弃购买的（本人今后不得再要求安排住房），可由其家庭推定同户居住的直系亲属购买。也就是说，承租情况直接影响是否有购买的资格。这也是政府部门回复谁使用谁购买的依据。本案发生于40多年前，现在已经无法追溯当年的实际情况，维持现有的状态更有利于社会的稳定。本案调解的关键在于疏通情感，让老人感受到调解员的认真和政府部门的重视，这一点十分重要。听证会上，行政机关既听取了群众的意见，也讲解了法律规定和行政规定。对会上行政机关做出的关于本案的决定，群众也更容易接受。

麻痹大意酿火灾　多方协调解纷争

◈ 案情简介

2022年9月下旬的一天下午，位于杭州吴山脚下南宋皇城旁某老街巷的一家面馆突然起火，现场浓烟滚滚。大火最终被消防队员及时扑灭，所幸无人员伤亡。经现场勘查及询问当事人得知，当时面馆里正在起油锅，店主廖某刚离开一会儿，火焰瞬间引燃了油烟管道，并沿着管道烧穿了吊顶，将二楼南侧屋顶完全烧毁，造成邻居某街弄2号出租房、四牌楼1号商铺、四牌楼2号小吃店房屋受损。廖某因疏忽造成重大财产损失，当即被公安机关处以行政拘留。得知肇事方廖某被放出来后，遭受连带损失的某街弄2号房东及其租户、四牌楼1号店主、四牌楼2号店主纷纷上门找廖某要求赔偿。双方虽已多次洽谈但始终不能把赔偿数额确定下来。时间一长，矛盾也越来越严重复杂。部分街坊店主来到属地街道信访部门反映此事，了解到街道调委会可以提供法律服务，搭建平台为其解决矛盾纠纷，遂提出调解申请。廖某得知后，也表示希望通过调解来化解双方矛盾，确定赔偿金额，自己和街坊邻居们也能尽快恢复正常经营。

◈ 调解过程及结果

街道调委会受理后，针对火灾的前因后果及责任认定、公安机关的处理等做了详细了解。为了依法、高效、妥善调解该起矛盾，调解员邀请共享法庭的法官一起参与调解。在调解开始前，街道调委会首先向双方当事人宣读了人民调解权利义务告知书，大家都表示愿意接受调解，并签署了权利义务告知书，明确了双方在该起纠纷中的权利与义务。在向廖某了解事情的同时，为避免双方矛盾激化，街道调委会采取背靠背调解法，先分别与双方当事人沟通，缓和矛盾后，再坐到一起进行最终调解。

法官和调解员首先向廖某了解其解决矛盾纠纷的想法，廖某表示愿意承担对方的经济损失，但也提出了自己的顾虑：自己也遭受了重大经济损失，店面停业整改，恢复经营也需要一大笔投入，对于对方提出的过高经济赔偿要求感到力不从心。随后，法官和调解员走访了火灾现场和街坊店主，了解了他们各自的诉求。

背靠背详细了解各方意见后，街道调委会召集当事人在街道矛调中心调解室进行面对面调解，同时邀请了法官、信访和社区工作人员等共同参与。调解员表示：“既然是调解，那就有一定的灵活性。在依法调解的基础上，只要双方都能拿出诚意，找到一个补偿的平衡点，再大的分歧都是可以协商和解的。”法官根据客观事实，依据法律法规，针对事故相关责任与补偿问题给予梳理分析，对框架性的补偿方案给予指导。随后，各方出示了现场调查走访照片、火灾事故调查认定书等书面材料，说明了房屋损毁程度、财产损失情况，让受损失一方提出意见并确认情况，并向某街弄2号房东及其租户、四牌楼1号店主、四牌楼2号店主逐个询问赔偿诉求。当听到受火灾损失的三方提出70万元的赔偿要求时，廖某直摇头，认为已经超出实际损失的标准，无法满足其赔偿要求。在弄清赔偿项目与金额是双方主要争议点后，调解员提议让社区邀请维修公司等一起再次走访现场，以便各方能有个直观感受，利于做出更实际的比较。

调解员、社区工作人员等一起走访火灾遗留现场，核实火灾损毁的设施设备与其他有关物品等，同时邀请了某建筑装饰公司的专业人员对不同房屋的维修费用逐个进行评估。然后，分别约谈某街弄2号房东及其租户、四牌楼1号店主、四牌楼2号店主，耐心细致地做起了各方的思想工作。综合评估维修和常规物品的行情，调解员认为三方提出的70万元赔偿金额的确过高了，希望他们能够实事求是，根据损失情况及后续维修、补偿方案等，提出更加合理的可执行的诉求。通过近2个小时面对面的耐心劝说，某街弄2号房东及其租户、四牌楼1号店主、四牌楼2号店主表示愿意就赔偿金额再次协商，适当降低赔偿标的。见时机趋于成熟，调解员随即联系当事人廖某，再次采取面对面方式进行调解。双方坐下来后，谈到赔偿金额时个别店主情绪仍有些激动。双方能接受的赔偿金额间还有些差距。调解员提出："各方要本着实事求是的态度提出自己的诉求。要区分看待自己与其他方的损失情况，不能一概而论，损失什么就赔偿什么，该修复的就修复而不是换新。同时，廖某这边也要充分体谅大家的心情，适当表示诚意，给予物质上的安慰。这样各方才有可能达成一致意见。通过调查分析、现场求证，目前对各家的损失也已经出了明细的单据，那接下来就是一户户地进行协商确定。"调解员一方面控制好调解现场的氛围和节奏，做好情绪安抚工作，另一方面抓住重点、逐个敲定、由点及面地推进化解。经过近 3 个小时的疏导协调，各方当事人最终达成一致意见。

双方签订调解协议：廖某向某街弄 2 号房东赔偿屋内财产损失 50000 元，赔偿房屋在维修期间的租金损失每月 6500 元直至维修结束可以正常使用。廖某支付某街弄 2 号房屋维修款 182000 元，具体在修缮完成后由三方（维修施工方、某街弄 2 号房东、廖某）共同确认后再行支付；廖某赔偿某街弄 2 号租户周某屋内财产损失 6000 元。廖某赔偿四牌楼 2 号营业店铺内财产损失及一个半月的误工费、房租等共计 76000 元。廖某赔偿四牌楼 1 号营业店铺内财产损失 7800 元，并于一周内免费为其维修好屋顶，在确保安全前提下，该商户可正常经营。

至此，一场意外火灾后的经济赔偿纠纷得以圆满化解，双方当事人握手言和。

◈ 案例点评

本案是一起民事赔偿纠纷，涉事店家和人员多，有关火灾烧毁的设施、物品种类多而杂，证据难寻，价格难估，当事人对修复与赔偿等意见不一。《中华人民共和国民法典》第一千一百八十四条规定，侵害他人财产的，财产损失按照损失发生时的市场价格或者其他方式计算。第一千一百八十二条规定，侵害他人人身权益造成财产损失的，按照被侵权人因此受到的损失赔偿；被侵权人的损失难以确定，侵权人因此获得利益的，按照其获得的利益赔偿；侵权人因此获得的利益难以确定，被侵权人和侵权人就赔偿数额协商不一致，向人民法院提起诉讼的，由人民法院根据实际情况确定赔偿数额。

本案中，调解员面对纠纷时能充分借力共享法庭等法律资源，利用第三方维修公司专业人士协助进行损失与维修方面的评估，为案件的顺利调处寻找助力。其间，调解员在法官、社区工作人员等共同协作下，找准调解的突破口，共同做当事人的思想工作，并对争议焦点即赔偿数额的计算进行细致研究，为最终达成调解协议奠定了基础。最后，调解员运用由点及面、逐个击破的技巧层层推进调解：一方面，站在当事人的角度，了解双方的不同观点、感受和想法，缓和双方的情绪，让双方能够坐下来理智商议解决方案；另一方面，在劝说的过程中引导当事人尊重客观事实，合理合法地提出诉求，促使双方都做出一定的妥协，最终圆满解决纠纷。

小　结

◇◇◇◇◇◇◇◇◇◇◇◇◇◇

　　和谐的邻里关系是社会稳定的基石。但是，相邻关系纠纷不可避免地经常出现在我们的生活中，而且事实证明，相邻关系纠纷若得不到及时妥善处理，容易成为打架斗殴的导火索，甚至发展成为刑事案件。

　　所谓相邻关系，是指依据法律规定，两个或两个以上相互毗邻的不动产的所有人或使用人，在行使不动产的所有权或使用权时，因相邻各方应当给予便利和接受限制而发生的权利义务关系。日常生产生活中常见的相邻关系纠纷主要有：因相邻土地通行关系，相邻用水、排水关系，环境保护关系，相邻管线安设，相邻防险关系，相邻采光、种植关系，相邻地界上设施的改造、使用等而引发的各种纠纷。

　　在调解相邻关系纠纷时，调解员要注意把握好法律法规、历史成因与纠纷事实情况，平衡双方当事人的利益，在自由与限制之间寻找最精准的刻度。《中华人民共和国民法典》第二百八十八条规定："不动产的相邻权利人应当按照有利生产、方便生活、团结互助、公平合理的原则，正确处理相邻关系。" 这一规定明确了不动产相邻所有人之间基本的容忍义务，倡导团结、诚信、友善，弘扬了社会主义核心价值观。因此，调解过程中人民调解员应该适时亮明态度：自由应当以不侵害他人的合法权益为界线。但是，并不是所有人都能做到服从法律而放弃个人利益。日常工作中，要秉持和为贵、德为先、法为上的理念，将自治、德治与法治有机结合起来，才能做到以德育人、以法服人、以文化人，才能真正解决纠纷问题，促进社会稳定。

本章中选编的几个相邻关系纠纷案例，其争议点包含人民群众日常生活中颇为关注的停车占位、污染、噪声、占地使用、邻里积怨等内容。可以说都是人民群众的生活琐事，但如果处理不及时或处置不当，就可能引发新的矛盾冲突，轻则吵架堵心，重则打架斗殴，甚至伤残伤亡，不利于维护社区的稳定。小摩擦就会酿就大祸，小纠纷演变成信访积案或者诉讼。因此，此类矛盾看似"小事一桩"，但调处起来并不轻松。

从近些年调委会的实际工作情况来看，调解员在受理调处该类案件时，要警惕事因小而忽视、事因烦而不理、事因难而不调的想法，要切实增强为民服务的责任意识和勇于面对、敢于担当、善作善成的奋斗精神。要成功调解这些纠纷，调解员不仅要掌握包含物权、合同、继承、侵权等各方面的法律知识及相关专业知识，而且要通人情世故，学会设身处地多角度去思考问题，情理相融地多方面开展工作。既要善于厘清事情经过、把握发展情势，又要尊重历史与既成事实，更要善于从当事人实际情况入手，抓住双方矛盾的症结所在，以此切入破局，摆事实、讲道理、释法义，做到动之以情，晓之以理，明之以法，方能水到渠成、和解共赢。

第五章

物业纠纷调解案例

WUYE JIUFEN TIAOJIE ANLI

物业退出起纠纷　多方参与稳安定

◈ 案情简介

浙江某科技发展有限公司（简称科技公司）于 2017 年 8 月与杭州某物业管理有限公司（简称物业公司）签订《前期物业管理服务合同》。2018 年科技公司指出,基于楼宇的业态关系,经过一年多的共处,发现双方在管理理念上有冲突,无法顺利开展工作, 主要原因是该物业公司管理强项在于住宅物业管理,而现在的管理项目——杭州某国际大厦为商用性质, 各类配套功能与住宅差别较大, 故要求与物业公司解除合同关系,请其退出国际大厦的物业管理服务。但物业公司不同意,并指出：（1）因该楼宇尚未成立业委会,要求成立业委会进行双过半数业主投票（见《杭州市物业管理条例》规定）；（2）开发商已将房屋交付使用,在未经业主同意的情况下, 双方若要解除合同关系不合规不合法；（3）合同没有到期, 单方解除合同, 对物业公司影响很不好, 会引起业主和上级主管部门的质疑。双方协商未果, 后向上城区物业纠纷人民调解委员会（简称上城区物调委）申请调解。

◈ 调解过程及结果

上城区物调委受理后介入调解。调解员先约谈科技公司负责人,了解前期协商情况及其诉求。随后, 调解员又联系了物业公司负责人, 认真听取其对科技公司反映事项的解释及其不同意退出的理由。在收集完双方的资料后, 调解员决定让双方面对面坐下来一起厘清问题头绪，找出解决问题的办法。2018 年 4 月的一天，上城区物调委召集科技公司、物业公司的相关负责人等进行协调。会上，科技公司方表示："我们双方本身就是合同关系，解除合同也属于我们双方之间的事。"同时提到，该楼宇因业态关系目前尚未成立业委会，但是已充分考虑到部分业主的利益，且已单方面获得双过半数以上业主委托授权更换物业公司。物业公司这一方强烈回应："科技公司这边不地道，我们进驻国际大厦后，他们一直在背后搞小动作。现在存心要赶我们走，想尽办法找事儿，并且从程序上来讲这是违法的，至少是不合规的。所以我们是不会随便退出的。"调解会上，双方各执一词，互相指责对方在履行合同过程中的种种过错，并多次发生激烈的争执，调解会被迫中断。

会后，上城区物调委一直与双方进行背靠背沟通。为了能尽快处理双方的争议，维护大厦的正常秩序，2018 年 5 月中旬，上城区物调委再次召集双方单位负责人在属地街道公共法律服务站调解室进行面对面调解。同时邀请了上城区住建局和属地街道的相关科室负责人及律师等参与调解。经过对相关情况的梳理，了解到双方的主要争议焦点在于该楼宇尚未成立业委会，而开发商已将房屋交付使用，物业公司退出牵扯到业主的利益，在未经业主同意的情况下，双方若要解除合同关系是否合规合法。

对于物业公司提出的不同意见，受邀参会的上城区住建局物管科负责人从行业主管单位的角度对政策做了解答。《浙江省物业项目服务退出管理办法》第八条对物业服务合同当事人提前解除合同，物业服务企业退出项目服务管理的情形做了规定。本案只适用于第八条第一款：前期物业服务期间，合同当事人一方要求提前解除物业服务合同的，应于拟解除合同前 90 日书面告知对方，并征得专有部分占建筑物总面积过半数的业主且占总人数过半数的业主同意。另外负责人提出建议，因开发商产权销售前后情况不一样，根据目前的状况，认为还是必须要走双过半程序，这也是为了保护各方之间的利益。若一方提出有双过半授权委托票数的情况，建议由属地街道办事处和社区进行复审。在楼宇尚未成立业委会的情况下，谁主张谁操作，建议将征求意见的相关资料交给属地街道办事处和社区审核把关。但若双方自愿达成共识解除合同，须按规定办理物业交接工作。

2018 年 6 月中旬，科技公司委托属地街道负责人核实双过半票数。街道在 6 月 20 日至 6 月 27 日期间，通过电话和走访的形式对票数进行核实。经核实，确已达到双过半以上业主票数，已经符合《浙江省物业项目服务退出管理办法》第八条第一款内容。

2018年7月初的一天，上城区物调委第三次召集双方进行面对面协商。会上，公布了此前征求意见和核实情况。物业公司虽然已知道结果，但是反应仍比较激烈。调解员与属地街道相关负责人一同与物业公司背靠背进行沟通交流，物业公司松口同意退出，但要求科技公司要按照《前期物业管理服务合同》约定，在撤场前付清全部物业管理费。此要求遭到科技公司的反对，科技公司提出物业必须先撤离，验收完成后再付款。鉴于此，调解员不厌其烦地耐心劝导双方当事人，希望科技公司与物业公司能从解决实际问题的立场出发，从维护社会稳定的角度来思考问题，拿出各自最大的诚意来解决根本问题。在调解员和属地街道相关负责人心平气和地摆事实、讲道理和再三劝导下，最终双方达成了共识。

双方签订调解协议，约定：杭州某物业管理有限公司于2018年7月31日前办理移交手续并撤离；浙江某科技发展有限公司按《前期物业管理服务合同》约定，在7月31日一次性支付给杭州某物业管理有限公司183万元物业管理费用；双方在办理移交手续过程中应确保物业区域平稳过渡。

◈ 案例点评

本案例乃物业退出问题引起的纠纷，因楼宇业态的特殊性，纠纷影响面较广，部分业主利益受损，影响物业区域内的经营、生活秩序。当问题变得较为复杂、可能进一步激化时，调解员及时借势借力，采用了多部门联合调解的方式开展工作。调解过程中，调解员穿插运用了背靠背、面对面、共同联合等调解方式。此案例也提醒广大开发商或者业主，在选聘物业公司时应当做好充分的前期调查、摸底工作，对选聘企业要有较为全面的了解，尽可能针对自身需求选择合适的物业公司，这样才能让广大业主受益。本案调处过程中，调委会严格按照《浙江省物业项目服务退出管理办法》及《杭州市物业管理条例》的相关规定，指导双方依法依规解决纠纷。

物业变更垃圾房　多方联动寻良方

◈ 案情简介

　　上城区某小区 12 幢业主罗某，多次反映某物业管理有限公司设在小区的物业管理处（简称物管处）变更社区指定的垃圾房位置，把小区垃圾桶集中堆放在12 幢住户出入的必经之路上，而该路段同时有一个地下停车库的出口。至于原规划指定的垃圾堆放位置则被物业移作他用（停车赚钱）。每天从环卫工人把垃圾桶集中起来到垃圾车把垃圾装走一般要半天时间。垃圾车未来之前，住户需要在垃圾桶中穿梭；垃圾车一到，这个路口就完全被垃圾桶和过往车辆堵塞，严重影响行人及车辆进出。垃圾车开走后，该路段就成为垃圾桶的洗刷场，清洗垃圾桶的水直接排到了下水管道内。长年累月，该幢楼附近卫生状况极差，空气中也弥漫着臭气。12 幢住户中，老年人居多，如遇紧急状况，道路阻塞会影响救护车通行，且 12 幢 1 单元边上有条长期关闭的消防通道，该通道被居民车辆占用，万一发生火灾，后果不堪设想。罗某多方投诉，希望有关部门督促物业解决这个影响某小区业主生活及安全的重大问题。社区几次协调无果，遂邀请上城区物调委联合调解。

◈ 调解过程及结果

　　上城区物调委介入后，先是接待了投诉人罗某，详细倾听其诉求，并根据其反映的情况进行调查走访。根据现场调查情况，调解员确认业主罗某反映的情况基本属实。因此，调解员联系了街道和社区，并于当天下午联合召集该物管处负责人和当事人罗某在社区会议室进行面对面协调。协调会上，街道、社区、小区物管处及调解员仔细聆听了罗某的诉说。罗某诉说的情况大体有以下3个方面：（1）小区门外的停车位挡住消防通道，存在安全隐患；（2）在12幢旁边的路面停车影响居民正常通行；（3）小区垃圾桶集中在12幢住户出入的必经之路上，既阻塞车辆通行，又影响居民生活。

针对业主罗某反映的情况，小区物管处负责人诚恳地做了解释及自我批评："我们小区本身公共空间比较少，现在车辆多，车位少，经常有业主抱怨，也时有车辆剐蹭事故发生。垃圾房移位也是迫不得已！我们也想管好，但是管起来真的很难，很头疼……"物管处负责人说完叹了一口气。社区和小区物管处负责人也相继提到，日常工作中确实有些方面主观上考虑得不够周到，给小区居民造成了不便。在充分了解各方意见后，调解员结合实际走访情况提出了自己的观点："这样的小区，物业管理确实不容易，但是无论多么困难，业主的诉求我们都要尊重，业主的利益我们都要维护。不能为了方便一部分业主而影响到其他业主的利益。只有拿出我们的服务意识和态度，拿出切实可行的管理思路与举措，才能赢得业主们的认可。否则，不光是管不好，可能钱也收不到！长此以往，就会陷入死胡同。"听了调解员的一番分析后，大家纷纷点头，觉得调解员说得非常有理。调解员随后看着罗某说："你们要感谢罗某，她是一位热心、负责的业主，她给物业提出了这么多意见，我觉得这才是我们小区业主该有的主人翁精神。小区的管理当然离不开物业，但更离不开像罗某这样的业主。只有业主们和物业共同关心小区的建设，形成良性互动，才能真正把小区管理好。所以呀，今天这个协调会，就是要让矛盾完全暴露出来，让各方摆事实、说问题、讲道理，然后共同商量，找到一个合理又合法的解决办法。"大家纷纷表示认同。于是，调解员带着大家把整个小区的角角落落都走了一遍，对小区来了一次"全身检查"。

经过3个多小时的实地走访、现场沟通协调，根据小区的实际情况，群策群力，终于想出了一个具体的整改方案：（1）针对小区门外的停车位挡住消防通道的问题（因小区门外有车位线，不属于小区物管处的管理范围），社区愿意派工作人员清理掉挡住消防通道的车位线，确保消防安全；（2）针对小区内的停车问题，小区物管处承诺安排保安加强管理，并在12幢旁边的路面设立"禁止停车"的指示牌；（3）将垃圾房的位置迁移到围墙一角，由街道与相关部门联系，请求他们协助对部分小路和树进行改道或迁移，尽量让垃圾房的位置离居民楼较远一些，同时保障垃圾车通行，再把大垃圾车换成小垃圾车，以避免垃圾车阻碍12幢业主进出及影响环境的类似问题再发生。

会后，街道根据各方协商后提出的整治意见，一方面向有关部门做了报告，请求协助处理，另一方面让社区与物管处第一时间安排人员跟进整改。一周后，以上问题一一得到了解决。业主罗某感到很满意，专门拍了照片发给调解员，并表示感谢。

◈ 案例点评

这是一起因小区物业私自变更指定的垃圾房位置而引发的垃圾清运车堵塞通道的纠纷。《浙江省消防条例》第二十条规定："任何单位和个人不得占用、堵塞、封闭疏散通道、安全出口、消防车通道和消防登高场地。"因此，小区消防通道被外围停车位阻挡时，相关车位管理人或者其他人有义务排除妨碍，恢复消防通道通畅。鉴于社区居委会系社区范围内的消防责任人之一，其有义务协助和要求相关车位管理人或者其他人排除妨碍，恢复原状；亦有义务协助垃圾运输单位做好垃圾外运工作，采取相关措施避免垃圾外运给小区业主造成生活不方便。调解员以居民利益为重，采用利弊分析法、动态调解法、实际问题解决法，通过换位思考引导物业管理部门设身处地去理解和感受业主的心情，通过褒奖激励拉近双方当事人的距离。同时，为实事求是地解决好问题，调解员带着大家实地察看现场，通过合理布局垃圾房的位置，调整垃圾车的清运时差，最终化解了矛盾，实现了小区的有效管理。

漏水责任无人认　人民调解来解忧

◈ 案情简介

上城区一老旧小区某幢某单元 403 室业主卢某信访时反映：楼上 503 室的承租人经常不关水龙头，多次漏水导致其家墙面和吊顶受损；特别是 7 月 6 日那天还造成其卧室严重漏水，卢某一家已无法正常生活。卢某与 503 室承租人及房东等多次交涉无果，双方产生纠纷，从而引发了信访。2019 年 7 月 26 日，街道、社区调委会召集各方当事人在街道司法所调解室召开调解会。

◈ 调解过程及结果

调解会前，调解员先带着各方当事人对漏水问题进行实地查看，并对各方当事人分别进行了详细的沟通和摸底。403 室卢某要求 503 室承租人按照其提供的工程维修单上的报价赔偿其漏水造成的墙面、吊顶维修等费用共计人民币 17600 元。但 503 室承租人认为，该赔偿价格过高，且自己只是房屋的租客，此费用不该由其承担，并表示该房屋建成年代久远，房屋自然老化，漏水在所难免，造成的赔偿费用应由房东承担。房东则认为，漏水的主要原因是承租人在使用过程中不关闭水龙头所致，是人为造成的，并非房屋老旧造成的。同时，该房屋一直是委托给杭州某房产租赁中介公司进行管理和出租的，有关租房事宜应与中介公司联系。由于当事人各方公说公有理，婆说婆有理，中间还牵涉了第三方房产租赁中介公司，案情也变得更加复杂。调解员随后又与中介公司进行沟通，中介公司认为，根据委托租赁合同和租房合同的相关约定，由于房屋漏水的原因主要在于租客个人的生活习惯问题，与他们公司方关系不大，故不可能由他们来承担赔偿责任。至此，涉事各方都认为自己无责，不愿意承担漏水相关责任。当天调解随即中断。

时间一天天过去，卢某眼看着家里的房顶维修仍旧没有着落，心中的愤慨之情难以自持。于是，其连续3天来街道、社区询问调解进展，得知调解尚无结果时，情绪一度失控，还说要去法院起诉、去市里上访等。看着卢某的事情一直没有解决，街道、社区的调解员也是暗暗着急，好几次放弃中午用餐和休息时间为卢某做好情绪和心理上的安抚工作。与此同时，调解员继续加强与503室房屋承租人的沟通交流，但效果不尽如人意，后来连电话都无人接听了。无奈之下，调解员只能再次与中介公司联系，并意外得知该承租人逃了。中介公司目前也无法联系到承租人，大家都感觉本案调解基本宣告终结。

此后，街道、社区对整个案情再次进行了全面梳理，之后着重约谈了中介公司的相关人员，并对503室业主委托该中介公司管理出租的合同约定事项等进行分析和确认，告知中介公司漏水事件的发生尽管有承租人使用不当的责任，但依据委托租赁合同的相关约定，他们在该案中负有不可推卸的责任。如果整个设施设备完好无损，哪怕水龙头一直处于开放状态，水也是不会渗漏至下一楼层的，正因为房屋老旧、缺乏修缮，才会发生漏水。中介公司代表表示，就算他们有一定的责任，但是租客使用不当是主要原因，而且多次出现漏水说明房屋本身在防水方面也存在问题，所以现在要让他们承担全部的赔偿费用显然是不合理的。至此，调解员发现案情总算打开了一个口子。卢某的房子维修费用必须有人来承担，并且要尽快解决，否则事情越拖越难办。但是，503室承租人如今已不知所终，通过其他途径或许可以查到此人，但寻求当面协调的可能性不大，而且太费时间。而503室房东已将房屋全权委托给中介公司管理和出租，故也不会承担该费用。因此，问题的焦点主要集中在中介公司与卢某之间。

功夫不负有心人。通过调解员动之以情、晓之以理、明之以法，从法律宣教到利害关系分析，从情绪安抚、心理疏导到正面协调，卢某与中介公司代表再次坐到一起面对面进行调解。经过调解员前期不辞辛苦的工作，双方对漏水事件所涉及的相关责任也有了更加清晰的认识，各自做出了一定退让，并在友好的气氛下达成了共识，签订了调解协议：中介公司一次性赔付403室业主卢某人民币

5000元整，该费用为双方协商达成的最终费用。后续可能产生的费用由403室业主卢某自行承担，卢某不得再以任何形式任何理由向其主张。至此，一起邻里间因漏水引发的信访案就此化解。

◈ 案例点评

杭州市主城区有部分社区老旧小区较多，房屋的建成时间普遍较早，漏水现象相对比较多。那么出现此类纠纷后，受损一方该如何主张自己的权利呢？《中华人民共和国民法典》第二百八十八条规定："不动产的相邻权利人应当按照有利生产、方便生活、团结互助、公平合理的原则，正确处理相邻关系。"也就是说，如果案件系相邻关系纠纷，业主虽非侵权人，但作为不动产的所有人，对于房屋漏水给邻居造成的损失仍应承担赔偿责任，业主在承担赔偿责任后亦可向租户追偿。对于邻居因为漏水而造成的损失，可以双方酌情商定。《中华人民共和国民法典》第二百八十九条规定："法律、法规对处理相邻关系有规定的，依照其规定；法律、法规没有规定的，可以按照当地习惯。"同时，第七百一十一条规定："承租人未按照约定的方法或者未根据租赁物的性质使用租赁物，致使租赁物受到损失的，出租人可以解除合同并请求赔偿损失。"也就是说，不动产的所有人或者使用人之间，任何一方为了合理行使其所有权或使用权，享有要求其他相邻方提供便利或是接受一定限制的权利。

本案中，楼上出现漏水，楼下住户深受其苦，而楼上的责任人又不愿意承担责任，由此引起邻里不和，产生矛盾纠纷。所以在矛盾纠纷发生的第一时间进行妥善处理是非常重要的。因为群众之事无小事，许多信访积案难题都源于初信初访时没有做到及时、就地和有效的处置，从而导致小事拖大，不断增加解决问题的成本和困难。街道、社区的调解员在接手该起纠纷后，能第一时间做出回应，赶赴现场实地查看，并在整个调解过程中积极应对，不辞辛劳地协调各方，没有主观上的任何拖延或推诿，展示了人民调解员良好的工作作风，也从情感上赢得了群众宝贵的信任和支持。

电梯漏水存隐患　相互配合排故障

◈ 案情简介

杭州某房地产投资管理有限公司开发建造的某小区多年以来地下墙壁有严重的漏水问题，电梯井常年积水，致使全小区的 20 台电梯经常出现控制失灵和关门夹人的现象。居民的生命安全得不到保障，事态非常紧急，而开发商对此并无相对应的解决措施。2018 年 3 月初，该小区的 100 多名业主联名以书面形式向市信访局、市住房保障和房产管理局、市建设工程质量安全监督总站及区住房建设保障局递交投诉状，要求开发商承担相应责任。3 月下旬，该区住房建设保障局将这一投诉状转交给上城区物调委进行调解。

◈ 调解过程及结果

上城区物调委受理后，积极介入调解。调解员在深入调查后，了解到以下情况：（1）开发商施工过程中敷设和建成的地基沉降导致隐蔽工程的消防管线严重变形进而导致漏水，并漫延到地下层，每小时漏水达 70 吨之多；（2）小区靠近江边，地下层的电梯井坑水平面低于钱塘江面，地表水丰富，因 20 台电梯地坑设计防水等级不够，渗漏严重，且电梯地坑设计缺少自动排水装置，遇到特殊天气或管道漏水，无法自动排除积水；（3）小区电梯通风差，没有安装空调，常年处于湿度超标或接触积水的状态，电梯的控制路线和元器件极易失灵、失控；（4）小区物业管理处已 2 次请专业的防水公司检查，地下墙壁漏水严重是施工防水处理不当所致，维修难度相当大且费用高，只能靠定期抽水缓解。随后，调解员找到开发商反映该商品房的情况，希望开发商能够积极配合参与到调解中来，但是开发商却以自己交房时房子完好为由，拒不配合参与该起纠纷的调解。调解员对此并不气馁，而是耐心分析其中利害关系以及不妥善处置带来的后果，并将掌握的证据材料一一展示给开发商。面对这些详尽的证据材料，开发商也意识到对于该小区商品房出现的问题，自己也有不可推卸的责任，从而慢慢转变了态度——由消极应付转为积极配合，并表示可以协商相关解决方案。

做好开发商的思想工作，为成功调解这起纠纷打下了坚实的基础。之后，调解员召集双方代表召开调解会。在调解会上，调解员根据掌握的情况，对双方代表进行了耐心说服和劝导。在大量事实面前，开发商同意承担相应责任，并最终与小区业委会代表协商，达成一致意见。

小区业委会与开发商达成以下协议：（1）开发商愿意支付30万元人民币对某小区公寓楼的电梯进行维修；（2）由开发商负责派维修工人进行维修；（3）维修过程中，小区物业管理处及业委会应全力配合维修工人检修；（4）维修完毕后，由小区业委会及业主代表对维修工程进行验收。至此，一起可能导致群众生命财产安全受到损害的群体性纠纷得到了圆满化解。

◈ 案例点评

本案中涉及电梯进水以致经常性失控问题，虽然暂时没有出现人员伤亡，但是随时可能产生事关业主生命、财产安全的侵权责任纠纷。调解员采用法律宣教法，让开发商意识到，根据法律相关规定，施工单位对其建设的工程质量负责。《最高人民法院关于审理商品房买卖合同纠纷案件适用法律若干问题的解释》第十条规定："因房屋质量问题严重影响正常居住使用，买受人请求解除合同和赔偿损失的，应予支持。"另《城市房地产开发企业经营管理条例》第三十条规定："房地产开发企业应当在商品房交付使用时，向购买人提供住宅质量保证书和住宅使用说明书。住宅质量保证书应当列明工程质量监督单位核验的质量等级、保修范围、保修期和保修单位等内容。房地产开发企业应当按照住宅质量保证书的约定，承担商品房保修责任。保修期内，因房地产开发企业对商品房进行维修，致使房屋原使用功能受到影响，给购买人造成损失的，应当依法承担赔偿责任。"故房屋交付后存在的质量问题，当然也包括业主共有部分的建筑物质量。在相关法律保障的基础上，调解员又搜集大量事实证据，采用道德感召法、换位思考法和解决主要矛盾法等，让开发商能够充分理解业主生命财产受到威胁的恐慌，并清楚地认识到电梯问题的严重性及其应承担的责任与义务。最终开发商同意面对面协商解决，并与小区业委会签订了调解协议。

业委改选起争执　调解介入平风波

◈ 案情简介

　　某小区原业委会任期届满，面临改选。社区在区住建局物业科的指导下及时开始了新一届业委会筹备组的成立工作，先后招募了9名成员进入筹备组，业委会候选人报名也同步展开。当大家都认为改选进展十分顺利的时候，原业委会的部分成员突然对新一届业委会的9名候选人的资格提出异议，要求社区重新对他们的资格进行审查。在筹备组筹备期间，原业委会个别成员甚至采取了过激行为，肆意破坏现场的筹备工作——敲桌子、撕通知，连悬挂的横幅也给扯烂了，整个办公室一片狼藉……对此双方心里都窝着火，却又都不示弱。这一冲突后来总算被某派出所民警及时控制，但选举工作被迫停滞。之后，原业委会代表多次气冲冲地找街道调委会，要求监督新一届业委会的选举工作，如果不能做到信息透明化，将会继续上访到区里；而新一届筹备组成员则提出原业委会为何不光明正大地公开财务账目，里面肯定有"猫腻"！他们双方的"持久战"让街道调委会意识到问题的严重性，从而介入小区业委会改选纠纷的调解中。

◈ 调解过程及结果

　　针对原业委会部分成员提出新一届业委会9名候选人的资格有异议问题，街道调委会指派人员配合社区快速介入资格审查：一方面去小区物业查看业委会候选人物业费的缴纳情况，另一方面挨个上门核对房屋产权证明，确定是不是本小区的真正业主。经过第二次细致的审查后，确实发现有 4 名业委会候选人不符合资格。对于是否需重新成立筹备组，街道调委会及时咨询了区住建局物业科，其负责人表示：业委会候选人原有 9 名成员，除去 4 名不符合要求的成员后还剩 5 人，同样符合业委会成立的人数要求，目前无须增加，也不需要重新调整候选人。但原业委会部分成员又认为筹备组的成立没有做到真正的公开与民主，候选人是如何产生的也没有及时做出说明，于是他们寻找各种借口阻挠业委会换届选举工作。而筹备组则坚持改选过程合理合法，没有侵犯任何一方的利益。双方再次产生激烈的争执，在社区大门前对峙。原业委会部分成员还叫嚣着如果今天不解决好，他们就不会善罢甘休，这引得很多居民围观，社区工作秩序和小区交通均受到影响。司法所得知消息后，火速派工作人员赶到现场，对混乱的场面进行稳控。在反复劝导之后，事态得到短暂的缓和，于是，司法所工作人员将原业委会代表与筹备组代表都请进了调解室，并邀请了区住建局物业科工作人员一起参加面谈。司法所工作人员首先向原业委会和新筹备组成员阐明了业委会换届改选的重大意义，郑重表明了相关候选人是严格按照自荐、推选的程序产生的，而且经过严格的资格审查，大家都无须有这方面的疑虑；同时，新、老业委会顺利交接，关系着小区物业管理的健康发展及小区居民的正常生活，一旦改选无法顺利进行，势必会影响到辖区的稳定与和谐。区住建局物业科工作人员则根据《杭州市物业管理条例》的相关解释，对业委会筹备组的成立条件、成员报名程序等表示认同，排除了违规操作的可能。在街道调委会和区住建局物业科工作人员的耐心解释和劝导下，双方终于心平气和地坐下来商谈。司法所工作人员趁热打铁，采取利弊分析、情感融合等协调技巧，说公道话、讲公正理，反复引导大家一定要站在维护全体业主利益的角度权衡考虑。经过 3 个多小时的努力协调与沟通，双方终于消除了隔膜与芥蒂，握手言和。

业委会改选工作得以继续进行，社区工作人员连夜加班与筹备组成员上门发放选票，并按时召开了业主大会，小区新一届业委会正式成立。事后，新、老业委会的交接工作圆满完成，资金账目明细向全体业主清楚公示，历时 4 个月的小区业委会改选风波终于妥善解决。

◎ **案例点评**

现在业主参与小区管理的意识越来越强，但业主大会作为一个抽象的权力实体，法律没有明确赋予其以实体地位，且业主大会又存在结构松散、召开不便、议事方式缺乏操作性等现实问题。因此业主进入业委会组织大家形成决策、代为行使权力成了参与小区管理的最直接的方式。而业委会开展工作首先要做的是树立公信力。如果业委会的运作过程不公开不透明，就肯定会受到质疑。本案中小区业委会改选引起的纠纷，就是因为没有建立良好的议事规则，没有把决策及决策的过程公开。

这两年各地都根据《中华人民共和国民法典》出台了相应的物业管理条例。《杭州市物业管理条例》第二十五条就对业委会成员的选任条件进行了规定：业主委员会成员、候补成员应当由热心公益事业、责任心强、具有一定组织能力且具有完全民事行为能力的业主担任。业主可以在业主大会议事规则中约定业主委员会成员、候补成员需要符合下列条件：（1）遵守法律、法规和管理规约；（2）具有必要的工作时间；（3）按照有关规定或者约定，交存物业专项维修资金、交纳需要业主共同分摊的费用，且未恶意拖欠物业费；（4）本人及近亲属未在为本物业管理区域提供物业服务的企业任职；（5）业主大会议事规则约定的其他条件。本案中经调查确实存在不符合选任条件的人员，沟通后明确予以剔除。而且《杭州市物业管理条例》第三十条规定，业主委员会应当及时向全体业主公开业主委员会成员和专职工作人员的姓名、职务、联系方式等信息，公开时间不得少于15日。也就是说居民要求新一届业委会在选任过程中公开相关人员的信息也是具有法律依据的。

正是因为改选新一届业委会时，确实存在一些没有公开的情况，所以老一届业委会成员有意见。最后，调解员善于运用释法析理、多方协助的调解技巧，请行业专家和管理部门负责人到场，予以法规政策和业务上的专业解读，最终合力将纠纷妥善解决。

调解协建业委会 三步治理三满意

◈ 案情简介

某街道 M 高层小区于 2015 年建成并投入使用，共有 858 户业主居住，建设面积 10.285 万平方米。M 高层小区的业主主要是来自附近区块撤村建居后的回迁安置户。时间一晃到了 2018 年 6 月，M 高层小区的多位业主集体到街道信访部门反映小区管理太混乱，社区几次召集物业管理公司与业主们开会都解决不了实际问题。街道信访部门随后委托物调委介入调解。

◈ 调解过程及结果

物调委受理后，调解员先是约谈了参与信访的几位业主，了解情况与诉求。业主抱怨物业管理不达标，主要有：绿化地种菜、楼道堆积物品、卫生清扫不及时、陌生人进出门岗不询问、道路上乱停车、电瓶车电瓶失窃、小区群租无人管、小区监控等公共设施不全且无人问津等。

随后，调解员实地走访了该小区，向其他业主侧面核实，又上门向物业公司负责人进一步了解有关情况。结果物业也是连连抱怨：拆迁安置户素质参差不齐难管理、物业费太低（高层住宅物业费 0.8 元 / 平方米）、缴费率低（物业费缴费率只有 51%）……不缴费哪来高标准的服务？物业公司连年亏损，能维持现有水平已经不错。

最后，调解员来到小区所属的 Y 社区，在和社区干部交流时，他们也是一肚子苦水："物业不愿先服务后收费、业主不愿先缴费后享受服务，致使小区管理走向恶性循环。业主希望社区督促物业解决问题，但物业非社区下属管理单位故督促无效。社区常疲于应付一些发生在居民中的物管琐事，心力交瘁。"调解员耐心听完社区干部的一番话后，说道："根据《杭州市物业管理条例》，物业管理区域内房屋出售并交付使用的建筑面积达到建筑物总面积60%以上，或者首套房屋出售并交付使用已满2年，且房屋出售并交付使用的建筑面积达到建筑物总面积30%以上的，应当成立业委会。但M高层小区直到现在还未成立业委会。通过这两天走访了解到的情况，我觉得主要原因有：一是物业公司与业主之间相互不信任；二是物业公司内部管理混乱，主要表现为物业管理处主任经常调动，人员经常调换；三是物业公司服务不到位；四是小区内许多问题得不到有效解决，如群租问题、消防安全问题、绿化地种菜问题、电瓶车进出入电梯问题等。"接着调解员与社区干部一道深入分析，就该小区存在的主要难题达成基本共识：物业管理不到位，业主怨声载道，指责物业的同时连带指责社区监督不到位。因此如何使物业管理走向良性循环，是摆在社区面前的难题。

调解员就下一步工作方向提出了意见：只有让业主参与自治，实施自我管理，才有可能改变现状。经过综合研讨，社区最后决定将住户相对较少的M高层片区列入"寻求业主自治的试验田"。随后，调解员开始帮助社区分三步推进该小区的"自治"。

一是成立业主委员会。一方面，结合主题教育实践活动，由每个网格员（特别是某高层小区的网格社工和项目领办人）带着要求深入居民家中，认真倾听业主的呼声，积极引导业主自治——成立业主委员会，努力发现和挖掘业主群众中有公益心且具有一定法律、物业、财务等方面专业素养的社区能人。这一过程，就整整用了3个多月的时间，最后筛选出7位居民，有政法系统退休的、市房管局退休的、文广新局退休的，有教师，有搞设计的，也有具企业财务会计经验的，这为推动业委会成立打下了坚实的基础。另一方面，组织社区相关人员认真学习《杭州市物业管理条例》，特别是关于业委会选举这一章节，着重对业委会筹建程序做了培训，让社区工作人员进一步明晰自己的角色和职责。从张罗筹备业委会至选举成立业委会共历时4个多月，其间社区主要把握好程序的合法性；在议事规则、管理规约的拟定及征求意见阶段，社区要主动参与并提出合理化建议。

二是建议业委会认真修改、完善并签订物业服务合同。业委会成立后，调解员协同社区召集业委会成员开会，帮助其正常开展工作。加强对物业公司的监督，物业服务合同的约定至关重要。物业服务合同涵盖了服务内容与质量、物业服务费用、物业的经营与管理、物业的承接查验、双方的权利义务、物业管理用房、物业专项维修资金、违约责任、其他事项的约定等九大项内容。合同约定中大多是规范文本，但有两个"出彩点"：第一个是经营性收入"五五分成"。一方面方便业委会对经营性收入的情况进行日常监督，避免乱收费现象；另一方面业委会有了这笔收入，有钱好办事，对小区公共设施的改造掌握了一定的主动权。第二个是实施物业服务考核。拟定了物业服务日常考核标准细则，对在岗人数、在岗时间、工作标准、分值都进行了量化，以满意率80%为达标。考核细则中业委会赋予了街道社区考核加分的权力。应该说考核细则出台赋予了广大业主和社区实施监督的权利。某高层小区物业服务合同的修改完善、表决投票和正式签订经历了漫长的5个月。2015年4月30日物业服务取得业委会、物业和社区的三方认可，合同在社区的见证下顺利签订。

三是小区建立了"三方联席会"会议制度：社区、业委会、物业定期召开每季一次的碰头会、突发事件通报会、重大事项协调会等协商协作制度。如对于群租户尽量劝退、整改（人均不足20平方米的，老租户按3倍收取能耗费，新租户物管费和能耗费均按3倍收取），对屡教不改的，则采取停止物业服务等措施。对于小区发生的大事小事，相关各方都能有商有量，遇事也有人及时出面协调，第一时间采取措施妥善处置。

经过以上"三步治理"方案的推进和落实，小区迎来了崭新的面貌：一是物业管理从恶性循环渐渐走上良性循环。物业服务合同签订以后，某高层小区的物业管理已有明显改变：环境清洁了（保洁员上岗时间从原来的白天改为现在的早上7点至晚上7点，且电梯及楼层均进行拖地，楼道墙壁也进行了粉刷）；修理及时了（居民反映修理问题，4小时内修好或反馈意见，修理工从1位增加到2位）；小区泊车位秩序化并实行了单向循环。二是体现出多维立体的"乘方效应"。业主怨气少了，物业怨言少了，社区也轻松了。经过半年多的运作，该高层小区基本按照"物业提供服务、业主委员会开展自治管理、社区居委会监督协调"的原则实施三方联合，实现了各方互利多赢、业主受惠欣喜、小区走向和谐的自治管理目标。

◈ 案例点评

这是一起不动产所有人或使用人要求排除妨害行为的一种对抗性极强的矛盾纠纷，调处不当极易引发矛盾升级。物业工作是否称职、如何选任、业主的权益能否得到保障，都要依靠业主委员会。如果没有业主委员会，业主与物业之间的沟通就成了问题。只有业主委员会才能代表业主与业主大会选聘的物业公司签订物业服务合同，并监督和协助物业履行物业服务合同。业主委员会作为最基本的居民组织，其工作做好了，不仅能维护业主的利益，还可以大大减轻政府社会管理的负担，起到促进社会和谐稳定的作用。在本案的调解过程中，物调委的调解员在实地走访、摸清事实真相的前提下，冷静思考、积极献策，最终实现各方互利多赢的良好局面。难能可贵的是，调解员持续跟进长达4个多月，协助社区推进该小区不断改进和完善物业治理，较好地解读并运用了《杭州市物业管理条例》等政策规章。

小　结

◇◇◇◇◇◇◇◇◇◇◇◇◇◇

改革开放 40 多年来房地产业得到了快速发展。伴随着城市化改造建设、迭代更新，房产物业已然成为直观体现人民群众生活环境、生活质量的重要标志和载体。物业类纠纷也成为当下比较常见的新型社会矛盾之一。

物业类纠纷案件主要表现为以下几种类型：（1）前期物业管理纠纷。前期物业管理纠纷主要是开发商在物业交付过程中引发的争议，主要有：开发商未移交或移交不清，图纸资料不全，设施、设备、建筑物及其附着物受损引发的争议；开发商未兑现减免物业管理费、交付配套设施的承诺或存在延期交楼、房屋质量问题引发争议等。（2）物业管理公司向业主或使用人追索物业管理费及滞纳金的纠纷。部分业主以收费依据不足、前期遗留问题、物业管理质量低下等为由拖欠物业管理费，以此作为"维护"自己权利的主要手段。这类案件在物业管理纠纷案件中占了大多数。（3）因物业管理公司侵占业主共有物业引发的纠纷等。如物业管理公司擅自在电梯、屋顶、外墙等共用部位、共用设施设备上设置广告、基站等获取收益，以及占有共有用房擅自出租及利用共用场地停车收费等，在收益归属上产生争议。（4）因物业管理公司服务质量问题而引发的要求物业管理公司提高服务质量、履行管理职责的纠纷。如共用部位和共用设施设备修缮、房屋修缮费用承担，共用部位和共用设施设备维修基金设立、使用、管理过程中发生的纠纷等。（5）业主委员会更替，业主或业主委员会选聘、解聘物业管理公司产生的纠纷，以及物业管理项目接、撤、管引起的纠纷。此类纠纷目前较为突出，如前任和现任业主委员会对各自合法性的认同、相关资料的交接发生的纠纷，再如前任物业管理公司不退管、新的物业管理公司进不来，前任物业管理公司不移交相应管理资料，等等。（6）业主委员会、物业管理公司起诉业主违反业主公约行为的纠纷。针对业主、使用人不遵守法律、法规、业主公约，未合理安全地使用物业，业主委员会、物业管理公司在建议整改未果的情况下，通常通过起诉方式解决纠纷。（7）业主或使用人要求物业管理者赔偿其在提供特约服务，如保管服务中所造成的财产损失的纠纷。如小区内自行车、电动车、机动车被盗，有些属物业专门安排人员看管，有些停放在小区、无专人看管，业主认为物业管理公司未履行职责，要求其赔偿，导致诉讼。

引发物业类纠纷的原因有很多，主要包括：（1）现行物业管理法律制度及配套文件尚不健全。（2）物业管理公司的不规范行为使其来年处于比较被动的局面。（3）物业管理工作作为一种商品消费观尚未完全确立，虽部分业主已感受到了物业管理新体制的优越性，但还有部分业主未真正理解物业管理，造成了对物业管理公司绝对服务和无限责任意识的扩张。（4）物业管理公司服务人员的素质有待提高，服务存在瑕疵。（5）业主委员会的产生不规范，且业主委员会不能真正发挥作用。（6）开发建设遗留的问题造成众多物业管理纠纷。

为充分发挥人民调解工作在物业纠纷处理工作中的作用，探索行业专业性纠纷调解工作新模式，及时解决社会转型期物业纠纷显著增多、复杂、易发、易激化等问题，上城区于2016年率先在杭州成立全省首家物业纠纷人民调解委员会。加强物业纠纷调解工作，这也是"坚持以人民为中心"的理念在社会矛盾纠纷化解工作中的直观反映和重要实践。从近些年上城区的实践情况来看，物业纠纷调解工作作为人民调解在基层社会治理中的重要组成部分，发挥了十分重要的作用。

第六章

婚姻家事纠纷调解案例

HUNYIN JIASHI JIUFEN TIAOJIE ANLI

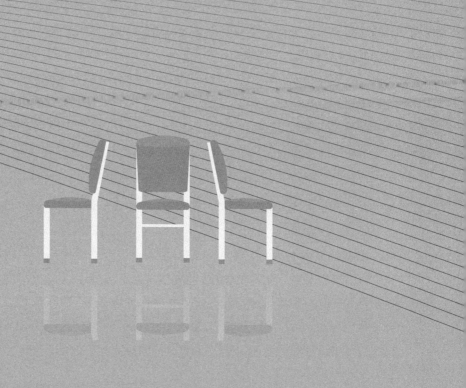

高墙外婆媳生隙　监地合作来化解

◈ **案情简介**

　　"家庭和睦是我最大的愿望，请您一定要帮帮我！"杭州市××监狱的会见室内，服刑人员曾某隔着玻璃向金牌和事佬帮教工作室的调解员沈寅弟恳切拜托道。2021 年 3 月，由杭州××监狱教育改造的业务骨干和杭州金牌和事佬沈寅弟带领的工作团队组成的金牌和事佬帮教工作室，在××监狱正式揭牌。工作室刚刚"起航"，服刑人员曾某就来求助了。

◈ **调解过程及结果**

　　令曾某最为头疼的是，与父母的矛盾。曾某离过婚，与两任妻子各生有一个女儿。"妻子来会见时，说我父母已经一年多没去家里看过我小女儿了，也没有任何联系……能不能帮忙调解一下，让他们多去关心关心我的妻女、多去看看她们？这样我也能安心改造。"在"我为服刑人员解心结"活动申请书中，曾某提交了自己的请求。

　　面对面了解情况后，沈寅弟根据多年工作经验迅速抓住了调解要点。他首先尝试着让曾某站在父母的角度，换位思考："父母在本该安享晚年的时候，还要帮忙照顾你与前妻生的女儿。对于这些你应当感激，而不该埋怨他们不够照顾你现在的妻女。"在沈寅弟晓之以理、动之以情的劝说下，曾某的情绪逐渐好转，他含着热泪向沈寅弟深鞠一躬："我会努力改造，争取早日回家，给父母、妻女一个交代。"沈寅弟打算选择适当的时机给曾某父母与曾某妻子做一次调解，"大墙内外的调解很难一步到位，要实实在在、一步步开展"。

炎夏7月的一天，新冠疫情稍有好转，金牌和事佬帮教工作室的调解员沈寅弟、陈叶锋、郑关军和××监狱民警张明敏、许多久一行带着曾某的愿望，驱车来到曾某老家嘉兴市南湖区，敲开了曾某父母亲的房门。

曾某父母热情地招呼大家进屋，但当提及曾某现任妻子小李时，老人便一肚子气。"他们结婚，我是不赞同的。"说起儿子的婚姻，曾母连连叹气。面对从杭州赶来的调解员和监狱民警，曾母态度坚决："同她已经没什么好谈的，我是不可能和她和解的。"

听曾母这番"拒人千里"的言辞，调解员便知其内心怨气不小，随即请监狱民警将曾某的改造表现等向曾母做了一番介绍，自己则与曾某父亲单独闲聊起来。原来，曾某夫妻和父母之间的矛盾由来已久。曾某是家里的独子，与两任妻子的婚姻，并未得到父母的认可。特别是在与小李再婚，以及孩子的抚养问题上，曾某和父母摩擦不断。这次曾某入狱，矛盾一再激化，也由此印证了曾某在改造过程中为什么一直牵挂着这桩事。

之后，调解员又试图以3个多月前曾某向监狱提交的那封申请信为引子，打开曾某父母的心门。"这封信字数虽不多，却寄托了他自入狱以来最深切的期盼——家庭和睦，这也是他改造以来取得进步的表现。现在他对为人子、为人夫的责任都有了新的认识。"同样为人父母的沈寅弟也劝解道·"无论如何，小李都是你们家的一员，而且在曾某入狱后，她还愿意等他回来，这不就证明了他们是真心相爱的吗？"看到曾某父母对这番话并没有反驳，沈寅弟继续劝导："曾某现在最希望的就是一家人能够敞开心扉、互相帮衬，这样他在里面也能安心改造。"一说到这个话题，曾某父母又有点激动："我们这个年纪本来早就可以拿着退休金四处旅游去了，现在因为儿子不争气，没办法，只能帮他照顾着大孙女，还时常去看看小孙女。隔三岔五买点菜、零食过去，给儿媳烧饭洗衣，她还嫌这嫌那。我们为了啥？……"原来，两位老人曾在小李的住处帮忙照顾过小孙女，但因为彼此生活习惯、观念等不同，闹得不欢而散。"年轻人有年轻人的生活方式，我们要学会宽容，越是儿子不在的时候，你们越要互相理解与扶持。""你们辛苦一辈子，不就是为了儿子吗？现在儿子这个情况，作为父母，要做的就是稳住这个家庭，老老小小平平安安和和睦睦，也好让儿子安心在里面改造呀！"

听了调解员推心置腹的劝导，曾某父母的态度有了不小转变："我们会试着慢慢接纳她。毕竟还有两个孙女儿在，只要他们两口子好，我们大人就不干涉了。"

第一阶段调解的收获不小。一行人又马不停蹄地赶往曾某妻子小李的住处。"不是我不希望他们来，只是他们过来就给我气受，我还不如自己一个人生活。"调解员的到来，让小李满肚子的委屈有了出口。"我一个人带着孩子容易吗？他们一过来就指手画脚，埋怨这埋怨那，把我当什么了呀？"小李说婆婆的脾气比较急躁，婆媳相处中经常发生不愉快。"他们烧的饭菜我不喜欢吃，就自己叫了外卖。他们就不停地说难听的话……实在受不了了。"耐心倾听了解情况后，调解员将曾母的转变告诉了小李，并试着劝导："自己的父母也好，公公婆婆也好，都是你和小曾的爸妈。现在小曾犯了事儿，在监狱里接受改造，而且表现一直不错。他内心牵挂的就是你和他父母亲以及孩子的平安与和睦。""未来，小曾回到家里，还需要你和他的父母亲更多的关心，这样才能让他完成回归社会的过渡期。"听了调解员真挚动情的话语后，沉默了许久的小李终于认真地点了点头，表示以后会好好与公婆相处，生活有摩擦时也会尽量谦让："一定守好这个家，照顾好孩子，等着他改造好早日回来。"

◈ 案例点评

近年来，为了化解服刑人员的矛盾纠纷，促进服刑人员平稳改造，深化监地融合、推进修心教育等成为监狱系统管教、改造服刑人员的新举措。杭州××监狱与上城区人民调解协会建立战略合作，坚持做好服刑人员矛盾诉求排查，构建完善矛盾多元化解体系，而创新启动金牌和事佬帮教工作室等做法就是很好的尝试和探索。通过与社会力量合作，发挥调解专家、能手的特长与技能，结合心理疏导、法律咨询、矛盾调解、就业指导和人文关怀等具体方法举措，推进服刑人员所在家庭矛盾纠纷的有效化解，一方面让服刑人员能心无顾虑、安心改造，另一方面也为其将来回归家庭扫除障碍，为回归社会打下良好的家庭基础。这种监地合作的工作机制，让新时代"枫桥经验"在高墙内生根开花，也为高墙平安、社会稳定助力。

祖孙控诉为继承　诉调结合化纷争

◈ 案情简介

2019 年 8 月，艾某父亲在出差时突发脑梗死病故，当时艾某刚上高三，还未成年。父亲生前离异，虽然艾某跟随父亲生活，但其母亲时常来看望她，每逢双休日和节假日她也会去母亲那小住。父亲突发变故，母亲顺理成章协助艾某处理父亲遗产分割事务。艾某奶奶作为另一个法定继承人，则将相关事务交由其长子、长媳协助处理。

艾某父亲过世后的第四天，艾某奶奶在不知情的情况下接通了艾某的电话，艾某因此听到了奶奶与大伯等人的对话。对话里，几人商量着如何占有更多的遗产，奶奶明确表示要将取得的财产直接转给大伯。艾某偷偷录下以上对话内容，但不敢告诉别人。

因为这段电话内容，艾某对奶奶充满了不信任，非常害怕父亲的财产被大伯拿走，加之奶奶和大伯一直掌控着父亲的财产和父亲的死亡证明、火化证、身份证，并且不管艾某如何要求他们都不肯给艾某，故双方产生激烈矛盾。艾某于 2019 年 12 月向上城区调委会申请调解。

◈ 调解过程及结果

上城区调委会接到本案后，立即和申请人艾某及其母亲进行了沟通，了解到其父亲生前遗留的财产主要有：房产 1 处、车子 1 辆、一些存款及平安人寿保险；债务方面有个人信用贷款；其父亲死亡属于工伤，还有一笔工伤赔偿款。考虑到该案比较复杂，调委会决定成立调解小组，由 2 名专职调解员与 1 名律师调解员组成。

考虑到双方是亲属关系，调解员打算先了解下艾某奶奶的想法。艾某奶奶接通电话后，态度比较冷淡，只是说一切都听长子、长媳的，要求调解员直接和长媳沟通。调解员遂和长媳通电话，长媳表示一切按照法定继承来，要求继承一半财产，态度比较强硬。

奶奶这边的情况，调解员已经基本清楚。考虑到艾某还没有成年，调解员和艾某母亲进行了通话。艾某母亲说："艾某父亲十分疼爱这个唯一的女儿，他的财产当然由女儿继承。艾某奶奶自己不仅有房子还有比较高的养老金。长子、长媳都是在北京定居的高干人员，经济条件非常好。反观艾某，父亲就这么一套房子留给她，现在人突然没有了，以后她什么都要靠自己，读书学费都没有着落。"调解员耐心地和艾某以及艾某母亲讲解了相关法律规定，让其明白按照相关法律规定，艾某奶奶同为第一顺序法定继承人，享有同等的继承权。艾某表示无法理解，认为父亲如果在世是绝不会同意的。调解员进一步开解道："你父亲也是你奶奶的儿子，你奶奶拉扯培养他不容易。他如果在世也是要履行赡养义务的，现在人不在了，给一点钱也是尽孝。"艾某表示理解，调解得以进一步推动。

调解员再次联系长媳，希望调解能在现有的基础上更进一步。长媳提出，现在艾某父亲的个人信用贷款急需处理，一旦延迟还款将会产生滞纳金，希望能够先处理这个问题。艾某表示自己是高中生，没有任何收入，无法偿还贷款。调解员遂提出是否可以从艾某父亲遗留的存款或者其他财产中先行偿还。长媳表示，艾某父亲生前购买的平安人寿保险可以进行理赔，理赔款可以用于偿还贷款。双方对艾某父亲生前遗留的个人信用贷款问题达成一致，于 2020 年 1 月 22 日签订了 2 份调解协议，将艾某父亲投保的 2 份平安人寿保险的理赔款用于偿还其生前的个人信用贷款。

2020 年 3 月，艾某通过社保咨询电话了解到父亲社保账户中的 10 万余元已被奶奶支取，艾某情绪崩溃。因调解过程中一直无法与奶奶取得直接联系，艾某十分害怕奶奶转移财产后消失，于是通过父亲的微信账号发布了之前录制的部分电话录音翻译文本。同时为了寻求帮助、宣泄情绪，艾某写了一篇文章发布在父亲的微信朋友圈，更于第二日在奶奶居住的小区张贴寻人启事并附文。邻居看到以后马上联系了艾某奶奶，艾某奶奶十分气愤，终止了调解，并于2020年5月与长子共同向杭州市互联网法院提起名誉权诉讼，控告艾某侵犯名誉权。2020年7月7日，艾某申请法律援助，向杭州市上城区人民法院提起法定继承纠纷的诉讼。

虽然本案调解被终止，但是调解员不忍看到祖孙俩对簿公堂，故积极和艾某的援助律师（同为杭州市上城区调委会成员）沟通，诉调结合、共同协作，积极推动诉讼过程中的调解。

诉讼调解过程中，律师调解员为进一步化解家庭矛盾，不断致电艾某奶奶的诉讼代理人及长媳："艾某是您小儿子留下的唯一血脉，您儿子生前十分疼爱这个女儿，这么多年没有再婚。现在突然过世，我们一定要替他照顾好这个女儿。您是她的奶奶，与她是血脉相连的。您长子没有生育，艾某是家里唯一的第三代。艾某还没有成年，很多想法不成熟，爸爸突然过世了，没了依靠，会害怕是人之常情。奶奶您应该站出来，做她的依靠。"律师调解员晓之以理、动之以情，希望建立双方沟通的桥梁。可惜奶奶认为自儿子离婚后，艾某和自己一直不亲，对自己也并不尊敬，所以坚持要求对本案所涉的房产进行析产。双方无法达成一致，诉前调解终结。

2020年7月，艾某奶奶、大伯起诉艾某名誉权侵权案件在杭州市互联网法院进行不公开开庭审理。通过律师调解员的教育和开导，艾某意识到自己行为过激，当庭向奶奶和大伯道歉，希望能够挽回亲情，促成和解。但非常遗憾，艾某未能取得谅解，艾某奶奶和大伯坚持要求判决艾某侵权。法官当庭将简易程序转为普通程序，同时组成合议庭审理，择日再次开庭。

庭审后，律师调解员坚持和长媳保持通话，进一步深入沟通，希望双方先行处理遗产纠纷，只有处理好这个主要矛盾，才能最终化解心结。律师调解员希望艾某奶奶可以考虑艾某毕竟还是高中生，能够预留一部分学费给她，或者现在居住的房子暂时不要进行析产，让艾某继续居住到其结婚再分割。艾某奶奶这边表示不愿意，认为艾某钱不够可以置换房子。考虑到诉讼的风险，律师调解员再次和艾某、艾某母亲协商。最后艾某同意分割房产，促成继承纠纷的和解。双方在杭州市上城区人民法院签订调解笔录，人民法院予以确认并出具调解书。

2021年1月20日，名誉权侵权案件再次开庭审理，庭审持续一天。2021年5月26日，经合议庭评议，认为艾某的行为过激，予以批评，但考虑到家应为幸福的港湾，家人之间应该互相扶持和包容，遇事应当多沟通，因此驳回了艾某奶奶和大伯的诉讼请求。

◈ 案例点评

本案案情曲折，经历了人民调解和诉讼调解两个环节，历时两年才最终处理完毕。本案中艾某父亲突然离世未留下遗嘱。《中华人民共和国民法典》第一千一百二十三条规定："继承开始后，按照法定继承办理；有遗嘱的，按照遗嘱继承或者遗赠办理；有遗赠扶养协议的，按照协议办理。"故本案应按法定继承办理。另外，根据《中华人民共和国民法典》第一千一百二十七条，艾某和奶奶同为第一顺序继承人，所以最初艾某认为父亲遗留的财产应当由其全部继承的观点是错误的。

本案原本无特殊性，但一个偶然的电话录音，使得人性的另一面被揭开。奶奶一碗水未能端平，在孙女和长子中选择了长子，使得家庭内部产生了激烈的矛盾。由此，如何从社会、法律的角度去剖析利益关系、疏导家庭矛盾就显得尤为重要了。随着案情的发展，因为继承调解的失败，艾某不理性地做出一些过激的行为，被奶奶和大伯以侵犯名誉权告上法庭。《中华人民共和国民法典》第一千零二十四条规定："民事主体享有名誉权。任何组织或者个人不得以侮辱、诽谤等方式侵害他人的名誉权。名誉是对民事主体的品德、声望、才能、信用等的社会评价。"法院充分考虑家庭内部矛盾及艾某的实际情况，最终在法律的原则之上，做出了一个合理的判决，让这个亲情已经受到伤害的家庭，守住了最后的底线。

高龄老人赡养难　调解上门解心结

◈ 案情简介

李老太婚后一直是家庭主妇，在家相夫教子，但自打丈夫王大爷于1962年病故后，生活重担就全部压在了她的肩上。她不得不去街道福利工厂上班赚钱，含辛茹苦地将4个子女抚养长大。现在李老太92岁了，且患有多种疾病，眼下看病吃药这块费用让老人十分发愁。平时，除了小儿子经常来探望她外，其余3个女儿来看望的次数却逐渐减少了，而且二女儿的言语中不时地流露出母亲偏向小弟，且有意将房产留给小弟的意思。

老母亲的心事被大女儿猜出了几分，大女儿看在眼里却又不知道如何与弟弟妹妹们开口。于是，大女儿为解除母亲的顾虑，解决其实际困难，使母亲安享晚年，特向区调委会提出申请调解。

◈ 调解过程及结果

区调委会在与大女儿简单地交流后决定受理此案，围绕李老太的赡养问题上门开展调解。为摸清李老太的真实想法和现状，在调解准备阶段，调委会先是向社区工作人员了解李老太日常生活起居和4个子女的工作、居住情况，为即将进行的调解做好铺垫。

上门走访的这一天，李老太衣着干净得体。调解员通知是上午9点半上门，但李老太8点钟就敞开门等着了。一见面，李老太就拉着调解员的手，打开了话匣子，谈及这个家的"历史变故"和每个孩子的成长过程。大女儿年轻那会儿恰逢知青下乡，吃过不少苦，后来回城结婚了。老三从小就很乖，读书也很好，后来大学毕业了有份好工作。当讲到二女儿和小儿子时，老人眼眶里含着泪水说："他俩从小体弱多病，太难养啦！所以我对他们两个更加关心照顾。但如今他们有了小家却忘了娘。"讲到大女儿和老三时，老太太又说道："她们以前经常买这买那，来陪我，帮我洗澡，给我零花钱。"调解员留意到，每每讲到孩子们的好处，李老太的精神劲儿就来了，脸上洋溢着幸福的笑容。

调解员获悉李老太的退休金每月有 3500 元，肺结核、冠心病诊断用药（自费部分）每月 800 元，保健品每月 600 元，请了一位钟点工保姆花费 1500 元，老人仅靠所剩的 600 元生活肯定是拮据的。接着调解员又与每个家庭成员进行交流，逐个了解情况。二女儿说，她这两年得了严重的风湿性关节炎，连上楼梯都很困难，丈夫前段时间中风了也需要照顾。她说："我其实没有一天不想母亲的，可母亲住在五楼，我自己却得了这个病，没法爬楼梯。你让我怎么办啊？"作为家里唯一的男丁，小儿子住得离母亲最近，他说："原来我们四姐弟说好的，每人一天，轮流照顾妈妈。但是，这两年二姐脚不好，没法上楼，她跟我说，我就替她来。但做多了，总觉得有点儿吃亏。"调解员当即就问："吃什么亏啦，多照顾母亲难道不应该吗？"小儿子却说："照顾母亲是应该的，但她们认为我另有企图。"调解员追问道："有什么企图？"此时，小儿子笑了笑，开始沉默了。片刻后，他缓缓说道："姐姐们估计是在想，我是为了房子。所以我平时也劝我妈干脆住敬老院去，同时对房子的问题早做打算。""你妈怎么说呢？"调解员追问道。"我妈不肯，她说她在这里住了几十年了，习惯了。可能她也担心去了敬老院，见到我们的次数更少了。"随后，调解员又与老三进行了交流。老三直言："我是按照我们姐弟说好的，轮到自己值班就来的，给母亲买菜烧饭，陪她聊聊天。但是说实话，我们在照顾母亲上还真不如小弟，他很细心、贴心。"对于二姐因病推托上楼照顾母亲，老三心中也有些想法，认为二姐老是不来看母亲，让小弟代她照顾母亲，这么长时间下来，也没有任何说法，确实不应该。"因为我也是做奶奶的人了，每天要定时去接送小孩，时间上没那么自由。小弟也体谅我和大姐，所以，一直以来二姐的班都是他在替。时间长了，小弟家里的妻儿肯定也有意见的。"调解员问她："那你二姐确实生病了，无法来照顾母亲，你觉得应该怎么办呢？"老三说："照顾母亲是我们每个子女应尽的义务。如果她生病了，确实不能来，一天两天的话，还可以让小弟替个班。但时间长了，总得有个交代，要么出人，要么出钱。"

询问一圈后，调解员心中也有了一些头绪，于是向李老太询问道："李大妈，刚刚孩子们都说了自己的想法。那么你对自己的晚年生活是怎么考虑的呢？"李老太态度非常明确："房子是我的，不卖，敬老院不去，有困难要帮我。"此时，大女儿接过话题说："我母亲是个很要强的人，从不向儿女提要求的。这里的居住环境和邻居们对她来说有着深厚的感情和美好的回忆。刚才我母亲的一番话，其实表明她想要我们做子女的表个态。"一旁的老太太和其他子女没有说话。

片刻后，调解员用亲切、温和的语言对大家说道："你们的母亲倾注了多少心血，才将你们四人抚养长大。现如今，如果置老人的冷暖于不顾，那就是不孝顺、不道德。《中华人民共和国民法典》第一千零六十七条规定，缺乏劳动能力或者生活困难的父母有要求成年子女给付赡养费的权利。你们姐弟听好喽，只要你们妈妈提出的要求合理，做子女的在履行赡养义务时是须无条件服从的。子女们不能以父母分家不公、出力多少、相互攀比等为借口拒绝或少负担赡养义务。"调解员讲到这里时，特别加重了语气并强调："如果你们母亲因为缺钱看不起病、抓不起药，或者因为无人陪伴而出意外，你们良知何在？如果你们母亲无奈之下，将不孝顺的你们诉至法院的话，法院最终会支持她的主张。到时候你们不仅要履行法定义务，还要背负负面评价，承受舆论的谴责。"调解员的一番话，让在场的子女都耷拉下了脑袋。最后，还是小弟打破了僵局，他握着母亲的手说道："放心吧，妈！"大姐也接着说道："我们也都70好几了，但在善待妈妈方面，我们的确做得还不够。"接着，姐弟们一起拥着母亲，抱成一团，这一幕也着实让调解员动容。

此时，调解员抓住有利时机，围绕母亲居家养老所要应对的细节展开协商，并最终达成赡养协议：（1）四姐弟一致尊重母亲意见，不进敬老院，采取雇请全日制保姆的办法居家养老。（2）一致同意采取轮值制，轮流照顾陪伴母亲，由小弟负责排班，二姐的班暂时由小弟顶替，二姐每月支付给小弟600元替班费。（3）一致赞同保姆费、医疗自费部分、营养费等在母亲退休金不足以支付的情况下由四姐弟分摊，大女儿负责收支记账。（4）四姐弟一致承诺从今以后管住自己的嘴，不谈房子继承的事，由母亲自己做主，努力让母亲开心度过晚年生活。

◈ **案例点评**

　　尊老爱幼是我国的传统美德，赡养老人更是天下子女的法定义务。此类赡养纠纷在多子女家庭比较常见。调解员在调解过程中明确运用《中华人民共和国民法典》中有关子女赡养义务的法条，对子女们进行批评教育。本案中，子女们认为赡养义务应该各子女间平均分担或者严格按照赡养协议履行，生怕自己多尽了赡养义务而吃亏，所以调解员通过对当事人进行法律宣教，最终达到了顺从李老太的心愿，解决实际困难的目的。调解员在处理该纠纷时，运用了释法析理、亲情融入、道德感召、换位思考等多种调解方法和技巧，督促晚辈遵守中华民族尊老爱幼的传统美德，在母亲与子女之间搭起了情感交流的爱心桥，营造了浓浓的以和为贵的家庭氛围。

患绝症仍诉离婚　律师调解促和离

◈ 案情简介

　　安某、赵某于 1975 年 3 月在老家登记结婚。结婚以后，安某带着妻子赵某来到杭州生活，两人婚后生了两个儿子，生活十分幸福美满。2009 年，赵某一时糊涂出轨，安某无法原谅，至此纠纷不断。因夫妻感情不和，安某、赵某虽然居住在同一屋檐下，但是一直分房生活，各自拥有各自房门的钥匙。2020 年 5 月，安某认为自己对家庭已经承担了所有的责任——两个儿子都给他们安排好了房子和工作，成家立业，如今自己再也不想维系这样的婚姻生活，故依法向杭州市上城区人民法院提起诉讼要求离婚，后经亲戚朋友说和撤诉。2021 年 2 月安某再次向杭州市上城区人民法院提起诉讼要求离婚，后因安某误以为赵某同意协议离婚而撤诉。撤诉不久，2021 年 3 月安某被诊断患有肺癌，每月需花费 4 万余元注射化疗药物以维持生命。安某仅有一点退休金，实在无力承担如此高昂的医药费。多年来夫妻间的互相猜忌，加之突如其来的疾病，双方关系继续恶化，安某再一次向杭州市上城区人民法院提起诉讼要求离婚。随后开展诉前调解，并委托上城区调委会律师调解员介入调解。

◈ 调解过程及结果

　　上城区调委会律师调解员接到本案后非常惊讶，两人婚姻已经维系了 40 余年，何况现在安某还患上癌症，正是需要人照顾的时候，怎么会如此坚决地要离婚呢？带着疑问，律师调解员会见了安某。原来安某、赵某两人结婚也是应父母的要求，并非自由恋爱。虽然安某感念赵某为自己生育了两个儿子，但是儿子越大对自己越不孝顺。安某认为是赵某鼓动儿子和自己吵架的，搞得连孙子都不愿意理自己。这次之所以坚决要离婚，是因为在第二次诉讼离婚的时候遇到了意外。一日，安某独自在外散步，突然有人冲到他面前掐住他的脖子，口里说着："以后多注意点。"安某大声喊着"有监控的"，那人才害怕逃走。安某说那人开的是自己儿子朋友的车。安某后来报了警。不幸的是，就在这事发生没多久，安某就查出患有肺癌。

听到这，律师调解员很疑惑，遂向派出所了解情况。派出所表示确有报警这事，但是并没有查到是什么人干的。赵某和儿子到派出所接受讯问时都否认与自己有关，认为肯定是安某在外面得罪了什么人。律师调解员和赵某沟通，赵某表示自己并不想离婚："孩子都这么大了，都不容易，希望两个人就这样到老，为子女积福。"同时表达自己时常想念年轻时两人共同打拼的日子。但赵某认为安某比较自私，只顾自己花钱享乐，不念及子女。

律师调解员再次和安某进行了沟通，向其转达了赵某并不想离婚的态度。谁知，安某听后异常激动，说赵某虚情假意，认为她是知道自己现在患有癌症，想拖到自己过世就可以继承财产了。而且两个人分居十多年，早已没有任何感情了。这一年又因为感情问题，报警了很多次。"我已经上当两次了，第三次坚决不会撤诉，一定要离婚。"

见安某态度如此坚决，律师调解员询问赵某是否有离婚的心理准备。赵某说："我也是有心理准备的，就是财产分割上，希望能够把财产留给儿子。"律师调解员讲解道："财产是夫妻共有的，法律上并不能要求直接留给子女。安某的生活也是需要保障的。何况现在安某患有癌症，一个月的医疗费就 4 万多元，这个仅是自费部分，以后的费用还是未知数，仅靠每月 5000 元的退休金是肯定不够的，势必要留一部分钱用来看病。"赵某说道："我是没有什么存款的。家里值钱的就是两套房子。房子一套要留着居住，还有一套可以卖了，给他治病，但是钱要由我来保管。"

对此，安某表示不同意："钱交给赵某保管等于我一分钱都没有。要么一人一半，各自保管。我的病情不允许我经常生气。儿子和赵某自我生病以来都不照顾我，医院规定化疗时必须家属陪同，可实际上都是我弟弟陪着。赵某不会好好给我治病的，离婚是必须的。"

　　律师调解员和安某谈了很久，但是老人家态度十分坚定，明确表示财产有商量的余地，但是婚必须离掉。赵某见此也不再坚持，双方对于离婚达成了一致意见，但对于财产分割仍有争议。

　　赵某提出，两套房子一人一套。当年买房子的钱儿子出了 10 多万元，这个钱也必须要还给儿子。同时赵某认为安某有 40 万—50 万元的存款，这个钱也必须拿出来一人一半。安某马上反对，表示儿子的钱早就归还他了，儿子还私自拿走了自己 2018 年被人殴打的 10 万多元赔偿款，反倒欠了自己 10 多万元。至于自己的存款，患癌症看病早就花完了。

　　对于两个人的争议，律师调解员提出让安某出具看病的医疗费发票。经过统计发现自费部分的金额已近 20 万元，结合其日常生活的开支，安某现在存款不多可能是事实。律师调解员当即和赵某进行了沟通："这次离婚，安某对于你的存款并没有提出分割要求。现在他确实因为看病花了近 20 万元，这个钱全部由他一个人承担。他现在年纪也这么大了，存款也不会太多，以后他看病还是要花钱。夫妻一场，看在他现在生病的情况下，可否予以让步？"赵某犹豫了很长时间，还是希望能给儿子留下更多的财产。律师调解员再次安慰道："儿孙自有儿孙福，不要再操心了。现在安某身体不好，孝顺父亲也是子女应该做的。这个财产首先是安某的财产，其次才是留给子女的。"赵某只好将情况告诉两个儿子，儿子表示理解。最终两人以两套房子一人一套的方式和解离婚。

◈ 案例点评

　　在本次诉前调解之前，安某已经两次向人民法院提起离婚诉讼，且两人分居时间较久。根据《中华人民共和国民法典》第一千零七十九条，如果夫妻感情确已破裂，调解无效的应当准予离婚。关于财产分割，赵某提出希望将财产全部留给儿子，这是一个母亲很真实的想法，但是夫妻共有财产首先是夫妻双方的。安某作为财产的所有人可以拒绝将全部财产赠予子女，赵某的想法并不能得到法律的支持。通过律师调解员的讲解，赵某解开了心结。另据《中华人民共和国民法典》第一千零九十条，离婚时，如果一方生活有困难，有负担能力的另一方应当给予适当帮助。本案财产分割上应当考虑安某患癌症的客观情况。最终双方都不追究各自的存款，仅将房子进行一人一半的分割，避免了因为财产分割导致矛盾激化，也为双方留有退步，为日后的生活留下空间。

父母遗产怎么分　手足亲情值几分

◈ 案情简介

楼某婚后育有一女二子。几年前丈夫王某去世，眼看着自己年纪越来越大，为了保障自己的晚年生活，楼某与家庭成员协商后，于2018年1月将名下市价280万元的房屋提早处置并以200万元卖给二儿子。之后，楼某收到房款转账170万元，欠条30万元。2021年6月楼某去世，三姐弟就父母遗产继承问题多次协商未果，矛盾越来越深。大女儿和三儿子不愿意与二儿子沟通，拒接其电话并委托了律师准备诉讼。无奈之下，身在外地的二儿子委托妻子、儿子来到上城区矛调中心进行法律咨询，后找到上城区调委会申请人民调解。

◈ 调解过程及结果

2021年6月中旬的一天上午，上城区调委会首次召集楼某二儿子的委托代理人（妻子、儿子），楼某大女儿与小儿子的代理律师进行调解。调解员在说明调解的程序与原则后，请双方分别讲讲事情的来龙去脉和各自的诉求。

房款是双方争议的焦点。二儿子一方要求，姐姐、弟弟公开母亲的遗嘱，并对母亲当时卖房所得的170万元房款的分配，母亲退休金、存款情况及其过去3年日常开支情况等给个说法。大女儿、小儿子这边则表示母亲在世时已将170万元房款分配完毕，另外母亲讲究生活品质，日常开销大，去世前已没什么结余。在办理好后事后，账上仅剩3万余元。二儿子一方提出："母亲有退休金，一个老人的日常开销很有限，根本用不着动用那笔房款。所以对于房款的具体分配，不能光凭你们这样说就算了，要拿出真凭实据来。否则，我们怀疑是你们私分了母亲的遗产。"大女儿、小儿子一方的代理律师则表示："我们今天是受大女儿、小儿子这边委托来参加调解的，只是转达一下意思。如果你们认为不清楚的，可以去法院起诉。"双方一来一回，一下子就把话说僵了。调解员考虑到今天来的都是代理人，并不利于调解，于是建议道："本案涉及父母亲遗产的继承问题，还是需要三位当事人自己来面对面协商。二儿子这边，要想解决问题，就让他自己抽个时间回一趟杭州；大女儿、小儿子这边也要自己来说说清楚。毕竟是一家人，有什么恩恩怨怨也一并说个明明白白。下次来的时候把前面提到的一些材料、证据以及与自己诉求有关的其他证明都一并带来。"双方遂各自回去。

2021年9月的一天上午，上城区调委会再次召集三姐弟及相关代理律师等到上城区矛调中心调解室进行面对面调处。会上，调解员要求各方按照上次调解时的要求，提供各自的材料证明。但是，大女儿、小儿子这边迟迟不肯拿出母亲的遗嘱，而是指责二儿子十多年都不来看望母亲，更不用谈赡养母亲，所以认为他根本没有资格看。二儿子则表示，自己家庭困难，早年外出打工，长年在外地，尽管如此，逢年过节还是有回来看望母亲的。"这么多年，你看过几次？有给母亲买过一点东西吗？母亲生病时你在哪里？"大女儿首先跳了起来，当场质问。小儿子也顺着话，直截了当地讲道："母亲在的时候，你没空来，母亲去世了，你想来分钱。没门！要钱，去打官司。"眼看双方争执不下，调解员劝慰道："赡养父母是每个子女应尽的义务。在遗产继承上，每个子女在法律面前也是平等的。当然，每户人家都有自己的过往恩怨纠葛，但是今天大家来这里不是来争吵的，而是面对面把话说清楚，把事儿理理顺，给各方一个明明白白的交代，免得心里有疙瘩。一家人毕竟是一家人嘛，打断骨头连着筋呀。"一番劝说之下，大女儿、小儿子一方同意公布母亲楼某在2021年3月份留下的遗嘱：（1）二儿子30万元的欠款不用归还了，留给长孙（二儿子之子）结婚之用；（2）剩余的100万房款由大女儿、小儿子平分。该存款利息用于楼某日常开销、医疗费用，如不够则由三子女平摊。"这份遗嘱肯定有问题，前面房款的分配中没有我的份，但是后面费用不够时却要我来承担？不对，这肯定是你们伪造的！"由于二儿子长年在外地工作，母亲分配财产时他不在场，因此他对遗嘱的真实性提出了质疑，同时对父母亲的遗物（包括首饰、父亲在世时的一些老物件）的着落提出了疑问，对母亲日常开支情况等也有异议。小儿子一听二儿子不仅对遗嘱存疑，还追问父亲在世时的老物件等，一下子脾气就上来了，直接回应道："这些都是母亲的意思。那些东西在哪，我们也不知道。你不认可，我们也没办法，你报警去查好了。要么上法院，打官司好了。"说完就甩手想要离开。调解员急忙劝住小儿子，及时做了安抚。在详细倾听各方当事人的陈述和反复查看楼某遗嘱并核对相关细节后，调解员又对《中华人民共和国民法典》继承编的相关条款做了解读，同时给出了2条建议：（1）如果二儿子不认可遗嘱，可以在提请司法鉴定后，通过诉讼维权；（2）如认可遗嘱，则秉持和解的态度，各方再坐下来友好协商剩余款项的分配。

随后，调解员协助二儿子夫妇对相关法律和遗嘱鉴定及案情进行详细分析。经过慎重考虑，二儿子最终决定选择亲情为重、和解为上，同时又深感和解难度很大，因此希望调解员能想想办法从中调和。

调解员通过背靠背的方式与双方展开新一轮的耐心释法说理和疏导劝解。双方最终对母亲遗嘱基本认同，但在其他事项上仍有纷争。二儿子指出大姐多年来掌管母亲财产却弄得账目不清，而且很多父母亲的老物件、金银首饰等在遗嘱中都未提及，认为都被对方拿走了，所以自己吃亏了。大女儿、小儿子则认为之前购房时房价已经给予优惠80万元了，现在房价又大涨，而且老二作为长子长年在外地工作，未履行赡养老人的义务，兄弟姐妹间的亲情早就没有了，没什么好谈的。

对此，调解员鼓励各方当事人借此机会打开心结、畅所欲言，同时强调："血浓于水的亲情是任何金钱和利益都代替不了、抹杀不去的。在父母亲的眼里，你们的和气和睦比什么都重要！"通过调解员5个多小时的劝解，最终三姐弟对父母亲的遗产分割达成共识。大女儿、小儿子顾念亲情给予二儿子15万元的补偿，三方握手言和。一起因遗产继承引发的三姐弟反目、即将对簿公堂的纠纷就此圆满化解。

◈ 案例点评

这是一起涉及遗产继承的纠纷。根据《中华人民共和国民法典》的相关规定，三位当事人均属于合法继承人。被继承人死亡前留有遗嘱，《中华人民共和国民法典》第一千一百二十三条规定："继承开始后，按照法定继承办理；有遗嘱的，按照遗嘱继承或者遗赠办理；有遗赠扶养协议的，按照协议办理。"所以在本案中各方应当充分尊重遗嘱的效力，以遗嘱为核心展开调解。本案中有几个特殊点：一是二儿子长年在外地，陪伴母亲少，与姐弟沟通少，甚至和他们还有一些积怨；二是大女儿、小儿子离母亲近，照顾相对多，又相互抱团，母亲遗嘱中对财产的分配明显偏向大女儿和小儿子，但是实际上相关财产已于母亲在世时分割完毕；三是遇到继承份额不均时，当事人就牵扯父母亲的赡养问题，但对此又没有直观量化的考核依据，"在不在身边"并不能完全体现赡养的质量。所以，以上种种给案件调处加大了难度。面对已经分割完毕的母亲遗产，且手持遗嘱的姐弟二人，二儿子心中更多的是无奈与不满，但是又无可奈何。如果诉讼，输赢难说，搞不好输了官司又丢了票子与面子；不诉讼，又耿耿于怀，心中不满。于是，调解给了他两方面都能兼顾的最佳途径。本案调解员在耐心帮助梳理案情线索后，通过面对面、背靠背的方式，运用释法析理、利弊分析、亲情调解等方法，最终让各方当事人从心理上到物质上都找到了平衡。

结算不是亲情断　调解促从心出发

◈ 案情简介

　　沈某和汤某共同生育了一子二女（汤甲、汤乙、汤丙），二人考虑到过世后房子继承的问题，遂到杭州市某公证处做了遗嘱公证，待他们百年以后，将所有的房子留给小女儿汤丙，并将公证遗嘱一事对 3 个子女保密。2021 年汤某病危，为让每一个子女都来照顾，汤某和沈某在子女面前明确表示从未立过遗嘱，3 个子女享有平等的继承权。汤某过世后，汤丙提出按照父亲遗留的公证遗嘱继承房产中父亲的份额，汤甲和汤乙这才知道父母早已立有公证遗嘱，将房子留给汤丙一人。对于父母的隐瞒，汤甲和汤乙表示痛心，遂产生矛盾。

　　后汤甲召开家庭会议，提出既然房子归汤丙，那么母亲沈某应当返还其代为支付的房子装修款 51000 元，并按照当年代支付购房款的比例返还购房款。沈某表示同意，汤甲遂委托丈夫郑某将沈某名下的理财存款取出，结算后将 8 万余元返还给沈某，并附了一张明细。

　　2022 年 3 月，郑某突然收到沈某的诉状，要求其返还代为保管的 128900 元。案件转由杭州市上城区调委会律师调解员进行调处。

◈ 调解过程及结果

　　律师调解员接到案件后马上会见了郑某，了解到这已是这个家庭的第三次诉讼了。因为房子继承问题，汤丙曾提起诉讼将沈某和汤甲、汤乙告上了法庭。

汤甲和汤乙考虑到父亲留有公证遗嘱,故诉讼中同意父亲的房子份额由汤丙继承,但希望汤丙以后能多赡养母亲。

　　本以为大家相安无事,再无其他纠纷。谁知没多久,沈某向杭州市上城区人民法院提起诉讼,将几个子女都告上了法庭,要求汤甲、汤乙、汤丙每人每月支付1500元赡养费,同时支付2019年10月至2021年3月的每人每月1500元赡养费,共计81000元。这是第二次诉讼。汤甲也已六旬出头,其退休金还没有母亲的高,自己手臂骨折后还打着钢钉;汤乙失业在家依靠配偶工作养家,多年来婆媳关系很一般。汤甲、汤乙提出是否可以多看望老人,3个子女轮流照顾,同时提出汤丙继承了几百万的房产,应当多承担一些。但由于沈某坚持己见,认为自己的财产愿意给谁就给谁,但是赡养义务必须每一个子女都同等承担,该案件未能调解结案。最后法院判决汤甲和汤乙每月支付600元,汤丙每月支付2000元,驳回了沈某的其他诉讼请求。

　　原本以为家庭矛盾都解决了,不承想郑某再次收到了法院诉状。律师调解员听到这里,判断本案发生还是由于家庭内部矛盾没有得到根本性解决。沈某想得到子女的关爱,但是她的隐瞒和后面诉讼的坚持,使得家庭矛盾加剧,误会加深,亲人变成了敌人。

　　律师调解员与代表沈某的汤丙及其代理律师进行了沟通。汤丙表示:"妈妈很伤心,别的我也不想多说,我也是按照妈妈的意思办,妈妈现在就想把钱都拿回来。"律师调解员询问:"结算的时候是否召开了家庭会议?"汤丙并不否认,但是表示沈某并未同意,是汤甲和汤乙单方面决定的。律师调解员说道:"如果不同意应该明确说出来,不说出来子女就以为是默认了。我相信,如果老人明确提出来,子女间一定会再次进行协商的。郑某在结算以后还写了这么详细的结算单给你母亲。这个结算单是书面写的,如果不是认为大家都同意,他作为女婿断不可能就这么处理的。"汤丙回答:"母亲同意扣除51000元装修款。我们诉讼提出来的128900元已经扣除了这个费用。其他的,母亲没有明确同意。现在母亲的态度就是要回这个钱。"

　　见对方态度比较坚持,律师调解员遂和汤甲核对资金明细,发现有几笔费用实际上已经打入沈某的卡中,但并未扣除。律师调解员拿着银行流水和汤丙进行协商,汤丙表示有记录的都同意扣除,但是剩下的一分都不让。此时调解金额降到了11万元。

之后，律师调解员和汤丙再次面对面进行了沟通："因为继承的问题，亲人之间已经第三次对簿公堂了，未来相处的时间还很多。钱是父母的，房子也的确是父母的，但是同为子女，财产全部给一人，赡养义务却要三人平等承担，确实显得不太公平。子女年纪也很大了，还要帮着下一代，也是不容易的。钱算得太细伤感情。购房款当年汤甲、汤乙和你都有出资，现在房价都涨这么多了，多少返还一点也是应该的。一家人如何计算得清楚付出和回报？这次你们坚持一分不让，那以后如果又发现你父亲还有没有处理的财产，难道再到法院来？你母亲的这个存款从性质上来说还有一半是你父亲的遗产，是要分开处理的。每一次的争吵都把伤口再扯大一点，大家更受伤。不如在这次诉讼中进行不区分性质的一揽子处理，所有矛盾到此为止。"说到这里，沈某的代理律师也意识到一些法律问题，马上和汤丙进行了沟通。汤甲也在综合考虑后同意返还 5 万元，双方遂达成和解。

和解后，律师调解员告诉汤甲和汤乙，金钱上的清算并不等于亲情的情断，希望他们抛下过往，日常多多走动，牢记父母的养育之恩，共同赡养、陪伴好母亲。

◈ 案例点评

本案为家庭内部纠纷的衍生案件，根本矛盾在于继承问题。按照法律，汤甲、汤乙、汤丙原本应该享有同等的继承权。这一点沈某也很清楚，不然也不会将立遗嘱的事向子女隐瞒。按照传统习俗，一般都是将财产留给儿子，女儿不得继承，但同时儿子也承担了几乎全部的赡养义务，负责养老送终。本案比较特殊，沈某和老伴将遗产留给了小女儿汤丙，而汤丙平时并不和两个老人一同居住，在继承财产后并不愿意承担主要的赡养义务。老人反而失了依靠，兄弟姐妹间也失了和气。正所谓清官难断家务事，在调解此类案件时不宜将矛盾一一陈述和梳理，应抓住核心问题，斩断过往重新开始，这样更有利于化解矛盾。本案中律师调解员从款项的法律性质出发，再晓之以情理，将金额逐步下调到双方都能接受的范围。虽然各方最终选择了和解，但也仅仅是财产上的处理。各方若要重拾亲情，就必须抛开过往恩怨，重新开始。

租房养老留隐患　调解助力两心安

◈ 案情简介

2017 年 7 月某日，家住杭州的龙女士急匆匆跑到辖区街道矛调中心，持一张租房合同找驻点律师咨询关于租房合同的法律问题。龙女士说，其母亲夏老太今年 85 岁，一直独自居住在自己名下的房屋中，以前由她和她大哥龙某达两人轮流上门照顾。因居住的房屋为三室两厅，尚有房间空余，4 年前，经母亲同意，大哥将其中一间房租给了沈某夫妇，并签订了租房合同，约定租金为 600 元／月，由大哥代收。共同生活一段时间下来，双方相处得挺和睦的。去年上半年开始，夏老太决定不再收取租金，但要以沈某夫妇照料自己的日常起居为条件，沈某夫妇表示同意，大哥龙某达对此也无异议。今年年初，大哥龙某达去世。龙女士看到当初签订的租房合同上既没写明房屋是整间出租还是个别房间出租，也未约定租赁期限，总觉得哪里不妥，内心十分忐忑不安，于是前来咨询律师。

律师听龙女士讲了前因后果，又仔细看了合同后，向她说明夏老太与沈某夫妇之间确实存在租赁关系，无论是出租人夏老太还是承租人沈某夫妇均对此无任何争议，但为避免日后因租赁合同约定不明确而引发不必要的纠纷，双方可进行友好协商，签订补充协议，对房屋是否整租及租赁期限做出明确约定。与此同时，需要注意租赁期限最长不得超过 20 年，否则超过部分无效。若无法协商达成一致意见的，可视为不定期租赁，夏老太可以随时解除租赁合同，但需要在合理期限之前通知沈某夫妇，使其能有一定的时间做好搬离准备。此外，由于夏老太系租赁房屋的产权人，以其名义亲自协商、签订相关合同更为妥当，但考虑到其年事已高、行动不便，也可委托家属代为协商，但需充分听取老人的意见并尊重其选择，不得损害老人的合法权益，如需代为签订合同则需获得必要的授权。龙女士在咨询律师后，回家与母亲、其他相关家属以及承租人沈某夫妇进行了沟通，希望能够签订补充协议或重新签订租赁合同，但沟通过程并不顺利，双方不仅未能达成一致意见，反而起了争执，闹得不欢而散。事后，龙女士再次向街道矛调中心的驻点律师求助，希望律师就签订补充协议或重新签订租赁合同一事进行调解。

◈ 调解过程及结果

律师详细了解了龙女士上次咨询完回去后与家人及承租人沟通的情况。随后，律师分别对夏老太、租客沈某夫妇、龙女士大嫂及侄女等进行了走访。走访过程中，律师意识到，这并不仅仅是一起简单的租赁合同纠纷，还涉及独居老人养老问题。随后，律师召集大家在夏老太的家里进行面对面调处。

夏老太思路还是比较清晰的，虽主观上她愿意按照自己的生活方式独居，但由于年事已高、行动不便等原因，客观上她迫切需要有人在旁每日照料其饮食起居。然而其子女也已步入中老年，他们虽能做到时常上门照顾陪伴，但终究因路途不便、身体欠佳等各种实际问题无法做到日夜在旁照顾。夏老太与租客沈某夫妇已相处多年，关系尚算融洽，因此老人倾向于在明确租赁期限的同时，继续保持目前的租住模式。这样一方面能减轻子女的负担，另一方面能有人照顾自己。至于租客沈某夫妇，他们在此租住多年，早已习惯了顺带照料夏老太日常生活起居，也乐于接受以此种方式来抵租金从而降低生活成本。因此他们也认可现在的租住模式，但对签订补充协议或重新签订租赁合同表示不解与担忧，认为这或许是变相撵走他们。龙女士表示，她并不是对沈某夫妇有什么意见或者要借此赶他们走，相反她很感谢沈某夫妇对母亲的照料。这次调解主要是针对房屋租赁合同本身，希望双方能有个明确的约定。龙女士大嫂和侄女表示赞同此意见。

律师在认真倾听了各方意见后，综合各方面信息与情况，对《中华人民共和国民法典》第五百一十条关于合同没有约定或者约定不明的补救措施、第七百零五条租赁最长期限及第七百三十条租赁期限没有约定或约定不明确时的法律后果等做了详细的解读，然后就租客沈某夫妇的不解与担忧进行了耐心解释与沟通，重点分析了原租赁合同因约定不明而存在的风险问题。最终租客沈某夫妇同意重新签订租赁合同。随后，在律师的见证下，夏老太在家属的协助下与租客沈某夫妇重新签订了一份租赁合同，按照法律相关规定对具体出租事项、租金、租赁期限、夏老太居家养老及赡养等都进行了明确的约定，消除了原有合同的隐患和相关方心中的疑虑，纠纷得到完美解决。

◈ 案例点评

本案中因老人居家养老牵扯出房屋租赁合同的相关法律问题，从而在老人家属与承租人之间产生纠纷。当事人之间原签订的租赁合同未对房屋是否整租以及租赁期限进行明确的约定，虽然这并不必然影响租赁合同的法律效力，但对后续履行合同和维护相关方权益是存在一定风险的，容易因时间长久和人员变动等因素引发矛盾纠纷。近年来，杭州市全面推进"律师进社区"工作，鼓励广大律师积极参与普法宣传和矛盾纠纷调解。上城区在此基础上更推出"律所进社区"，鼓励一个律所对接一个社区进行全方位法律服务，并甄选优秀的律所主任担任社区名誉法治主任，协助社区干部在日常社区事务中把好法律关。这也是上城区打通法律服务群众"最近一公里"和矛盾纠纷化解"最先一公里"的重要举措。本案中的律师在做好法律咨询的同时还担任了调解员的角色，充分发挥自己的专业特长，通过为当事人解读相关法律法规，消除了双方的误解与隔阂，最终化解纠纷。

残疾女继承遇坎　调解员助其维权

◈ 案情简介

2019 年 12 月的一天，郑某和盲人丈夫来到上城区社会治理综合服务中心，向上城区调委会的调解员咨询并寻求帮助。

郑某 1973 年出生于杭州，小时候因为发烧严重，没有得到良好的救治，导致身体及智力都存在一些残疾，行走时身体及面部会抽搐，同时与人交流时反应比正常人稍慢一些。小时候，因其身体残疾，母亲不堪重负与父亲离异并改嫁，父亲则响应国家号召，上山下乡至重庆。此后，郑某便交由杭州的奶奶照顾，父亲每年支付一定的抚养费用，也会回家来看望。1984 年，父亲在重庆与刘某再婚并共同生育一女——郑小某，从此定居重庆，甚少回杭。

◈ 调解过程及结果

郑某父亲去世后，还有一些遗产尚未处理，而郑某由于身体状况欠佳，不便前往重庆与刘某及郑小某当面沟通，但又恐时间拖得越长越麻烦。这次前来就是希望通过诉前调解，将遗产问题尽快处理掉。郑某父亲去世前继承了奶奶位于杭州的一处房屋份额，占比为 1/10，据了解其在重庆还与刘某共同购置了一处不动产，但具体坐落位置不详。

了解案件的基本情况及郑某的诉求后，调解员希望郑某能够将相关证据拿出来，他可以帮助郑某分析目前双方的争议点在哪里。可是郑某只能拿出一份杭州房产的产权证，证明其父亲生前享有杭州房产 1/10 份额的事实，至于继母刘某的名字、身份证号码，妹妹郑小某的情况，以及重庆房产信息则完全不知晓。

　　调解员根据郑某提供的信息，整理出了一些调解思路，认为郑某与刘某之间并不存在尖锐的矛盾，二人可能因为没有在一起生活，彼此缺乏沟通和了解，甚至存在一些误解，因此只要给双方搭建一个沟通的桥梁，双方是很有可能达成和解的。

　　然而奇怪的是，调解员多次拨打刘某的电话，均无人接听。调解员很不甘心，经过考虑，觉得现在绝大多数人都习惯用微信，并且也都是实名登记，于是就用该手机号码搜索了关联的微信，同时表明了身份，但同样没有任何回应。3天后，正当调解员寻求其他方式联系刘某时，微信显示刘某通过了好友验证，这让调解员格外兴奋，调解员赶紧向其发送微信消息。对方称系刘某的女儿郑小某，因为刘某年事已高，已经75岁，平时不怎么使用智能手机，直到最近自己翻看其手机时，才发现有杭州的电话及好友验证。调解员这才松了一口气，说明刘某前期不接电话和不通过微信好友验证并非因为抗拒调解。调解员连忙把自己了解的情况和郑某的诉求做了说明。郑小某表示郑某毕竟是自己的姐姐，对其也是同情的，也愿意尽快处理这个事情，但是问题的根源在于郑某很多时候都听从其姑姑的安排，导致双方在沟通中存在一些不愉快。调解员对刘某、郑小某也进行了耐心的劝慰，毕竟双方之间的血脉亲情是割断不了的，希望她们抛开之前的不愉快，冷静下来与郑某沟通一次，并且郑某及其丈夫目前还是能充分表达自己的要求的。在调解员的不懈努力之下，刘某、郑小某最终同意与郑某夫妇沟通，但不希望郑某姑姑参与，郑某夫妇表示同意。

　　时值新冠疫情期间，杭州、重庆两地又相隔较远，只能先采用远程视频的方式沟通。调解员在核实刘某、郑小某各自身份信息和重庆房产的权属登记等情况后，就调解程序和注意事项等做了必要的阐释，并对本次调解的双方当事人做了提醒和要求。调解员首先倾听了双方的主要诉求，在确认双方都有诚意之后，进行了意见交换，因为杭州房产总面积为130平方米，其中郑某父亲享有房产的1/20份额，此系杭州房产有争议的遗产部分，另外刘某还单独享有该房产的1/20份额。重庆房产面积为56平方米，系刘某夫妻共有财产，其中确认房产的1/2份额系争议遗产。郑某的意见是杭州房产中刘某享有的1/20份额及属于郑某父亲遗产的1/20份额，合计1/10份额全部归其所有，重庆房产中属于郑某的1/2份额全部归刘某及郑小某所有，这样也便于各自处理。但刘某及郑小某认为，杭州房产价值较高，13平方米（1/10份额）的价值差不多是60余万元，而重庆房产 28 平方米的价值也就 50 余万元，故认为价值是不对等的，再者根据份额计算也是她们吃亏了。调解员结合《中华人民共和国继承法》对本案相关法律事项做了详细说明，同时也提醒对方："对于残疾人其实会给予一定照顾，这个合情合理，法律上也是明确支持的，所以还是希望刘某能够做出一些让步。"但刘某和郑小某明确表示，她们这样做就是为了保护郑某的财产不被他人控制，她们不希望杭州的房产将来被郑某姑姑处置掉，还是希望留着一些份额让郑某年老以后能够得到一些保障。郑某夫妇对刘某的意见，倒也没有完全抵触，可见双方还是互相理解的。

经过调解员融情入理的耐心疏导，双方当事人最终协商达成一致，自愿签署调解协议：郑某继承杭州房产的 1/20 份额；刘某继承重庆房产的 3/4 份额，郑某继承重庆房产的 1/8 份额，郑小某继承重庆房产的 1/8 份额。双方还另行约定，刘某将杭州房产自有的 1/20 份额与郑某继承所得的重庆房产的 1/8 份额进行等价置换，双方配合办理不动产变更手续登记至各自名下。最终郑某取得杭州房产的 1/10 份额，刘某取得重庆房产的 7/8 份额，郑小某取得重庆房产的 1/8 份额。至此，该起纠纷得以圆满解决。

◈ 案例点评

这是一起远隔千里的继承纠纷案件，双方当事人都属于社会弱势群体。在家庭矛盾产生后，对遗产分配也产生了争议，正当双方僵持不下的时候，上城区调委会为双方搭建了很好的沟通平台。继承权属于一种具有身份属性的权利，本案中郑某、刘某及郑小某作为继承人，享有同样的继承权，任何人不得剥夺。其中郑某系残疾人，且生活较为困难，故在遗产分配时应适当予以照顾。另外在郑某父亲去世前，还与刘某共同继承了一处房产份额，该份额依法属于其夫妻共有，故在认定遗产时，应当与夫妻共有房产一样，先行将其中的 1/2 认定为刘某个人所有，剩余的 1/2 才是遗产。如果仅从法律上分析，其实双方可获得的遗产份额还是比较清晰的，但本案中存在双方当事人与其遗产距离较远的问题，且继承人中一位是老年人，一位是残疾人，如果将他们集中到一地诉讼，会导致诉累。调解员进入调解程序后，很快抓住了双方矛盾的焦点，排除了第三人的干扰因素，通过法、理、情的有效结合，释法析理、换位思考、情感融入等方法的巧妙运用，在充分尊重客观事实的情况下，做到了一碗水端平，很好地维护了双方当事人的合法权益。

小　结

◇◇◇◇◇◇◇◇◇◇◇◇

　　"家是最小国，国是千万家。"家庭是社会的细胞，是基层社会治理的重要基础。习近平总书记曾多次指出："不论时代发生多大变化，不论生活格局发生多大变化，我们都要重视家庭建设，注重家庭、注重家教、注重家风，使千千万万个家庭成为国家发展、民族进步、社会和谐的重要基点。"加强和创新基层社会治理，就要把家庭、家教、家风作为重要抓手，充分发挥其涵养道德、厚植文化、润泽心灵的德治作用，从而推动营造良好社会风尚、维护社会和谐安定。婚姻家庭不仅起着调节两性关系的重要作用，而且担负着实现人口再生产、组织经济生活以及教育的职能。婚姻家庭的稳定与和谐，直接关系着全社会的稳定与和谐。

　　新形势下，婚姻家事纠纷是最常见、最琐碎、最繁杂的纠纷类别。婚姻家事纠纷的特点也主要体现在离婚和"一老一少"的问题上。因离婚带来的纠纷会延伸出析产、子女抚养等问题。而"一老"就是多子女家庭涉及的赡养、继承、析产之类的纠纷；"一少"主要是离异家庭涉及的教育抚养等相关纠纷。然而，婚姻家事纠纷的性质其实更适合调解，因为婚姻家事纠纷中存在很多情理和道德的因素，第三方适当介入调解往往是解决此类纠纷比较好的途径。而且人民调解具有自愿性和灵活性等多重优势，对解决纠纷有促进作用。

　　人民调解在参与调处化解婚姻家事矛盾纠纷的实践中，依据法律法规、政策、道德规范和公序良俗，通过法、理、情相结合的说服教育、疏通引导等方式，调解婚姻家事纠纷，给当事人留有颜面，缓和对抗性矛盾关系，促成双方当事人平等协商、互谅互让，最终达成调解协议，维护社区和家庭的长久和谐。

第七章

征迁安置纠纷调解案例

ZHENGQIAN ANZHI JIUFEN TIAOJIE ANLI

九场官司判未决　两轮调解事终了

🏵 案情简介

　　杭州市上城区黄某夫妇膝下有 3 个子女。2000 年，黄某夫妇承租的公房进行房改，于是黄家召开家庭会议，约定夫妻俩今后与次子黄乙共同居住，由黄乙出资 5.3 万元支付该房屋的购房费用，同时支付长子黄甲、小女儿黄丙部分补偿，两人过世后房屋归黄乙所有。2001 年，黄某夫妇按此约定立下了公证遗嘱。时间一晃到了 2005 年，黄某夫妇以"照顾不周、三证被藏匿、房产被占用有家难回"为由向上城区人民法院提起诉讼，要求黄乙腾退房屋，但被法院驳回。后夫妇俩又上诉至杭州市中级人民法院，杭州市中级人民法院维持原判。同年 7 月，黄某因病住院，耿耿于怀的黄某夫妇又在医院立下代书遗嘱，写明此房产由夫妻二人互相继承，两人过世后由黄甲和黄丙继承。2006 年 1 月，黄某去世。2 月，黄某妻子撤销了 2001 年的公证遗嘱。随后，黄某妻子又 2 次上诉至上城区人民法院。法院分别于 2006 年判决撤销 2000 年家庭会议中母亲对黄乙的赠予，于 2008 年判决黄某妻子享有该房屋 50% 的产权。2013 年，黄某妻子再次立下公证遗嘱，载明其过世后该房产中属于她的产权份额由黄丙继承。

　　2015 年，黄某妻子过世。黄乙不服 2013 年公证遗嘱的效力，继续打官司。至 2019 年上城区人民法院判定该房产由黄乙和黄丙各继承 50% 时，该纠纷已来来回回经历了区、市、省三级人民法院的 9 次判决，兄妹之间也已反目成仇。

◈ 调解过程及结果

2019 年，黄家房屋所在地块被列入土地征收范围，但因黄家人对房屋产权仍争执不下，街道、社区几次上门做工作均无果，造成了安置补偿难题。2020 年初，街道现场动迁指挥部为推进征迁安置进程，邀请上城区调委会开展调解。但是，调解会上，双方一见面就争吵，沉浸在往日的积怨愤恨中，指责对方的不仁不义，始终无法达成一致，最后以一方当事人拍案而起，甩手离开结束。此事成了征迁工作中的难点。

2021 年，该地块附近的安置房已经建成，房屋品质好、地段优良，受到老百姓的普遍欢迎。眼见邻居们一个个开始着手选房，黄家兄妹坐不住了。黄乙来到上城区社会治理综合服务中心向上城区调委会申请调解。

第二次调解时，调解员没有急于召集双方进行面对面沟通，而是先背靠背地与各方当事人进行深谈，认真倾听当事人及其家属的想法与意见。针对黄乙法律意识薄弱的情况，调解员耐心地为其将几次诉讼案件从案由到判决一一仔细梳理，并邀请上城区矛调中心轮驻律师一道帮其分析、解疑。

"因这几次判决均在《中华人民共和国民法典》施行之前，故法官在审理案件时，主要依据的是《中华人民共和国继承法》第二十条的相关规定——遗嘱人可以撤销、变更自己所立的遗嘱。立有数份遗嘱，内容相抵触的，以最后的遗嘱为准。自书、代书、录音、口头遗嘱，不得撤销、变更公证遗嘱。2008 年法院判决黄某于 2001 年所立的公证遗嘱有效，其去世后房屋的 50% 产权由黄乙继承，同时判决黄某妻子 2006 年行使撤销其公证遗嘱的行为符合法律规定，故 2019 年法院判决黄某妻子于 2013 年办理的属于她的产权份额由黄丙继承的公证遗嘱合法有效，其产权份额由黄丙继承。因此，这套房屋由黄乙和黄丙各继承 50%，合法合理。"

调解员在与黄乙保持沟通的同时，又不时地对黄丙及其家属进行耐心疏导，在强调法院判决效力的基础上，希望双方能以结果为导向，兼顾维系家庭亲情。

之后，调解员又与街道现场动迁指挥部工作人员进行深入沟通，共同商议确定该户安置补偿事宜的落实，制定切实可行、便于操作的解决方案。在做好相关准备后，上城区调委会再次召集双方当事人进行调解。

在调解现场，调解员请街道现场动迁指挥部工作人员详细介绍了相关拆迁安置补偿政策、最新安置房源与户型，以及安置方式的选择与后续落实情况等。随后，调解员从服从征迁大局、尊重法院判决、兼顾老人遗愿、应尽赡养义务等各个角度做了大量劝导工作。经过不懈努力，黄乙和黄丙终于同意按照法院最后的判决由双方共同继承。经二人协商后，房产归黄乙所有，黄乙给付黄丙一定的经济补偿。

但是，在谈到具体补偿金额等实际问题时，又出现了新的问题。黄丙提出："现在已经不像 3 年前了，这套安置房是学区房，房价已经涨了很多。补偿款是不是也该涨呢？"黄乙则表示自己的经济能力有限，说着说着，情绪又激动起来："当年买房时，你和大哥都说自己没钱，不要房子，让我买房管爸妈。是我东拼西凑借钱付了购房款，还补偿了你们。可是到今天你们都没有说过一句好话。现在房子拆迁了，值钱了，又要来占、来分？不行，就按前年谈的数字补偿，多一分也不行。"激动之下，黄乙坚决不同意再增加补偿款。当事人之间利益诉求差距太大，调解又陷入僵局。

对此，调解员从血浓于水的亲情出发，对双方当事人动之以情、晓之以理。"父母辛苦一辈子养育你们，为你们留下这套房子实属不易。如今遇到政府拆迁，每个小家庭都想将利益最大化，这也是人之常情。但不管房价是涨是跌，放到左右哪个口袋，都是在你们黄家的口袋里。"见双方没有声音，调解员又说道："如果当初法院判决后，你们都能直接接受，事情还需要走到今天这一步吗？所以，既然选择了调解，彼此就要拿出诚意。你们这套房屋当初购买时，父母、兄弟姊妹各自的付出确实有区别。在赡养老人期间，相信每个子女的付出也是有所不同的，至少给予父母亲的切身感受是不一样的。所以，你们扪心自问，自己是不是真的尽己所能做得足够好？否则，父母为什么三番五次地变更遗嘱，甚至起诉呢？"

看到双方当事人沉默不语、有所触动，调解员接着说："过去对簿公堂时你们寸步不让，今天有机会重续亲情你们还是毫厘必争，那你们黄家的这个结就永远解不开了！希望你们能珍惜这次机会，早日和解，这样也能尽早得到发展红利，安心过好自己的小日子！"几番劝说之下，当事人态度有了明显的转变。

于是，调解员趁热打铁，与街道动迁指挥部工作人员一起，分别做双方家庭成员的工作，结合各自情况为其分析利弊，提出可行的意见和建议。虽调解过程中仍有几次短暂的僵持，但调解员把握双方心理，及时引导其换位思考，求同存异巩固调解成果，逐步拉近了双方的距离。最终双方达成一致意见，签订了调解协议。黄乙选择拿安置房，黄丙获得一定的补偿。随后，双方第一时间在安置补偿文书上签了字。

至此，这起前后延续了16年、历经了9场官司的房产纠纷，在人民调解员的帮助下终于圆满解决。

◈ 案例点评

这是一纸看似平常不过的"家庭协议"引发的诉累案件。在法院多次依法判决后，因牵扯到兄妹间的恩怨情仇，故无法执行到位。纠纷延续了16年，双方当事人始终争执不休，事不能了，这也影响到该户拆迁后安置补偿的落实。

继承纠纷在现代社会非常普遍，其涉及的不仅仅是财产本身，还涉及亲人之间的感情关系。处理好这类纠纷，对构建和谐社会有着十分重要的意义。《中华人民共和国民法典》第一千一百二十三条规定："继承开始后，按照法定继承办理；有遗嘱的，按照遗嘱继承或者遗赠办理；有遗赠扶养协议的，按照协议办理。"本案中两位被继承人生前都立有公证遗嘱，并且根据当时的法律规定，人民法院进行了依法裁决。本案的矛盾主要是老人生前改变原遗产处理意见，导致家庭矛盾升级。之后该房产又面临征迁，涉及利益较大。调解员进行两轮调解，从释法析理到融情入理，从强调政策红利到强调血浓于水，坚持不懈，反复疏导，以理服人，以情感人，促使当事人在互谅互让的基础上，对遗产分割及相关事宜进行了合情合理的处理，最终事结案了。

继承难致签约难　调解助力促补偿

案情简介

张某系上城区望江街道×××地块的被拆迁人，于2013年去世；其丈夫周某于1962年去世。张某夫妇共育有四个子女：大儿子周某成于1995年去世，育有大孙女周某梅（2000年去世，育有一女李月）、二孙子周某国（1999年去世，育有一子周坚）、三孙子周某梁（2009年去世，育有一子周雷）；二儿子周某兴年事已高，定居在云南，几十年未回杭州了；三儿子周某盛（1963年在部队当兵期间去世，无婚配、无子女）；四女儿周某兰尚健在，定居杭州。由于家庭成员众多，关系复杂，多名第一顺序继承人已故，涉及的多个代位继承人又常住宁波余姚。为顺利签下征迁协议，该街道现场动迁指挥部特邀请上城区调委会介入调解。

调解过程及结果

2019年8月6日下午，上城区调委会调解员沈寅弟、陈叶锋、王超君三位同志受邀来到该街道现场动迁指挥部一楼接待室准备进行调解。谁知，当事人周某兰的丈夫一见到调解员，情绪就异常激动，当场和街道现场动迁指挥部工作人员先吵了起来。他认为，涉及房屋征迁的事只和指挥部有关，和调委会一点关系都没有，随后便不分青红皂白地对调解员指手画脚、骂骂咧咧："调委会纯粹就是来这里收费赚钱的，对我们家的事情，对房屋征迁根本起不到任何实质性作用。这么热的天气，让我们赶过来，就是浪费大家的时间。"

面对当事人家属的出言不逊、咄咄逼人和无理取闹，调解员虽有点丈二和尚摸不着头脑，但还是耐心地再三解释：人民调解员是在双方自愿的前提下调解民间纠纷的，不收取当事人任何费用。这次也是受指挥部委托过来调解的，是为了帮助他们更好地解决析产、继承等问题，以便他们能早日与指挥部签订征迁补偿协议。《中华人民共和国人民调解法》第三十一条规定："经人民调解委员会调解达成的调解协议，具有法律约束力，当事人应当按照约定履行。"调解协议签订也便于指挥部后续为大家办理征迁补偿事宜。

听了调解员的仔细讲解后，该家属才平复了心情，坐了下来，但仍然用异样的眼光盯着调解员们，对调解工作还是持有怀疑的态度。在其他当事人均表示无异议后，调解员适时展开了调解。

被征迁户张某（已故）的四个子女中，目前尚在世的有两个子女。其中二儿子周某兴因常年定居在云南，且年事已高，来杭协商也不便，已明确表示放弃继承并有公证书，故当天未到场。四女儿周某兰先是给大家讲述了家族历史的演变和张某（已故）膝下四个子女及子嗣的基本情况，并介绍了其他几位到场人员（已故大儿子周某成之子孙：李月、周坚、周雷）及相互关系。周某兰提到，1960 年三哥周某盛还在读中学时就去某武警部队当兵，其间于 1963 年梅花盛开时节因病回杭，医治无效去世，后安葬在某列士墓地。2018 年以来，家人先后跑遍了街道、派出所、学校、医院、档案局等各有关部门单位都未能找到有关他的死亡、婚姻状况的进一步证明的相关材料，而且当时的部队也早已解散，辗转多地查寻无果。现在只能提供周某盛的墓碑照片，另外家里还有一块光荣牌。

考虑到继承的严谨性，调解员向周某兰详细了解了周某盛的生平和婚姻以及病故等具体情况。周某兰及其丈夫很肯定地表示周某盛当时身处部队、年纪尚轻并无婚姻和子女，并对此述写下了保证承诺。其他当事人也表示认可，相信这是事实。基于尊重事实、充分相信常住云南的当事人和继承人周某兴明确放弃继承、继承人周某盛已故且无婚配和子女等情况，调解员明确指出《中华人民共和国继承法》第十一条规定："被继承人的子女先于被继承人死亡的，由被继承人的子女的晚辈直系血亲代位继承。代位继承人一般只能继承他的父亲或者母亲有权继承的遗产份额。"同时，在指挥部工作人员在场的情况下，调解员对本次财产分割中涉及的继承人确定、应继承份额以及协议条款的法律约束力、征迁补偿的分配与领取等有关事项做了详细讲解。

几位当事人对调解员的讲述均表示认可，对各自的继承份额与签约责任等也均表示清楚。在调解员与指挥部工作人员的共同见证下，当事人在友好的氛围中，最终协商确定了各自继承的份额，并签订了调解协议。而之前那位一直对调解工作持有怀疑态度的当事人家属也露出了满意的笑容，握着调解员的手连声表示感谢。调解协议明确：（1）当事人各方一致同意共同就该房屋的产权与继承等结合本次政府征迁与安置补偿进行一次性分割，并对本次分割方案负责。（2）当事人各方一致同意选择货币安置，且一致同意按如下方案进行分配：周某兰享有货币补偿总额的67.5%，周某成（已故）之子孙李月、周坚、周雷共同享有货币补偿总额的32.5%（每人各占三分之一，由周坚统一代领后均分）。（3）虽然周某兴主动放弃继承，但为了维护家族亲情，当事人均表示要给予周某兴一定的补偿，为此，一致同意由周某兰户按上述该房屋的货币补偿总额的32.5%支付给周某兴。（4）本协议签订后，当事人各方应严格履行本协议之相关约定，此后当事人之间不再因此存在任何产权争议及经济纠纷。调解协议签订好之后，所有当事人立即在指挥部工作人员的带领下顺利地完成了征迁补偿协议的签订工作。

◈ 案例点评

人民调解工作遵循的是当事人自愿、平等的协商原则。在不违背法律、法规和国家政策的基础上，调解员通过说服、疏导等方法，促使当事人在平等协商的基础上自愿达成和解协议，解决民间纠纷。人民调解委员会是依法设立的调解民间纠纷的群众性组织，具有及时解决民间纠纷、维护社会和谐稳定的作用。人民调解委员会的职能决定了调解员必须面向群众、联系群众、服务群众，解群众之困，排群众之忧。然而在现实工作中，调解员经常会受到当事人或周边群众的各种各样的误解和质疑。这时就需要调解员及时调整心态，多换位思考，灵活把控调解局面，想方设法拉近自己与当事人，以及当事人之间的距离。

本案牵涉的继承人比较复杂，《中华人民共和国民法典》第一千一百二十六条规定"继承权男女平等"，第一千一百二十七条规定"遗产按照下列顺序继承：（一）第一顺序：配偶、子女、父母；（二）第二顺序：兄弟姐妹、祖父母、外祖父母。继承开始后，由第一顺序继承人继承，第二顺序继承人不继承；没有第一顺序继承人继承的，由第二顺序继承人继承"。另外本案还存在继承人先于被继承人死亡的情况，那么就要适用《中华人民共和国民法典》第一千一百二十八条有关代位继承的规定："被继承人的子女先于被继承人死亡的，由被继承人的子女的直系晚辈血亲代位继承。"本案的调解中，调解员充分依据法律规定展开调解。另外，面对当事人家属的误解与无端指责，调解员能及时摆正心态，从容处之，从心出发，晓之以理，动之以情，依法依规调解，最终使当事人家属从一开始的强烈抵触，转变为对调解员的由衷感谢。调解员用调解结果有力地诠释和证明了调解工作的作用与实效，充分展示了调解员宽广的胸襟和专业、担当的良好职业形象。

巨额补偿惹风波　调解签约续亲情

◈ 案情简介

2019 年 8 月 12 日，也是台风"利奇马"过境后的第一个工作日，上城区人民调解协会助推望江征迁工作组值班室内，望江街道现场动迁指挥部的拆迁组工作人员领来了四个家庭两代人，共十一位怒气冲冲的"客人"。当日的值班调解员接待了他们。经了解，原来是他们的老父亲赵某（已故）名下位于××××村的房子现进入征迁补偿款项继承分配阶段，而四位兄弟姐妹及亲属子女间对补偿款的分配方案有异议。已故的被继承人赵某生前共生育子女四人，去世前留有一套 58.09 平方米的房屋，此外无其他可供继承的遗产。上述房屋一直是小儿子在居住，房屋不动产权登记证书也一直存放在小儿子处。此次，该房屋拆迁后涉及安置补偿款等总计 340 万元（拆迁组测算提供），这让原本平静的大家庭，掀起了一场家庭风波，出现了家庭矛盾纠纷。兄弟姐妹虽经十多次协商，但一直不能达成共识。无奈之下拆迁组工作人员建议他们向"人民调解助推望江地区征迁工作组"咨询、求助。

◈ 调解过程及结果

调解员在认真倾听完当事人陈述的情况后，决定让大家坐下来先厘清关系与问题，再找出解决问题的办法。谁知众人刚刚落座，各家代表就纷纷发声，各执一词。赵家大女儿首先发话，表示自小她就外出打拼赚钱养家、照顾家中弟弟们，后来兄弟们也有了自己的家室，作为大姐，她为家庭付出不少，因此，这次的补偿款应该按照《中华人民共和国继承法》的有关规定，作为第一继承人的女儿，也应该享有同等的继承权。此时，一旁的小儿子媳妇说道："我的老公常年陪伴、照顾父母，现体弱多病，还身患癌症，家中无房，经济条件又不好，应该多分一些。"老二和老三则表示虽然他们身体还行，但是小病小痛也是常有的。调解现场多次发生激烈的争执，当事人几度拍桌子，怒目相对，僵持不下，调解会也一度中断。鉴于此种情况，调解员调整策略，先后分四步来调处：第一步，认为十几个人乱哄哄的没法有效调解，在与指挥部的工作人员协商后决定，只留兄弟姐妹四个当事人进行调解，其余家属和儿女都被请出了接待室；第二步，帮助当事人厘清了各自的义务和权利；第三步，向当事人讲清了国家法律在继承方面的明确规定；第四步，向当事人讲明亲情在兄弟姐妹中间的重要性。经过调解员面对面、背靠背地做工作，当事人各方有了基本一致的认识。"毕竟是一奶同胞，家家有本难念的经，没有什么比亲情更重要。"调解员苦口婆心、语重心长地娓娓道来，让兄弟姐妹多换位思考，设身处地地站在对方的立场上看问题，学会去体谅和理解自己的亲人。调解员运用法律条款分析利弊关系，耐心疏导，原本怒气冲冲的当事人脸上也开始露出了缓和的神情。大姐也慢慢平复了心情，考虑到最小的弟弟身体状况确实不佳、家里的情况也不好，最终也松了口。老二、老三见状，也跟着表了态。在调解员的见证下，四方当事人终于达成一致意见，并签订调解协议如下：当事人一致选择货币安置补偿方案，具体为：大女儿分得拆迁补偿款人民币40万元整；二儿子分得拆迁补偿款人民币40万元整；三儿子分得拆迁补偿款人民币38万元整；四儿子分得剩余补偿款人民币222万元。

◈ 案例点评

　　本案是房屋拆迁后，继承人之间因拆迁补偿款项分配争议而引起的家庭纠纷。面对当事人及家属人员众多的情况，调解员能冷静妥善处置，设法排除干扰。无论是调解时适用的《中华人民共和国继承法》还是现行的《中华人民共和国民法典》，都规定了第一顺序继承人的继承条件和权利。本案中四位继承人都属于赵某的子女，赵某生前并未立遗嘱，故四人对被拆迁房产所获得的利益都具有同等的继承权利。当然我国法律及司法解释也明确规定，在被继承人生前尽到主要赡养义务的子女，是可以多分遗产的。故在调解过程中，调解员也巧妙地穿插运用了背靠背、面对面的调解方式和法律宣教、利弊分析、情理并用等方法，通过释法、融情、说理，耐心疏导当事人的心结，从而拉近彼此距离，求得各方共识，最终使这起纠纷得以圆满化解。

调解巧打亲情牌　助拆迁啃硬骨头

◈ 案情简介

"征迁不清零前面工作等于零！"一句话道出了征迁工作者们的痛点。因为征迁工作，既是服务于经济建设发展的一项利民工程，又是被征迁人相关利益方之间的一场利益争夺战。100个拆迁户中哪怕有99户签署了协议，仅剩1户没有签约，也就意味着工作没有结束，无法实现地块清零。就是说，只要1户人家不配合，就会影响到其他99户人家的利益，土地的出让或利用更是无法进行。因此，对征迁工作来说，直至最后1户人家按时搬迁了，地块清零工作才算完成，后续工作才能有序推进。因此，做好最后1户征迁的清零工作无疑是在啃"硬骨头"。

这不，地铁七号线重点工程推进地块就涉及望江地区××号户。因产权人（户主）已病故，产权共有人患阿尔茨海默病常年住院，三子女之间恩恩怨怨，纠葛多、争议大，矛盾升级到互不搭理、形同陌路，由此成为属地街道征迁清零工作中一块难啃的"硬骨头"。如何保障身患阿尔茨海默病的母亲的权益，如何调和三子女之间对于产权分割的争议并顺利完成协议签订，成了该街道现场动迁指挥部谈判组工作人员每日必做的功课。工作人员数次上门协调、无数次电话沟通、鞋底跑穿、嘴皮说破，在利益面前姐弟妹们就是点滴不让、分毫必争。为了尽快调和其家庭矛盾，明确三子女的产权分割，加速推进地块清零，街道主要领导在例会讲评时提议，请上城区调委会的"和事佬"出面做做工作。

◈ 调解过程及结果

2018 年 9 月的一天中午，调解员受邀来到该街道现场动迁指挥部后，先是就该户家庭基本情况，权益之争的起因与目前状况，以及给征迁工作带来的影响等向指挥部工作人员做了深入细致的了解。该户涉及 300 多平方米的拆迁房，由于户主已病故，其妻患阿尔茨海默病、常年住院治疗，无法亲自主张房产分配，其膝下三子女几十年积怨很深，关系复杂，各自打着小算盘，故街道现场动迁指挥部多次协调都是不欢而散。调解员向指挥部工作人员进一步了解了该户按照现有拆迁政策享有的安置补偿方案情况，并就下一步调解方案做了交流。

接着，调解员开始背靠背地分别对当事人进行了侧面倾听、了解诉求，以便找准争议切入焦点，掌握实情争取主动。据了解，该户涉及拆迁房面积共为 305.62 平方米。大女儿、二女儿的意见是父亲已故，母亲年迈又痴呆，且常住医院，而这么多年来，她们的户口在老屋，并且照顾母亲也比小弟多，所以现在拆迁了，要求按照各三分之一的面积来分配。儿子这边则提出，这个房子在建造过程中，自己出钱又出力，而且父亲在世时就明确说过"按照农村传男不传女的规矩，以后房子都是留给儿子和孙子的"，所以小儿子认为，考虑到姐弟情谊，除了大姐、二姐在出嫁后每人留的一个房间（50 平方米左右 / 间）之外，其余都要归自己。双方对于房产面积分配存在很大的差距。调解员认为，三姐弟自说自话、各有各的打算，所以不面对面"碰撞"一下可能无法取得进展。

随后，调解员召集三姐弟进行一次面对面调解。三方坐下来后，各方开始倾吐 10 多年来的"苦水"和"煎熬"。大女儿率先表态，对于父亲在世时"重男轻女"的做法表示不认同："农村里是有传宗接代的说法，但是我这个大姐为这个家付出的比你这个儿子少吗？十五六岁就开始帮着家里干活，后来工作了，帮着父母赚钱养家，照顾妹妹弟弟。如今房子拆迁了，我要自己的那份，不应该吗？"二女儿接着说："虽然我们嫁出去了，但是父母亲的日常生活还不都是我和姐姐照顾吗？小弟，你问问自己看，你媳妇有没有为父母亲盛过一次饭？父亲在医院的最后那段时间里，她有没有去看过一次？平时，父母亲有什么头疼脑热的，不都是我和姐姐在跑前跑后？你的良心到哪里去了？反正不管怎么说，我和姐姐商量过了，适当可以让一点，但是每个人不能低于 95 平方米。"听着姐姐们连番指责，弟弟没有回口，一直低着头。调解员看在眼里，适时地询问小弟："看来你两个姐姐这么多年承担了很多啊！你是怎么考虑的呢？"小儿子这才和调解员说出了自己的"难处"："两个姐姐一直以来都挺照顾我的，我也想多给她们一点。但是我作为家里唯一的男丁，父亲在世时说过，祖屋要我以后留给小东（孙子）并一代代传下去。老头子说这话时，我老婆当时也在场，她也知道的。如果不拆迁也就这样下去了，但是现在拆迁了。唉，我也没办法……"说到这里，小儿子突然停下来了。调解员听出其中似有隐情，也基本明白了小儿子的意思，于是直接问道："那你准备怎么分配？"小儿子看了下两个姐姐，对调解员说："我老婆说，我们家最少拿150平方米，剩下的给两个姐姐。"一听弟弟这个意见，两个姐姐马上跳了起来，现场又是一声声斥责、埋怨、数落……现场陷入嘈杂之中。调解员及时安抚各方，让他们安静坐下来，继续调解。

针对该户的实际情况，调解员先打出"法理"牌，指出："按照《中华人民共和国继承法》的相关规定，母亲与三子女都是继承人。如果一定要按规定来算，份额上还是母亲最多，有八分之五呢，可是刚刚你们从头至尾都没有考虑过母亲！你们母亲现在还在医院吧？可你们的分配方案只想到了自己！母亲的权利谁来保证？"看着三姐弟低着头一声不吭，调解员继续说："母亲现在痴呆在医院住着，但不代表她的权利可以被忽视，如果要分配，母亲的保障须优先考虑。所以今天调解，我们不仅要把房产分配完成，更要把老太太的生活保障也一并解决。否则就没必要谈了。"

调解员再打出"报恩"牌，话锋一转："父母亲给子女们置下房产不易，一辈子辛辛苦苦抚养你们长大。你们现在也都为人父、为人母，也有了自己的小家。但是饮水思源，你们总要记着父母亲这份恩吧？如今母亲晚年得了痴呆，更需要照顾和陪伴。中国人讲的就是百善孝为先！"

看着三姐弟的态度逐步好转，气氛也缓和下来，调解员又适时打出"亲情"牌："父亲已经去世了，母亲现在痴呆，你们三姐弟更加要珍惜这份姐弟情啊。一家人打断骨头连着筋，血浓于水啊。父母亲给子女们置下的房子是用来住的，不是用来吵的！要珍惜现在旧城改造拆迁安置的惠民政策，早点协商好'小家'的事儿，早点签约，早点安置拿补偿，也好过上更加幸福的日子。"调解员的话句句入理，句句深情。为了能加快促成三方和解，调解员又拨通了小儿子媳妇电话，耐心沟通疏导，说服小儿子媳妇改变原先的想法，回归到理性和亲情上来。

通过调解员面对面、背靠背等数法轮用，巧妙打好"三张牌"，三姐弟逐步认识到自己原有的坚持多么不理智。经调解，三姐弟一致同意在尽心赡养、照顾好老母亲的前提条件下，对房屋产权进行分割，具体为：两个姐姐各得 80 平方米，剩余面积均归小弟；三姐弟各拿出 10 万元存入母亲的账户用于母亲的日常生活和医疗开销，以后如遇不足则由三姐弟共同分摊。三姐弟最终握手言和，签订调解协议，并于次日完成了拆迁安置补偿协议的签订。至此，地铁七号线征迁地块终于圆满清零。

◈ 案例点评

　　人民调解的本质特征是群众性、自治性、民间性。化解民间纠纷是人民调解的基本任务，及时、便捷地解决民间纠纷则是人民调解的显著特点。"和事佬""老娘舅"的称呼，代表着亲切、慈祥、有威望的形象，他们大多以调解家庭纠纷、化解邻里矛盾而被百姓广为认同。本案涉及拆迁补偿，在房产这个巨大利益面前，很多家庭的宿怨往往是一触即发。无论是原《中华人民共和国继承法》还是现行的《中华人民共和国民法典》，均明确子女作为第一顺序继承人，对被继承人父亲留下的遗产具有同等的继承权。本案中，若从法定继承来讲，姐姐们各自让出了部分面积，以当下的房价来计算，各自放弃的也是一笔不小的数额。调解员在接手此案后，发挥自身优势，在弄清纠纷详情、找准争议焦点的基础上，恰到好处地运用了利弊对照、换位思考、适度冷却、旁敲侧击等方法，动之以情，晓之以理，始终将疏导心结、化解恩怨作为调和关系的关键。通过调和双方关系，来一步步拉近谈判距离，最终赢得了双方的认同。这次成功调解，不仅使该户家庭纠纷、姐弟间的恩怨得以化解，也为地铁七号线重点工程征迁地块的清零工作顺利地画上了圆满的句号。

离婚纠纷阻征迁　调解破难助签约

◈ 案情简介

当事人张某和蓝某原是外地来杭创业 10 多年的老乡，此前各自在吴山夜市和四季青市场经营着店铺，于 2007 年经老家亲戚介绍相识，在父母均认可的情况下登记结婚，婚后育有二子。2015 年，张某以双方感情破裂、长期分居为由，向原江干区人民法院提起离婚诉讼，经法院调解准备签协议时，却由于男方个人原因撤诉。同年 10 月，双方又自行协商签订了一份离婚协议，约定了孩子的抚养权（大儿子由蓝某抚养，小儿子由张某抚养）、双方财产分割及 ××× 村房产变卖处理等问题。但直至 2019 年 6 月，张某一直拖着不愿和蓝某回老家办理离婚手续。现恰逢两人名下位于 ××× 村的房产面临政府征迁，指挥部多次联系张某夫妇双方洽谈征迁事宜，但双方一直推托，迟迟未能来指挥部。2019 年 6 月中旬，深思熟虑后执意要求离婚的蓝某向上城区人民法院提出诉讼。26 日上午，指挥部工作人员再次联系张某和蓝某，双方总算都来到了指挥部。工作人员在讲解征迁政策并了解其情况时，得知张某、蓝某一直在闹离婚且对产权分割无法明晰，故无法办理征迁手续。其后，指挥部工作人员带领他们向“人民调解助推望江地区征迁工作组”联系求助。当日值班人员、上城区调委会调解员陈叶锋同志热情、耐心地接待了他们。在进一步交流后，双方向上城区调委会提交了调解申请。

◈ 调解过程及结果

在该案件受理之初，调解员听闻夫妻俩从外地来杭州打工创业多年，他们不仅买了属于他们自己的房子，还生了两个孩子。调解员总觉得他们小家庭生活中遇到点沟沟坎坎也是难免的，所以本着"劝和不劝离"的原则对当事人耐心地做起了思想工作。但是，两人一对上话就不断争吵、抱怨、相互指责。通过两个多小时的深入交谈，调解员了解到该夫妻在结婚之初就存有芥蒂与猜忌，婚后更是缺乏信任，在打工创业遇到困难后又逐渐迷失，忘记了婚姻的初衷以及对家庭、孩子和彼此间的责任。这段婚姻其实早就已经名存实亡，如今确已无法挽回了。

鉴于该房屋现已面临地块征迁，而夫妻双方又坚持离婚析产，故当日下午，上城区调委会调解员沈寅弟、陈叶锋、王超君召集当事人就双方财产分割和债务等相关问题在指挥部接待室做进一步调解。

当事人张某表示夫妻双方早就感情破裂，这几年自己没有工作，家里生活是他通过"以贷养贷"的方式来维持的，以致现在债务累累。2015年他向法院提起诉讼要求离婚，但后来怕在法院留有案底影响贷款就撤诉了。现在个人银行征信记录上能查到的应还贷款额有69万元，还未包括其他网贷以及向亲戚们私下借的钱（约30万元）。如今房子纳入征收范围有望获得征迁补偿，张某认为既然房子是共同财产，补偿款是一人一半，那么所有债务也必须一人一半。而且张某提出了两种方案：第一种是大家一起把债务还掉，剩下的钱再均分；第二种是把房子当作投资产品来分，按各自的投资比例分割收益。他提到夫妻两人在2008年之后就财务分开了，而且近几年自己在家庭日常开销上的支出更多。

蓝某则强调：当初两人的结合并无感情基础，结婚之后自己赚的钱都被张某拿走了。张某作为一个大男人赖在家里闲了5年，一直没有出去工作，反而靠这种贷款来过日子。对此，她很不认同，很没有安全感。这么多年她一个人出去打工，养两个孩子。张某平时做任何决定都不和她商量。在没有工作且房贷没有还清的情况下还擅自贷款买了两辆车。她认为这样不为家庭、不为她和孩子考虑，只顾自己面子乱花钱的行为实在令她无法接受。这两辆车她从来没有使用过，因此，这次财产分割只要求房子的货币补偿款一人一半，车子全归对方。除了房贷以外，对于张某个人的那些贷款，她不知情且钱也没有用到她身上，所以她不会承担这方面的债务。同时，她表示自己当初为了四季青的店铺也向亲戚朋友借了30多万元，到现在也还没有还。

　　张某听了蓝某的话，情绪特别激动，嚷道："家里的开销我没管吗？这些年的房贷、生活费是谁出的？都是我用新的贷款来还老的贷款后再支出的。我同意房产拆迁补偿款一人一半，但这个债务也是共同债务，必须一起承担。不可能赚了你有份，亏了你不管！"蓝某则当即反驳道："这些钱都是你自己的支出，并未用于夫妻共同生活。车是你自己要买，一辆不够，还买两辆。一会儿说要开'滴滴'，一会又说开车赚不到钱，宁愿闲在家，也不出去打工。贷出来的钱，都是花在你自己身上的，我没有享受到，所以没有证据证明这是夫妻共同债务。"双方各执一词，争论不休，都认为自己为家付出很多，对方付出不够，对方有责任，自己无责任。

　　调解员在听了双方的陈述和争辩后，对双方进行了批评：作为一个丈夫（妻子），同时又是父亲（母亲），从头到尾只顾埋怨和指责对方，觉得自己都是对的、好的，只知道离婚分钱，却没有考虑孩子的今后，这是一种对婚姻、对家庭很不负责任、自私自利的行为。调解员要求他们好好反思自己的错误行为。随后，调解员明确指出，《中华人民共和国婚姻法》第十九条规定：夫妻对婚姻关系存续期间所得的财产约定归各自所有的，夫或妻一方对外所负的债务，第三人知道该约定的，以夫或妻一方所有的财产清偿。调解员强调，夫妻关系存续期间，一方的借贷若没有经过另一方的认可，且并未用于夫妻共同生活，则债务由借贷方承担。调解员建议把房贷纳入共同债务，由于车辆归张某所有，那车贷由张某负责，张某其他个人网上借贷和蓝某的私人借贷等均由各自承担，不再纳入共同债务。这样算下来主要有60万元的贷款需夫妻双方协商承担比例。另外，双方离婚后，孩子的抚养要考虑周全，特别要考虑孩子的心情，希望夫妻双方以后能定期让两个孩子见见面，加深兄弟感情，这样有利于他们健康成长。

　　蓝某基本同意上述方案，但张某犹豫几分钟后重新对债务的承担比例提出异议："我为了这个家才不断贷款，以贷养贷造成窟窿越来越大。我这两年怎么过来的，你知道吗？每到银行、网络平台来催还款时，我深受折磨啊，你知道吗？你不认账可以的，那我们都拖着，大不了同归于尽好了……""这是你的事，我早就跟你讲过了，自己不出去赚钱，光想着靠借贷过日子能好吗？这些都是你自己借的钱跟我没关系……同归于尽就同归于尽，反正这样下去日子也没法过，人都要疯了。"蓝某也不甘示弱。双方又开始争吵，局面再度陷入僵局。

　　随后，调解员又分别对张某和蓝某进行了背靠背的调解，耐心劝说两人放下成见，多为小孩考虑。"遇上社会发展改革红利，你们是幸运的，但要把握住机会，辨得清好坏，分得清得失，更要摒弃陋习，自珍自爱，善待身边人，面向新未来。"调解员语重心长地教育张某要正视自己的错误，放弃"以贷养贷"这种不切实际、不劳而获的幻想，重新端正自己的人生观、价值观和利益观，要摆正心态，重新做人。

经过不厌其烦的疏导，至下午5点，双方当事人终于达成了一致意见并自愿签订调解协议。具体为：（1）双方一致同意对×××村房屋拆迁补偿款（指挥部拆迁组测算，该房屋拆迁补偿款共计322万余元，具体以拆迁指挥部最终结算单为准）进行如下分配：蓝某享有122.5万元，剩余款项归张某所有；（2）双方一致同意在上述拆迁补偿款到位后，现夫妻双方名下的涉及该房屋按揭贷款的剩余款项全部由张某负责承担；现张某名下的机动车辆仍归张某所有；现各自名下的店面、存款、首饰及其他负债等均各自享有、负责；（3）经咨询指挥部拆迁组，得知除房屋拆迁补偿款322万余元之外，可能还存在拆迁补偿款以外的单元楼道奖励（具体不详），如届时确有此奖励，则双方各得一半；（4）双方当事人强烈要求并一致同意于当月29日前一同回老家办理离婚手续（孩子抚养权等具体已在离婚协议中约定）并于29日至望江街道现场动迁指挥部办理征迁补偿签约手续。

◈ 案例点评

婚姻家庭纠纷多由生活琐事日积月累引起，不妥善消化，一旦爆发，很容易使矛盾激化。本案中的双方当事人长期处于针锋相对的状态，一言不合就激烈争吵，夫妻矛盾"久拖成病"，愈演愈烈，以致婚姻最终走向"灭亡"。

调解员在本案的调解过程中，采取三步走：一是耐心疏导双方情绪，让当事人畅所欲言；二是摆事实、讲道理，根据相关法律政策，帮助双方当事人厘清夫妻共同财产和共同债务；三是采用亲情调解法，教育双方要共同承担家庭责任，为人父母更要履行抚养孩子的义务，引导双方更多考虑孩子的身心健康与成长。最终使双方当事人心平气和地达成一致意见，顺利签下了调解协议和征迁补偿协议。

面积不明拆迁难　亲情调解助清零

◈ 案情介绍

　　杭州市某社区两处房屋属于农转非居民拆迁安置房（含城市居民）项目的国有土地房屋征收范围，也是该地块清零时遇到的最后一块"硬骨头"。这两处房产均未登记产权，涉及未登记建筑认定、遗产公证、代位继承等一系列问题。属地街道拆迁指挥部前期也做了不少工作，面上问题基本得到解决，但是家庭成员之间的矛盾十分严重，虽然此前也组织过几次协调但都没有结果。由于该房产的合法继承人人数众多，一遇房屋拆迁，每个人都试图让自己的利益最大化，但是房屋的产权没有明确分割，房屋安置补偿协议也就迟迟不能签订。这也势必影响到整个地块的拆迁清零工作。应街道拆迁指挥部的邀请，上城区调委会来到指挥部尚法工作室进行调解。

◈ 调解过程及结果

　　上述房产的房屋搭建人周阿大夫妇生前共育有三个子女，大儿子、二儿子已去世，小儿子快80岁了。老大家共有六个子女（其中又有两名子女因去世或接受监管而无法亲临现场，由其配偶或子女来参加协商），老二家共有三个子女，老三家有四个子女。于是，继承人从"45后"到"95后"分布各个年龄段，仅当事人就满满堂堂坐了一大桌。大家七嘴八舌，场面十分嘈杂。调解员老沈见此，暗暗在想："看来今天是避免不了一番'唇枪舌剑'了。"为了取得成效，老沈确定了调解思路，选出代表，由代表发言。

第一步"畅所欲言听原委"。按顺序，老大、老二家代表及老三夫妇分别就自己的房产情况及分割设想逐一进行阐述。在倾听了该房屋的"变迁故事"和家长里短后，老沈发现三家对产权分割方案进行表态时，对老三家独得 59.7 平方米的房产没有任何异议，因此将此暂搁一边。

问题主要集中在老大家和老二家如何分配 107.61 平方米房产上。老大家代表提到："父母在世时主持分割过这处房产，当时说好的老大、老二家各占一半（老大楼上、老二楼下），但考虑到楼上阁楼空间小，房屋后面的空地也归老大所有。在房子未拆迁前他们测量过，楼下的老二家应贴补给老大 7 平方米，后来双方协商确定为 2 平方米，且当时曾口头提过老二家愿意用 5 万元钱买下这 2 平方米，但是 5 万元一直未兑现。"老大家代表继续讲道："现在房价涨了，2 平方米也不止 5 万元了，所以应该按市场价计算，少说也有 10 万了。"老大的二女儿继续说："1988 年时双方私底下曾有过一张协议，后来被老二家拿走就没下文了。因此两家人萌生了积怨，一直不和。"老二家代表反驳说，从未见过 1988 年的协议。老二家代表又称拆迁部门第一次来测量时其面积为 117.61 平方米，但第二次测量时变成了 107.61 平方米，比第一次整整少了 10 平方米，测量时家人均未在场，所以要求拆迁部门重新测量。事情急转，双方不但对涉及 2 平方米的补偿问题存在争议，而且对拆迁部门第二次测量时少了 10 平方米问题又与指挥部之间起了新纠葛。为了防止场面失控，调解中止。老沈叫拆迁部门的相关负责人到现场，就测量问题说明情况，就拆迁房面积测量的工作流程和数据确认等有关规定做了解答释疑：因为房屋后面空地上老二建造的房屋属违章建筑，第二次丈量时不予以支持，所以少了 10 平方米。在解除了他们共同的疑虑后，当事人被重新拉回到调解桌前。

第二步"求大同而存小异"。本着"求大同存小异"的原则，老沈对他们存在的历史问题模糊处理，提出不再翻老账，劝说各方回到当下，并引导当事人摆脱枝节问题。根据《中华人民共和国继承法》，老人对分家析产从 7 平方米到 2 平方米已经做了确定。老沈分别对老大、老二家进行了背靠背的沟通、劝说，讲清法律规定，让双方认同共同分割房屋面积 107.61 平方米的方案，把焦点集中到 2 平方米的补贴金额上，范围缩小到 5 万元。调解到中午 12 点，双方即将达成协议时，没想到老二家二女儿与老大家二女儿"一言不合"动了手。老大家二女儿当即推翻了 2 平方米和 5 万元补贴的意见，并表示不愿意再与之商谈，说完就要愤然起身离开。老沈竭尽全力留住她，与她单独沟通，让她认识到今天聚在一起不容易，并且房屋拆迁不宜久拖，否则损害的是大家的共同利益。老沈耐心说服了这一对"90 后"，打破僵局，调解得以继续。

第三步"血浓于水解心结"。面对兄弟姐妹之间积怨已深的事实，老沈认为不仅要讲法和理，更重要的是讲亲情。于是，老沈给大家讲了康熙年间"六尺巷"的故事。老沈讲完这个故事后，发现大家情绪平稳了许多。于是，老沈趁热打铁继续点拨三家人，劝说兄弟姐妹放弃小利，共筑亲情，让他们明白有亲有情才是自家人，血浓于水的亲情比什么房子、金钱更为珍贵！随后，老沈看准时机再次与老大和老二家的代表进行了单独沟通，让他们抛弃"见利忘亲"的做法，放下彼此的成见与纠结，用自己足够的真情实意来维系自家人的血脉之情。通过轮流运用点对点、背靠背、利弊分析等方法，老沈最终化解了老大、老二家之间的心结，使双方达成了一致意见。各方签订的调解协议明确：老三家独得 59.7 平方米的房产；在 107.61 平方米的房产分割中，老大家得 58.42 平方米，老二家得 49.19 平方米，老二家一次性补偿给老大家人民币 6 万元。

◈ 案例点评

亲情调解法，也称情感调解法，即多从人情及社会公德的角度来说服和教育纠纷当事人。在本案调解中，调解员重点运用了亲情调解法，把讲亲情、传亲情、维系亲情作为解决个体利益冲突的切入点与突破口，把握好吵吵闹闹终归是一家人的主基调。同时，调解员做到以法律为准绳，综合运用《中华人民共和国合同法》《中华人民共和国继承法》《杭州市征收集体土地房屋补偿条例》等，让法律的准绳成为维系亲情的纽带。该起纠纷的成功调解，意味着这个地块的征迁清零工作画上了句号！这也是 2018 年上城区人民调解工作中受到区委、区政府主要领导批示和表扬的案例之一。在征迁清零等政府主导的涉及社会维稳的工作中，人民调解实打实地刷了一回"存在"感！

拆迁补偿难落地　视频调解续亲情

◈ 案情简介

　　户主金某与亡妻华某名下位于杭州市上城区某村的房屋，建筑面积有 50 多平方米，于 2019 年面临政府征迁。金某夫妇膝下有子女三人：长女金甲、次子金乙、三女儿金丙。由于华某去世较早，虽在其母肖某去世之后，但先于其父华伯去世。华某去世两年后华伯也去世了。于是，这就形成了一次继承之后的二次继承。关于华某房产部分的继承涉及的继承人员增加多人：华伯的子女华某贵、华某富、华某萍（已故，其夫刘苹春，子女刘某珍、刘呆强）、华某流、华某凤、华某月。由于这些继承人散居在上海、广州、衢州、宁波、新疆等地，有的甚至二三十年未来往。尽管当事人金乙跑了大半年，或通过电话或上门拜访，一个个与这些亲戚进行协商，但是涉及母亲华某的房产继承问题一直未能完成析产，致使拆迁安置补偿分配无法落地。金乙于 2019 年 8 月的一天向上城区调委会申请调解。

◈ 调解过程及结果

　　2019 年 8 月 22 日下午，上城区调委会受理后，沈寅弟、陈叶锋、王超君首先与金乙进行了沟通，了解其之前与诸多亲戚和兄妹之间的协商情况及遇到的难处，得知其他继承人都对该房产继承问题无异议，均表示放弃且已办理公证手续。但是广州和新疆的两位舅舅由于年龄太大且重病在身，未完成公证。其中在广州的 78 岁的小舅对拆迁问题还存有一点疑义。毕竟 30 多年未来往，突然接到电话，小舅对房屋产权继承问题不是很理解，虽然金乙多次打电话解释，但对方表示能由政府部门来解释一下比较好。另一位，是远在新疆的 86 岁大舅，长期卧病在床，实在不能来杭，也无法完成公证。剩下的问题就是金乙三姐弟对继承分配的份额问题，这也需要调解。同时，金乙还提到"居住在上海的华某小妹华某月据说小时候是过继给叔叔的，但是没有办书面手续。不知道怎么办"。随后，调解员又与拆迁指挥部的相关工作人员取得联系，了解了该户拆迁安置过程中遇到的程序和手续上的问题，需要当事人配合提供资料。调解前，调解员建议当事人金乙去杭州湖滨派出所和上海淮海中路派出所详细查阅一下关于华某月早年过继给叔叔的相关户籍证明。

在充分了解了各方情况后，调解员随即与远在广州和新疆的当事人家属进行了沟通。鉴于两位远在外地且年迈体弱，调解员在征得双方同意后，果断提出采用线上线下同步调解的方式，即金某与金家三子女一同在拆迁指挥部一楼调解室面对面进行调处，同时开通视频电话，与远在广州、新疆的当事人及其子女现场连线沟通。上城区调委会结合所有继承人的关系，决定分两步进行调解：一是解决华某的兄弟姐妹们对继承的意见；二是解决金某和华某三子女之间的继承分配问题。于是，调解员先是对当事人就上述房产中涉及华某部分的继承及当前遇到政府拆迁的情况做了详细说明。结合《中华人民共和国继承法》的规定，调解员进一步说明召开这次调解会的原因，并就调解原则和程序做了解释。接着，结合公证书和派出所的证明资料等，就所有继承人情况，包括今天未到场的人员情况以及华某月从小过继给叔叔一事等进行阐述，并逐一与各方确认。随后，拆迁指挥部工作人员针对该房屋拆迁安置方式、补偿分配方案等情况进行了说明。之后，调解员又请广州、新疆的视频在线人员表达自己的意见。两位舅舅在听完详细的解释说明后，均表示放弃继承："这是妹妹、妹夫（姐姐、姐夫）他们自己辛苦努力买下的房子。不管拆迁也好，怎么也好，我们都不要继承，给他们的子女们就好！我们几十年没见了，今天能通过视频连线见到，就很开心啦！"收到两位外地继承人放弃继承的意见后，调解员当即请两位继承人在亲人和子女的见证下，签订放弃继承的书面声明并拍照传到调解会现场（原件邮寄）。在亲人们一阵寒暄和重温亲情之后，调解员开启了第二步调解，就房屋拆迁补偿款项的分配做了协商和确定。考虑到此前父母亲均已为两个女儿安排过婚房，儿子也有自己的房屋，所以本次拆迁户主金某选择了货币安置补偿方式，同时将涉及华某部分的补偿款分给三个子女。金乙率先表示，同意货币安置补偿方式，但自己明确放弃对母亲遗产的继承。"父亲自母亲去世后，一直与我同住，以后我也会一直照顾到他终老的。建议给姐妹一些补偿。母亲的遗产，希望也能让姐妹享受到。"户主金某也表示："虽然两个女儿出嫁时都给了婚房，但是房子毕竟有大小。现在看来价值也不同。所以，想在这次补偿款里给予适当补偿。"金甲、金乙听了之后，更是连声表示，自己也放弃继承，不要补偿款。"母亲去世这么多年，父亲不容易。我们三姐弟一直以来都和和气气，生活条件也都还不错。没必要为了这点补偿闹得不愉快。"随即，调解员与户主金某背靠背进行了沟通。户主金某年事已高但比较固执己见："妻子在世前一直对三个子女一视同仁，现在虽然她去世多年了，但是涉及她的遗产分割部分，我还是希望能继承她的一贯做法。我跟儿子一起住，赡养以儿子为主，但是也希望女儿们常来看看我。"因此，他坚持要给两个女儿一些补偿，希望调解员能给他一些建议。为此，调解员又详细地了解了华某在世时的家庭情况和金甲、金丙婚房取得的情况及各自工作与家庭条件等等，了解到户主金某一直以来都是与儿子金乙一起居住并由儿子照顾，女儿们也蛮孝顺，定期来看望他、陪伴他。调解员又单独聆听了金乙的想法。他表示，不光要给姐姐、妹妹一定的补偿，待事情了结后，还会分别给几位舅舅、姨妈一个大红包。随后，调解员依据《中华人民共和国继承法》的有关规定，并结合该户家庭的过往和本次房屋拆迁安置补偿款的实际，给户主金某提出了分别给大女儿30万元、二女儿20万元的补偿建议，并得到了户主金某及其三子女的一致认可。

最后，各方在愉快的氛围下签订了调解协议：上述拆迁房屋涉及华某部分房产由户主金某一人独自继承，该房屋相关拆迁安置补偿款所得除去给大女儿30万元、小女儿20万元后，剩余部分均归户主金某一人。之后，在拆迁指挥部工作人员的指导下顺利完成了拆迁安置补偿协议的相关手续。

◈ 案例点评

人民调解工作遵循的是当事人自愿、平等的协商原则。同时，面对当事人遇到的实际困难和疑问，也要从实际出发，在不违反法律法规和政策的前提下，在一定程度上给予帮助，尽量促成当事人快速和解。本案中，调委会在遇到由于多位当事人身体、家庭等因素，致使该拆迁户的安置补偿无法落实时，能急人所急，挺身而出，主动担当，耐心梳理案情，积极帮助当事人沟通协调，特别是利用网络工具，让各方当事人在"线上线下同步同境"的条件下，公开平等，友好协商。同时，在尊重当事人的个人真实意愿情况下，结合对《中华人民共和国继承法》《中华人民共和国合同法》（现行《中华人民共和国民法典》亦有同样的规定）等的解读释明，及时补充完善诚信守诺的相关手续，较好地帮助当事人解决了实际困难，顺利助推该拆迁户安置补偿的落实，从而赢得了各方一致认可与好评。调解中，调解员思路清晰，分步推进，逐个解决问题。其间，情字打头、法理相随，方式方法巧妙结合，充分展示了调解员专业专注、尽心尽职的职业操守和面向群众、服务群众，急群众所急，解群众之忧的良好形象。

十年拆迁安置难　律师调解助解纷

◈ **案情简介**

2008 年 12 月，杭州市上城区政府发布《房屋搬迁公告》，在金钗袋巷、朱婆弄一带实施房屋搬迁，后又获杭州市房产管理局房屋拆迁许可证（杭房拆许字〔2010〕第 005 号）批准：基于上城区教育局、上城区人民防空办公室因工程建设项目需要，在该许可证确定的红线范围内实施房屋拆迁。张甲及兄弟姐妹（张乙、张丙）共有的位于朱婆弄的房子，在前述拆迁红线范围内。

2010 年 9 月 20 日，张甲、张乙、张丙就拆迁房屋补偿安置事宜与上城区危旧房改善办公室达成一致并签订《房屋拆迁产权调换协议》（简称《协议》）。《协议》约定，上城区危旧房改善办公室将坐落于 A 小区的 2 套房及江城路 ××× 号的房屋作为张甲、张乙、张丙的安置用房。2010 年 12 月，张乙根据《协议》取得 A 小区安置房 1 套；2011 年 1 月，张丙根据《协议》也取得 A 小区安置房 1 套。因张甲位于江城路 ××× 号的安置房为期房，直至 2020 年 12 月才落成，故张甲 10 年来一直未取得安置房。安置房落成后，张甲按照规定进行择房，但在结算时被告知超出安置面积的部分要以 2020 年的房屋市场价结算，须支付房价款 80 余万元。

张甲配偶已过世，她依靠微薄的退休金生活，自房屋拆迁后负担着日益增长的租金，再无力支付结算款。看着期盼了 10 多年的安置房终于建成却无法入住，无奈之下向杭州市上城区人民法院提起行政诉讼。本案转由杭州市上城区调委会律师调解员进行调处。

◈ 调解过程及结果

杭州市上城区调委会律师调解员接到案件后立即联系接待了张甲。通过查看相关材料了解到，朱婆弄一带实施房屋搬迁发生在2008年12月，当时杭州房价较低，经过10余年的经济发展，杭州房价发生了巨大变化。2010年2月1日获得房屋拆迁许可证时，拆迁房屋评估成本价为1680元/平方米，市场评估价为11593元/平方米；2020年结算市场评估价为41105元/平方米，两者差距较大。

调解中，张甲向律师调解员述说了这个房子拆迁的艰辛过程。张甲说："我是很理解政府拆迁的，也积极响应和支持，于公告日一个星期内即搬离被拆迁房。当时我们也算是第一批搬出去的。我一直和家人住在这个房子里，房子是祖上传下来的，所以自己占的份额不多，只有12.55平方米。虽然所占房子份额不多，但是本来不拆迁的话还算是有个家。拆迁后，我租房子一租就是10多年，一直盼着安置房，没想到现在要花80多万元买这个房子，我怎么拿得出来？只能不断上访，提起诉讼。"律师调解员先安抚了张甲的情绪，表示自己十分理解，10年间房价变化确实很快。律师调解员又讲道："我们先把基本情况了解清楚，拆迁是政府行为，这不同于一般的民事纠纷，要有理有据。"

后律师调解员和上城区危旧房改善办公室取得联系，了解到该地块1000多户拆迁户皆是按照2020年市场评估价结算的。在择房时，上城区危旧房改善办公室告知了张甲结算的标准并让其签署告知书，当时张甲也是签字认可的。律师调解员向上城区危旧房改善办公室讲述了张甲的困难，同时表示因为拆迁张甲已经承受了10年的居无定所，是为杭州市的城市发展做出了牺牲的。上城区危旧房改善办公室表示政策出台时已经考虑过各种因素，该地段现在市场价早已超过6万元/平方米，安置面积内还是按照2010年的评估价，只有需要购买的超出部分才按照2020年的市场评估价。也就是说这套房的购买价格是远远低于周边房屋的。同时表示政策是统一的，不能因为某个人而变更，否则对其他安置人员也是不公平的。

律师调解员考虑到上城区危旧房改善办公室这边确实是按照政策统一处理，所以诉讼的风险很大，并不能解决问题，遂进一步询问张甲，为什么其他人都安置在了 A 小区，而他却安置在江城路 ××× 号。张甲说自己有一个儿子和一个女儿，儿子非常孝顺。江城路 ××× 号离儿子家近，她年纪大了，就想待在儿子身边。那是否有其他面积小一点的安置房，可以解决本案矛盾呢？律师调解员再次和上城区危旧房改善办公室沟通，询问是否可以变更安置房。上城区危旧房改善办公室回复有其他地段的安置房，结算金额低，但是都被张甲拒绝了。进行多次沟通后，张甲仍坚持只安置在江城路 ××× 号，调解似乎无法向前推进了。

无法更换安置房，那儿子是否可以借资购买呢？张甲表示，儿子因疫情生意失败了，生活十分困难，实在拿不出 80 多万元。谈及女儿、女婿，张甲沉默了很久，表示自己过世后打算把房子留给儿子，如果女儿、女婿出资的话房子以后就很难处理了，担心兄妹到时会有矛盾。

调解到此陷入了僵局。一日张甲突然和律师调解员说，房东要收回房子，要求她 3 个月内搬走。张甲电话里情绪比较激动，说自己 78 岁了，没办法再承受一次次搬家了，希望直接搬到安置房中。律师调解员心里十分清楚，诉讼败诉的风险太高，想要尽快搬入安置房，必须进行结算。想到张甲谈及女儿、女婿时的沉默，律师调解员意识到他们是有能力支付这 80 万元的，遂拨了张甲女婿的电话，女婿表示自己毕竟只是女婿，而且自己也是工薪阶层，80 万元不是小数目，赠予肯定是不行的。若张甲女婿支付了这 80 万元，那房子以后怎么处理就变成了关键。

随后，律师调解员拨打了张甲儿子的电话，没想到张甲儿子非常孝顺，表示自己从没想过要母亲的房子，而且自己现在实在拿不出 80 万元，同时表示只要母亲有房子住，开心，自己愿意放弃这个房子。恰逢张甲再次来电，律师调解员又耐心规劝道："我也是一名母亲，我很理解一个母亲想留点财产给儿子的心情。你很有福气，儿子女儿都非常孝顺，家里很和谐。现在儿子有难处，女儿、女婿帮一把也是好的，你日子好了，开心了，儿子才能安心。80 万元不是小数目，占了这个安置房近 8 成的房价了，女儿、女婿出资也需要贷款，贷款利息也是很高的。作为母亲，也要理解。如果现在再继续行政诉讼，一则败诉风险太高，二则时间也要耽误很久。我建议你们开个家庭会议，把自己的想法讲出来，儿子女儿都会支持的。"

几天后，张甲打来电话说，虽然自己心里非常不情愿，但是不想自己 78 岁了还没个房子。她和子女商量了，由女儿一方出资，在她过世以后房子留给女儿，自己其他财产都给儿子。律师调解员安慰道，儿子这么孝顺，未来人生还长，生意还会好起来的。而后张甲撤诉，简易装修了安置房，顺利入住。

◉ 案例点评

拆迁征收行为是我国城市发展的重要举措，应予以支持。《中华人民共和国民法典》第一百一十七条、第二百四十三条对拆迁征收、征用问题进行了原则上的规定，即公平＋合理＋及时足额补偿＋保障居住条件。被拆迁人拆迁后其居住条件应当予以保障，这也是为什么会有最低安置面积的相关行政规定。但是拆迁安置是以户为单位的，并不能单独把个人择出来进行保障，这样的话拆迁成本过高，城市发展就无法推动。本案中张甲在户中所占的安置面积过小，简单来讲，就是由于本身拥有的产权面积过小，再安置独立的一套房等同于重新购买新房，这就是张甲需要出资80万元购买安置房的原因。律师调解员在本案的处理过程中耐心聆听，让张甲将自己的情绪发泄出来，同时通过法律及政策的讲解，将其无法把控和处理的对外矛盾转化成可以协商处理的家庭矛盾，体现了调解的灵活性。

小　结

◇◇◇◇◇◇◇◇◇◇◇◇◇◇◇

　　由于城市化进程的不断加快，城市改造和改建的力度越来越大，城镇中房屋拆迁已成为较普遍的现象。由于房屋问题关系到人们的基本生活，再加上房价日趋高涨，利益牵扯巨大，因此极易引发一系列矛盾。

　　从上城区人民调解委员会倾力化解矛盾纠纷的工作实践来看，因房屋拆迁诱发的矛盾纠纷主要有五大类：第一类是拆迁人与被拆迁人之间因拆迁、安置或补偿问题产生纠纷，如双方就安置房屋地段、面积、补偿数额等存在一定争议，协商未能达成一致等导致无法推进拆迁；第二类是由于第三方原因造成拆迁人与被拆迁人之间无法达成一致，如被拆迁人涉及单位公房等导致房屋产权需要进一步明晰，进而引发纠纷；第三类是因被拆迁人家庭内部矛盾导致无法在被拆迁人之间达成一致，如家庭内部涉及婚姻变故、继承、析产、赡养等问题，协商后无法达成一致，引发纠纷；第四类是因拆迁人未具备法定条件违法拆迁或未按程序操作导致被拆迁人利益受损等，引发纠纷；第五类是被拆迁人与拆迁人就未登记建筑的认定与补偿等存在争议，引发纠纷。

　　过去的 10 年，是杭州市上城区全面推进"四个全域化"，加快城中村改造建设、轨道交通建设、城区有机更新的关键 10 年，也是杭州市推进城市化、国际化、现代化步伐最快的 10 年。因房屋拆迁引发的矛盾纠纷频发多发，交织叠加，错综复杂。为此，自 2018 年以来，上城区调委会因势利导、顺势而为，将工作重心从日常的家庭邻里纠纷调解，逐步转移到以助推政府重点工作和民生工程的矛盾调解上来，特别是上城区人民调解协会成立之后，更是围绕中心，服务大局，倾注协会力量，助推惠民工程。2019年，上城区人民调解协会主动与属地街道沟通对接，随即成立"人民调解助推望江地区征迁工作组"，充分利用优势资源，通过专家坐诊、团队服务、联动联调、联诊联治等方式，积极助力望江地区始版桥直街、望江门直街、地铁七号线、下灰团巷、莫南二期等地块的征迁安置工作。上城区人民调解协会积极动员广大会员，勠力同心，攻坚克难，及时化解了一大批征迁中的矛盾纠纷，有效推动望江地区征迁清零工作。其间，始版桥直街、下灰团巷的多起征迁纠纷的成功调解，还受到了当地政府主要领导的肯定批示，赢得了拆迁群众的广泛好评。

第八章

老旧小区加装电梯纠纷调解案例

LAOJIU XIAOQU JIAZHUANG DIANTI JIUFEN TIAOJIE ANLI

访调破解加梯难　旧宅加梯梦终圆

◈ 案情简介

2018年5月以来，杭州市西子湖畔某小区一楼的业主因本单元3—7楼住户申请加装电梯未经其同意便开工，认为这一做法不符合流程，故强烈要求停止施工。其先后向所在社区、街道、市委政法委，以及市、区信访局等有关部门投诉、信访，要求立即停工并进行处理。上城区信访局于同年7月23日按照"访调对接"工作机制流程，委托上城区调委会介入调处。

◈ 调解过程及结果

上城区调委会接手该案后，分别于2018年8月、9月、10月3次召集双方当事人了解情况并进行面对面调处。调解会上，调解员除了宣读《中华人民共和国人民调解法》及调解相关程序和注意事项外，更多的是倡导双方摆问题、讲实情，让投诉人和业主代表都畅所欲言，各抒己见。然而双方当事人对市政府推进既有住宅加装电梯的指导意见、区政府联审会议纪要等有不同的认识；对业主发起申报流程、项目实施规范及电梯后续管理等有不同的看法；对《中华人民共和国物权法》《中华人民共和国民法总则》等相关法律依据适用的范围，和项目实施过程中社区、物业的不作为以及加装电梯后可能对一、二楼业主带来噪声、通风、采光方面侵权影响等均有不同的看法与主张。故各说各理，互不相让，双方一度情绪高涨、言辞激烈。业主代表一方拿着三分之二业主同意的意见书、市政府相关文件、区政府联审会议纪要、加梯施工图等执意要求继续施工，而另一方投诉人则以一、二楼业主不同意和个人权益受侵害等为由要求"填好基坑，恢复原状"，否则会全力阻挠，决不放弃。

于是，调解员针对当事人提及的法律法规及政策文件等逐一给予释明，指出双方认知上的差异，从双方当事人提交的相关材料和证据，延伸至双方的脾气个性、家庭情况，再到该单元其他业主的反映以及加梯后对百姓的便利实惠、小区环境的改善、房屋的升值等一系列情况，重新进行了梳理分析。一边是带着一份 10 名业主"满心期盼"和授权委托书的业主代表，对他们来说，前期的工作已经"馒头吃到豆沙边"了，如今因一楼业主反对，加梯工作戛然而止，这不仅让业主代表所做的工作付诸东流，相关费用无人认账，而且必然会冷了这 10 户人家的心，给周边单元的群众也带来一定的负面影响。另一边是一、二楼业主，他们的利益也需要被尊重和保护，并且他们捍卫自身权利的态度又是如此坚定。

面对双方水火不容、互不相让的态度与架势，调解员并未因此而放弃。"既有住宅加梯工作是市政府推动的一项惠民政策，这些纠纷也是新形势下产生的邻里新矛盾。这起纠纷也是我们调委会调处的第一起关于加装电梯的纠纷。很多业主其实都在观望，我们希望这起纠纷的调解能有个好的结果，从而起到一定的模范带头作用，为其他类似纠纷提供范例。"这是调解员私下里商量的，他们也暗暗下了决心。

接下来的时间里，调解员继续通过个别约谈、电话沟通等多种方式，运用换位思考、利弊分析、情感融入等方法，一次次释法说理，努力寻找彼此争议背后的真正焦点与分歧，以求破解之策，为随时启动调解做准备。

虽然前两次的面对面调解，均以调解员一句"今天虽然你们未能达成一致意见，但我们搭建的这个调解平台会一直为你们敞开着"而告终，但是时间是检验工作成效的最好方式。随着时间一天天过去，双方之间的分歧和焦点慢慢集中起来，关系也出现了转机。因此，调解员一方面对当事人继续疏导开解，另一方面密切关注加装电梯施工的情况，对当事人的配偶和周边业主的反应和动向也进行了持续跟踪和侧面推动。正是调解员的锲而不舍，一次次将双方从"话不投机""面红耳赤""暗潮涌动""不欢而散"的场景中拉回来，最终将双方的距离一步步拉近。令人欣慰的是，功夫不负有心人，在调解员的不懈努力下，双方最终捐弃前嫌，握手言和。

10 月 18 日中午，双方当事人在上城区"访调对接"工作室签订调解协议：双方一致同意本单元加装电梯并表示要对加装电梯过程中的合法化、规范化进行共同监督。考虑到电梯安装的位置恰好贴近一楼业主家房屋，确实给其带来噪声、采光、通风等方面的实际影响，故其他业主自愿给予一楼业主适当的补偿。此外，双方一致认为，要加强电梯与房屋的整体协调性和美观度。"当时，我们就是这样互相看了一眼，内心瞬间出现莫名的谅解，感觉彼此都该'放下'了……真诚地感谢你们，谢谢你们！"双方当事人后来握着调解员的手异口同声地说。此刻的"访调对接"工作室里，充满了阳光，平添了更多的温馨。这起为期近半年之久的既有住宅加装电梯纠纷引发的信访案件得以成功化解。

◈ 案例点评

老旧住宅小区加装电梯工作的出发点和落脚点都是便民惠民，然而在实际操作过程中难免遇上各种困难，其中业主意见不统一就是最大的阻碍。电梯加装引起的纠纷也不是个例。作为实施主体的业主，其在操作过程中会受到业主间对政策法规的不同认识和加梯工作的不同立场、平时邻里间关系、小区原有环境状况、施工管理的专业性及电梯后续使用管理等各方面因素影响。本案涉及的法律法规和政策有《中华人民共和国民法总则》《中华人民共和国物权法》《杭州市人民政府办公厅关于开展杭州市区既有住宅加装电梯工作的实施意见》（杭政办函〔2017〕123 号文件）。调解员在接手此起案件后，依据上述法律法规和政策帮助当事人解读释疑，并能从围绕中心、服务大局的高度去看待和调处这类新型矛盾纠纷。本着不懈努力只为解决问题的态度，以"缓和双方情绪、控制事态发展、兼顾双方合法权益、及时缓解矛盾纠纷"为目标，从调和邻里关系入手，充分发挥人民调解参与化解此类纠纷所具有的独特优势。本案中，调解员运用感化调解法，即启发双方当事人转换角色、换位思考，在考虑个人得失的同时，也要替对方着想。另外，调解员还通过背靠背、面对面等多种方式，运用实际问题解决、换位思考、利弊分析、情感融入等多种调解方法，找准双方争议的焦点，找到双方矛盾的突破点和切入点，最终定分止争，化解了一起棘手的信访案件，让业主们愉快地圆上"电梯梦"！同时，也为今后人民调解参与化解此类新型矛盾纠纷提供了参考、积累了经验。

电梯运行一小步　和谐社会一大步

◈ 案情简介

　　杭州市上城区某小区属于典型的市中心老旧小区，老龄居民比重很高，居民们对加装电梯的愿望十分迫切。早在 2017 年下半年，上城区率先试点既有住宅加装电梯工作期间，某幢三单元高层住户老何等人就牵头发起加梯申请并办理相关流程手续。然而，由于对文件政策和加装位置等具体问题存疑，加之担心电梯安装后带来的通风、采光等影响，三楼住户老万（化名）表示反对。2018 年 8 月，因所在社区、街道多次出面调解无果，加梯发起方业主代表在态度和情绪上一度剧变，开始强行施工，老万一家则毫不示弱，直接坐在施工现场进行阻挠，矛盾瞬间激化。

◈ 调解过程及结果

　　2018 年 11 月底，上城区调委会受社区邀请介入调解，但因老何等业主就加梯受阻而导致的经济损失对老万提起了民事诉讼，调解暂停。2019 年 4 月，在上城区人民法院的建议下，双方再次申请人民调解。5 月 13 日，上城区调委会启动第二轮调解。调解员就《中华人民共和国人民调解法》及调解相关程序做了重申。然而，双方一坐下来就自说自话、针锋相对。为了避免"纸上谈兵"，调解员领着大家去实地察看。经过现场测量及与电梯厂家沟通后，双方当事人在情绪和态度上得到缓解，并达成初步意向将电梯位置略微移动以免影响采光，这待电梯厂家和设计单位论证后加以明确。

5月17日，老万夫妇气呼呼地来反映，老何和电梯公司人员私下达成了一致，坚决不同意移位，要求采用原先的方案。如果移位，产生的费用由老万负责。核实后，上城区调委会即与区人民法院、区加梯办联系并决定于5月24日召集各方当事人进行一次联合调解。5月24日，双方当事人和业主代表及区人民法院、区加梯办、街道、社区、电梯厂家的代表悉数到场。会议在公布此前双方达成的初步设想并与当事人确认后，请与会单位代表从各自的专业角度分析利弊。区人民法院法官结合《中华人民共和国物权法》和《杭州市人民政府办公厅关于开展杭州市区既有住宅加装电梯工作的实施意见》等有关规定，针对适用法律政策依据、诉讼的负面影响等进行解读和说明；区加梯办代表着重对审批流程、位置平移带来的变更手续、加梯补贴政策等进行了阐述和解释；电梯厂家则根据不同方案给出了大致预算。听完分析后，老何希望老万能做出让步，不要再计较这"几厘米"了。老万则认为电梯安装既要照顾大家，也要尊重和顾及小家，故坚持要求电梯移位。其他业主代表历数申请加梯以来的辛苦和不易，情绪激动。

为打破僵局，保证调解能在理性的态势中持续推进，调解员发挥调解的独特优势，结合邻里关系的维护与彼此容忍谦让的义务及社会主义核心价值观的宣导等，动之以情，融情入理，先是安抚了业主们的情绪。接着，要求各方结合自身专业，综合考虑并提出合理化意见。随后，调解员与区加梯办、电梯厂家代表就老万关心的采光、通风和电梯移位幅度大小等问题，在技术处理、方案科学性、合理性等方面进行了反复比较说明；再与法院同志从楼房间距、个人隐私、出行方便性等各个方面耐心劝说；又与街道、社区人员就邻里关系、公序良俗再对双方背靠背进行了正面引导。经过一次次的反复疏导后，老万感受到了各部门人员推进加梯工作的热忱之心、真切之意，也逐渐放下了心中芥蒂，慢慢地也不再执着于原来要求的尺寸了，只希望尽量减少施工影响。老何当即代表加梯小组和楼上业主感谢老万的理解和支持。

最终，双方当事人在大家的共同见证下，友好签订了调解协议：一致同意加梯，由双方当事人共同参与监督电梯施工。由于双方已达成和解，故申请法院终止审理此案，老何等人撤回诉讼。

截至同年9月底，电梯主体施工已经结束，电梯进入调试运行阶段。老何高兴地说："中华人民共和国成立70周年之际，我们也能坐上自己家的电梯了！

电梯运行一小步，和谐社会一大步，人民调解当真是利民惠民啊！"

◈ 案例点评

根据《杭州市人民政府办公厅关于开展杭州市区既有住宅加装电梯工作的实施意见》，既有住宅加装电梯工作遵循"业主主体、社区主导、政府引导、各方支持"的原则。既有住宅加装电梯应当经本单元、本幢或本小区房屋专有部分占建筑物总面积三分之二及以上的业主且占总人数三分之二以上的业主同意并签订加装电梯协议。拟占用业主专有部分的，还应当征得该专有部分业主的同意。对市区范围内四层及以上的非单一产权既有住宅加装电梯，政府给予20万元/台的补助，涉及管线迁移所需的费用则由各管线单位和政府共同承担。

对于老旧小区而言，加装电梯无疑为大部分业主提供了出行便利，也改善了居民的生活环境。但加装的过程常常会引发各种各样的矛盾纠纷，如统一业主意见、费用分摊、后期维护等。虽然电梯加装规定只要三分之二及以上业主同意即可，但实际上，只要有一户反对，后续的勘测、设计、施工等都很难进行。不仅如此，纠纷涉及人数众多，事情处理不好，将会严重影响邻里关系，不利于社会和谐稳定。这时就要充分发挥人民调解化解矛盾、排忧解难的优势与作用。

电梯加装是一种居民自治行为，人民调解作为中立方要注重法、理、情相结合，按照有利生产、方便生活、团结互助、公平合理的原则，兼顾各方利益，做好正面引导，通过合适途径巧妙化解纠纷。在本案例中，对于反对方或有异议者，调解员始终持积极促成的态度，耐心劝导其正确处理当前利益和长远利益，从改善生活环境、建立和谐邻里关系出发，提出合理诉求；对于发起方或支持者，调解员及时疏导、缓解当事人过激的心理情绪，正面引导其多换位思考，将心比心，互信互谅。具体调解中，调解员始终把"和善"作为工作主基调，力促双方求同存异，化解心结，拉近距离，并积极调动各方力量共同推进，从不同专业、不同角度、不同利益来寻找切入点和突破口，最终促使双方达成共识，保障旧宅加梯这项惠民政策真正落到实处、惠及百姓。

（本案例选摘自《人民调解》杂志2019年第10期，被评为该年度最受欢迎"十佳文章"之一）

加梯恐雨水倒灌　调解献计平纷争

◈ 案情简介

2021 年 6 月初，上城区某老小区的业主曾某、成某等提出加装电梯，并于 6 月中旬自发组织了第一次业主会议，当时一楼鲁某并没有参加。之后，楼上业主按照"两个三分之二、两个四分之三"的政策程序进行表决，继续推进办理加梯相关手续。9 月初，一楼业主鲁某家人突然发现电梯安装公司施工单位已进驻该单元楼下施工，故当场进行阻止。楼上楼下业主在现场发生了口角争执，经报警后被劝止，加梯施工暂停。一楼业主鲁某随后书面向街道、社区提出反对加梯的意见，同时对加梯政策和施工要求等提出疑问并致电 12345 进行信访。其间，街道和社区几次出面召集当事人进行调解，但双方都不能达成一致意见。9 月中旬的一天下午，街道加梯办负责人邀请上城区调委会调解员联合进行调解，并召集社区代表、施工方电梯厂家和杭州市政单位的相关人员，以及反对方业主鲁某、申请方业主代表曾某等在社区会议室进行面对面调解。

◈ 调解过程及结果

调解会上，调解员在倾听街道、社区有关该单元前期加梯申报实施有关情况介绍后，重点听取了反对方业主的意见和主要诉求。一楼业主鲁某表示，该单元加梯是楼上业主的强势行为，与之相比自己是弱势方，而加梯实施是"欺人太甚"，且过程中其应有的权益被忽视了。同时对加装电梯后给其带来的影响提出了个人观点："难道法律只维护楼上业主权益吗？谁来保障我的权益？30 年前的老房子，基础本身就差，加梯可能产生一系列后果。"另外，他还就具体反对理由进行了详细的说明：一是电梯加装施工，基坑开挖、管线改道铺设等对一楼住户可能会带来"雨水倒灌"的问题；二是电梯加装后，人行通道改变，人员进出对其带来干扰；三是电梯加装给楼上住户带来了大大的方便和实惠，而对一楼住户却没有任何好处，反而带来了采光差、通风差及房价降低等诸多不利因素。楼上业主代表则拿出一沓资料往桌上一扔，表示："我们加梯是区里审批过的，是合法的。一楼业主故意阻挠施工，我们可以告你！"

针对一楼业主一股脑儿地"倒苦水"和提出的疑问，调解员适时表明立场，解读了市政府推出加装电梯的初衷："几十年前造的房子，原本就没有装电梯的设计。如今房子老了，里边住的人也老了，腿脚不利索，出行不方便，装电梯已成为时下的迫切需求！所以，这也是市政府为了增进人民群众民生福祉的关键小事和民生实事。"随后，调解员请电梯厂家施工单位项目负责人就加梯带来的采光差、通风差等问题进行了举例类比解释，同时就"雨水倒灌"问题的可能性进行分析并提出了调整改进的具体预防措施，从技术处理上消除一楼业主的顾虑和担心。随后，又请杭州市政部门的技术人员给一楼业主详细分析并在技术上给予指导把关。针对政府鼓励加梯的惠民政策和奖励补贴方案等，调解员和街道加梯办负责人再次做了耐心解读，对当事人进行了沟通疏导和劝解。经过协调，各方当事人的情绪得到了缓和，相互间传递了和解之意，初步达成了解决方案和补偿意向，并约定3天后完成图纸修改，楼上业主代表回去统一相关补偿意见后再签订和解协议。

然而，事情并没有想象中那么顺利！就在约定期间，加梯申请方业主之间虽对"雨水倒灌"问题进行修改调整的方案没有意见，但对补偿的数额、方式和兑现时间等无法统一。为此，调解员与街道加梯办负责人专门与当事人从法、理、情各个角度进行反复沟通和劝导，以逐步拉近彼此之间的距离。时逢国庆长假，楼上业主见久久未能达成一致，认为"没必要浪费时间"，所以单方面提出"边开工边洽谈"，并通知电梯厂家进场强制施工，从而导致一楼业主更加不满，再次到现场阻止并投诉，双方关系陷入紧张。一楼业主鲁某义愤填膺地向调解员打电话反映："楼上业主一边假借调解欺骗我们，一边趁国庆放假我们外出通知厂家强制施工，真是太过分了。"不仅如此，他还提出了新的问题："施工单位野蛮操作，将挖出的土全部随意堆在了一楼住户的窗口，气味难闻，影响其生活。""电梯厅的通道要由单侧通行改成两侧通行，否则以后人来人往噪声太大且货物搬运也不便。另外，街道、社区人员为何不作为？他们这样视而不见，一味维护楼上业主利益，全然不顾我们的感受。我会继续信访反映，同时针对楼上业主强制施工，我也不怕打官司，将拿起法律武器维护自己的权益！"听了一楼业主滔滔不绝的"苦水"和"怨气"，调解员及时进行了劝慰和安抚，随后马上跟进，避免矛盾激化。一方面与电梯厂家和街道、社区等进行了专门沟通，然后实地走访该单元楼现场，并察看大楼的位置结构、周围环境等情况，进一步向小区物业、周边邻居等做了侧面了解；另一方面背靠背对双方业主代表进行了耐心疏导。由于几位业主白天都忙于工作，调解员就改在晚上通过电话进行沟通，以心交心，不厌其烦地晓之以理、动之以情，有时电话一打就是两个小时。精诚所至，金石为开，终于将双方当事人重新拉回到了调解桌前。

2021 年 10 月 20 日，上城区调委会召集街道加梯办和社区代表、市政单位技术人员、电梯厂家代表及双方业主代表等在社区会议室进行面对面调处。与会各方对加梯施工图纸局部调整改进方案和加梯政府补贴分配方案等进行面对面的友好协商，并逐一核实确认，最终达成和解协议：一是各方当事人一致同意共同推进该单元楼加装电梯，并在具体实施过程中做到合法化、规范化施工，尽量减少对一楼业主的干扰和影响，双方共同予以监督。二是各方一致确认，按照经市政部门技术把关和当事人确认后的预防"雨水倒灌"的技术处理方案和单元门人行通道变更调整的优化方案图纸进行施工。三是鉴于该单元加梯给一楼业主带来相关方面影响，加梯申请方的业主同意给予一楼业主一定的经济补偿。至此，该单元楼的加梯信访纠纷得以圆满化解。该台电梯已于当年年底前完成施工并投入使用，业主们如期在春节期间愉快地坐上了电梯。

◈ 案例点评

电梯加装引起的纠纷不是个例，而且每个小区因自身环境、条件不同引发的纠纷也各有不同。看似是邻里间的"小纠纷"，但是稍有不慎就会升级，导致信访或诉讼，甚至激化为治安刑事案件。本案中，调解员在受邀参与调解后，能从围绕中心、服务大局的高度和平等对待各方业主利益诉求的角度，站在第三方公正立场，本着不懈努力只为解决实际问题的态度，以"缓和双方情绪、控制事态发展、兼顾双方合法权益、及时缓解矛盾纠纷"为目标，从依法依规、至真至诚、入情入理地调和邻里关系出发，多方动员，群策群力，通过背靠背、面对面等多种方式，运用释法析理、利弊分析、换位思考、情感融入等多种调解方法，最终定分止争，息诉罢访，让业主们愉快地圆上"加梯梦"，避免了一场因旧宅加梯可能引发的邻里官司！

调解加听证互动　法理情到促事成

◈ 案情简介

"我家老父亲今年 84 岁了，住在四楼，腿脚又不好，还有不少老年病，真是上不得也下不得，我们家真的很迫切需要加装电梯。"杭州市上城区湖滨街道 W 小区 Y 单元业主翁阿姨见到街道社区人员一行察看单元现场，就迫不及待地上前拉着街道加梯办同志的手如是说。"我们单元共 14 户，光 80 岁的老人就有 10 人，就是一楼两户业主反对。其中一户还提出几十万的补贴要求。旁边二单元加装电梯都一年多了，但我们单元就是因为一楼两户业主的反对，加装电梯迟迟无法进行，我们真心希望社区和街道能帮助我们早点解决我们单元的加梯问题，使我们能够像二单元一样享受国家的加梯政策，让我们这些老人能早点坐上电梯。"另一位林阿姨补充说。

据了解，W 小区 Y 单元的高层业主早在 2018 年就根据市政府有关老旧小区加装电梯相关政策发起加装电梯申请，但是遭到一楼两户业主的强烈反对。社区、街道曾多次组织双方调解，但由于一楼两户业主坚持反对意见和高额补偿要求而一直无法推进。此次，街道加梯办邀请上城区调委会调解员、街道法律顾问等一起调处，就是为了能尽快化解该单元矛盾，争取和谐加梯。

◈ 调解过程及结果

随后的调解会上，高层业主代表倾诉加梯的迫切需求及希望一楼业主能给予理解和支持的愿望。一楼 101 业主定居美国无法到场，社区几次电话沟通，都表示是碍于 102 业主的交情和面子而不同意，坦言"装不装无所谓，只要 102 业主同意我们也没意见"。当天，一楼 102 业主虽然到场了，但是在街道加梯办和高层业主代表讲述加梯申请的理由和纠纷过程之后，102 业主指出："楼上老年人的情况我也了解和理解，我自己的父母亲也年纪大了，正因为他们年纪大了，为此前几年我把他们从原来住的五楼置换到了这个小区房价更高的一楼。楼上的如果觉得不方便也可以想办法置换啊，为什么一定要加梯呢？而且加梯是你们楼上得利，我们一楼又没有任何好处，还影响采光、通风，房价，这个损失谁来承担？……其实这个事情没什么好调解的，我们几次都明确表达过反对意见。如果你们一定要装，那么你们就按照当时置换的差价补偿给我 35 万元好了。"之后，他也未给各方进一步沟通的机会就自顾离开了。面对一楼业主"拒调"和 35 万元的补偿要求，与会人员陷入了沉思。

会后，上城区人民调解协会与上城区尚法教育服务中心这两个社会组织和街道加梯办专门召开了助推加梯工程的研讨会。会上大家一致认为"调解＋听证"的模式或许可以探索和尝试，由尚法教育服务中心牵头，利用律师志愿者和调解员的资源优势，借鉴法院和仲裁的形式完善相关流程，创新推出"加梯听证会"模式。

2021 年 8 月，首场加梯听证会在街道党群服务中心举行。这次会议受街道委托由尚法教育服务中心承办，组织了由资深律师、调解员、民意代表、电梯技术专家等组成的 5 人听证团，加梯申请方和反对方各委托援助律师、业主代表参加了会议。街道加梯办、社区的相关工作人员参加会议并发言。

听证会上，双方援助律师依据相关法律和《杭州市老旧小区住宅加装电梯管理办法》等政策，围绕该单元加装电梯与否进行事实与理由的陈述、辩论，在充分尊重双方权利的基础上，倾听意见，公开对话。"楼上业主老年人比例大，70 岁以上占 80%，80 岁以上占 60%，且其身体状况都不太好，腿脚行动不便，他们对加装电梯需求迫切……而且我们已经按相关管理办法进行申报审批，业主表决符合相关规定。为什么你们要反对？"申请方代理人如是说。"加梯对楼上业主有百利而无一害，但对我们楼下业主的影响是巨大的。首先，采光、通风、噪声等肯定有影响。其次，房价也会因装电梯而下降。"反对方代理人则据理反驳。听证团倡导双方在依法有序的环境下，摆事实、讲法理，主张己方的合理诉求，反驳对方的主张，来切实维护各方应有的权利。针对各方提供的证据材料，听证团适时对街道、社区及加梯实施单位、设计公司等进行询问调查、核实确认。其间，听证团还针对相关争议焦点进行梳理分析，并引导双方协商解决争议，询问当事人针对加梯设计方案和补偿问题是否同意调解等。最终，听证团成员依法依规、综合评议，从法理上给出是否加梯的中肯意见，出具评议报告，供街道、社区提交区加梯联审会参考。

虽然评议报告已出具，但是纠纷案件并没有因此了结，调解也并未结束。为了促使该单元能和谐加梯，听证团成员还及时关注双方对评议报告的反应，对于反对方有关法理上的疑问进行及时回应和解释，就补偿问题与双方进行背靠背的沟通磋商，不断拉近距离，最终取得谅解，签订和解协议。该单元老年朋友们的加梯梦也终于如愿以偿。

◈ 案例点评

老旧小区加梯是政府推行的一项深得民意的民生工程，实实在在给一大批老年人提供了通行便利，但因加梯工作涉及方方面面的利益，特别是遭到低层业主的反对，致使加梯工作陷入停滞。政府考虑到大部分居民群众要求加梯的呼声已很高，因此为能合法、有效实施该项工作，保障各方的权利，促进小区的和谐稳定，也在积极推进加装电梯的实施。本案中，上城区人民调解协会、上城区尚法教育服务中心这些社会组织和社会力量能积极参与到助推民生工程项目落实落地过程中，并积极开动脑筋，创新思路，探索"调解＋听证"模式，将法、理、情有效结合起来，充分发挥了自身法律专业和调解特色优势，充分展示了"社会协和"的积极作用，为打造基层社会治理共同体彰显力量。本案加梯听证会的成功举行，为后续加梯工程的依法有序推进提供了很好的参考，得到了住建部门的高度肯定，也赢得了广大业主的普遍肯定与认可，也随之成了老旧小区加梯领域的"杭州经验"。

望家兴叹不能归　调解助圆电梯梦

◈ 案情简介

　　事情还要追溯到 2018 年，Y 小区某幢某单元共有 12 户业主，65 岁以上老年人 10 位，70 岁以上 8 位，90 岁以上 2 位。高层的业主听说杭州市出台老旧小区加装电梯的惠民政策后兴奋不已，盼着早日装上电梯。可是当高楼层业主提出申请后，第一时间就遭到了楼下业主的强烈反对。尽管社区多次上门做工作但是无功而返。此后，一晃 3 年便过去了。2021 年 9 月，楼上业主再次启动加梯申请。申请方业主按照杭州市老旧小区加梯政策相关规定，征求本单元全体业主的意见并进行表决。本单元共 12 户参与表决，其中有 9 户同意，表决结果在小区楼道上进行了公示。之后社区收到 102、201、301 这 3 户业主的联名签字，就加装电梯带来的通风、采光、噪声等影响方面提出了书面反对意见。

◈ 调解过程及结果

　　因加梯双方业主间不能达成一致意见，邻里关系一度紧张。为此，社区、街道等多次上门沟通做工作，并于 2021 年 10 月、11 月两次组织双方召开加梯协调会，同时邀请相关电梯厂家和设计单位就前期的勘察设计结果等进行通报：加装电梯不会给一、二楼业主带来安全问题；电梯位置朝北，对采光也不太会带来实质性的影响；现有电梯技术符合国家标准，不会带来噪声影响。但是，反对方业主始终表示不同意加梯，而且还提出了因小区有地下车库，加梯可能还会带来安全问题，同时表示没有妥协的可能。

面对政府加梯惠民政策迟迟不能落地，想到一边是申请方楼上业主实际出行困难和加梯的迫切需求，另一边是反对方楼下业主坚持己见，自我保护意识强烈，假设性理由一堆，街道和社区工作人员尽管心中着急，但也束手无策。

2021 年 12 月，属地街道专门邀请了上城区人民调解协会的调解员和资深律师组成联合调解小组，在上城区社会治理综合服务中心调解室内就该单元加梯纠纷事宜展开调解。

调解会上，调解员首先倾听了加梯申请方与反对方业主代表对本单元加梯事宜的意见与理由。加梯申请方业主代表表示，前期高楼层业主响应市政府加梯政策，专门成立加梯实施小组，按程序要求完成了本单元业主意见征询和表决等工作，公示时遭到了楼下业主的反对，但是根据表决结果，赞成加梯的票数比例已达《杭州市老旧小区加装电梯管理办法》的相关规定。所以，楼下业主的反对是无理的，希望街道、社区能给予支持申报加梯。该单元 602 室业主的儿子在会上情真意切地向调解小组诉说："我父亲今年 99 岁了，8 年前遭遇车祸至今行动不便。母亲 95 岁，患有阿尔茨海默病，有残疾证。就因为没有电梯，父母两人没法住回小区自己家里来，真是有家不能归，望楼兴叹啊！人总有百年之期，作为儿子的我总希望在他们有生之年能陪在身边尽孝。原本兄弟姐妹们说好，谁住父母亲这个房子，谁来尽孝，现在弄得大家心里都有想法。父亲出车祸之后，我更是没脸面对他们，因为房子我在住着，父母却没能接来身边照顾。我自己今年也 72 岁了，老婆 73 岁，她做过关节置换术，平时楼梯走不动，万一发生什么情况更加不行了。前两年她摔过跤，半条命都没了，行动非常不便，只能背她上下楼。我恳请各位街坊邻居互相谅解，帮帮我，毕竟大家都是住在同一幢楼。本来我作为长子要给兄弟姐妹做个榜样，但如今都是他们在照顾父母。我感到非常愧疚，真的十分希望我的老父老母能早日回家。"听了楼上业主的真情诉说后，楼下业主却是另一番说法："每个家庭都有自己的难处，我们也理解。但是加梯对我们楼下影响太大了，通风、采光、噪声自不必多说。另外，我们这个楼还有两个特殊地方：一个是我们这幢楼东边有裙楼商铺，将我们楼遮挡了很多；另一个是地下车库，加梯挖地基肯定对我们的安全有影响。所以我们不同意加梯，也是为了大家的安全着想。如果楼上有电梯需要，可以搬家呀，大可以置换成电梯房啊！"话语中明显透着不和谐的音调，对加梯等抱着坚决反对的态度。对此，调解员并没有多做评价，而是请属地街道、社区、电梯公司等有关人员就该单元加梯工作的申请经过、设计方案、技术问题及相关资料证据等进行介绍。对于楼上业主提出加梯申请，到目前为止在操作程序上是否符合市政府加梯规定做了核实确认。就加梯设计方案、地下车库与加梯基坑的安全问题等着重听了电梯公司技术人员的阐述解释。对于反对方提出的裙楼商铺位置情况和在地下车库上加梯的安全顾虑问题，调解小组倍加重视，询问电梯公司有无类似的成功案例，并建议相关方会后一起实地走访查看。

调解小组首先来到 Y 小区该单元拟加梯现场，对现场环境情况进行勘察。由于单元楼坐北朝南，加梯位置又在楼北面，而反对方提出的裙楼位置是在东北方向，并没有给该单元楼带来实质性影响。随后，调解小组一行又驱车专程前往萧山某小区实地走访了同样在地下车库上加装电梯的成功案例。该小区加梯实施公司对在地下车库上加梯实施的具体技术要求、技术处理等做了详细的介绍："此类加梯采用的是'浅底坑'加梯，在安全方面已经做了相关论证，其实业主们尽可以放心。像这样在地下车库上加梯的小区蛮多的，单单这个小区的同类型电梯数就已达 42 台之多。"通过走访小区物业公司和个别居民，调查小组发现这些电梯日常使用情况良好，群众反映也都是不错的。实地走访回来后，调解小组还根据电梯公司的建议，查阅了有关"浅底坑"加梯的相关信息资料，循着《都市快报》有关这方面的介绍报道，对其他区县的类似小区的加梯实例做了进一步了解和核实。

在多方求证核实的基础上，调解小组再次召集各方在街道矛调中心进行面对面调解。会上，调解员根据双方提出的有关问题和疑虑，结合此前实地走访求证的相关意见做了详细反馈，正面回答了反对方提出的有关裙楼遮挡和地下车库上加梯的安全问题。并请电梯厂家就本单元加梯可能带来的采光、通风、噪声等问题做了数据上的通报和解释。同时，还邀请电梯技术专家就相关技术处理和安全性问题等做了专门的解读释疑。然而，在听完一系列反馈说明之后，反对方依然表示反对："在加装电梯过程中，我们日常生活肯定会受到影响，很不方便。而且加梯后，你们高楼层的房价上涨了，而我们低楼层的房价下降了。"随后，调解小组从法律角度指出，容忍义务是处理好相邻关系的核心，另外他又从"远亲不如近邻""与人方便与己方便"和维护邻里关系的角度进行融情入理地劝说。针对房价涨跌问题，调解员也劝说道："房子是住的，不是炒的。几十年住在这里,房价再高也不会轻易卖的。所以,不要太在乎房价涨跌问题,因为这也没有一个明确的数字可以去衡量,毕竟有涨有跌对吧? 不过,对于施工过程中和加梯后多少对楼下业主带来一定的生活影响和视觉上的差异,建议楼上业主给予低楼层业主一定的补偿,具体金额可以协商。"听了调解员的一番说辞后,双方的注意力也随之转向具体补偿的协商上。虽然双方一开始的补偿标的差距有些大,但是经过各方多次反复劝导后,最终一致同意选择参照周边加梯纠纷协商结果与补偿标准处理。依据加梯受影响程度不同,酌情给予一、二楼业主一次性货币补偿。对于三楼的反对方业主,调解小组并未支持补偿,但也给出了建议:按同楼层加梯分摊费用出资,加梯后也按比例同等享受加梯奖励。加梯申请方也在会上发出了诚意邀请。最后,双方签下了调解协议,同时对本单元加梯项目进一步深化设计方案的具体要求、具体费用分配分摊方案的制订、补偿金额与支付时间等细节问题一并进行了明确。

◈ 案例点评

　　自2017年起,杭州市开始推进老旧小区加装电梯工作,并将此列入市政府"十大民生实事"。但是因老旧小区房屋建筑年份较早、其房屋结构及周边环境对加梯有一定限制,以及加梯前后对高层业主与低层业主带来的直观影响等,加梯工作具体实施起来面临很多问题,尤以本单元低层或邻幢楼住户的反对声较为突出。常规的民事纠纷, 般优先采用调解方式进行化解,比如上城区清波街道涌金花园、后市街、湖滨街道未央村、枝头巷、见仁里等20多起加梯涉访涉诉纠纷就是在调解后促成和解的,从而顺利推进了加梯工作。本案中,在街道、社区两次调解的基础上,街道邀请区人民调解协会的调解员和区尚法教育服务中心的资深律师共同参与联合调解。调解小组采取实事求是的态度,坚持法、理、情相结合,从倾听诉求、调查问询到走访现场、察看范例,再到方案细化、技术支持、安全论证等,逐一跟进协调,最终促成和谐加梯。正是调解小组成员敬业的工作精神和强烈的责任心,使得小区电梯加得安心又放心。

一方加梯邻里急　多方协调解难题

◈ 案情简介

2021 年上半年，杭州市上城区 H 街道某小区一单元高楼层业主按照《杭州市老旧小区住宅加装电梯管理办法》的规定发起加梯申请。虽然本单元的业主们在表决时均投了赞成票，但是在推进实施过程中，还是遇到了不少问题：与隔壁单元个别业主之间发生争议，理由是电梯占用公共用地同时涉及自行车停车棚等。由此，该加梯项目被迫暂停。街道、社区几次上门协调未果。时间一晃到了 2022 年 3 月初，一单元业主再次发起加梯申请，希望街道能帮助协调其与二单元业主的争议问题。经由该街道加梯办邀请和委托，上城区调委会受理调解。

◈ 调解过程及结果

上城区调委会在听取街道加梯办工作人员对相关案情的介绍后，委派两名金牌调解员介入调解。调解员首先来到小区一单元申请加梯项目现场进行实地走访察看。据了解，该幢房屋原是 20 世纪 90 年代的单位职工宿舍，后进行了房改。房屋坐落格局比较特别，呈 L 形，一单元与二单元刚好于转角接壤，一单元进出门朝西，而二单元进出门朝北，两门之间空间较为狭窄，一单元如欲加梯则须往西北侧外移，这样就影响到二单元加梯位置、一单元北侧的消防通道、二单元北侧的自行车棚，同时电梯的连廊也必然会影响到二单元东边套住户的厨房外墙。此前一单元委托电梯厂家出具的初步设计方案，牵扯到了二单元，自然就收到了反对声。

3月中旬，上城区调委会召集街道民政科、城管科，社区，一单元业主代表和电梯总包单位负责人及相关设计人员等先开了个会，对该单元加梯的方案及前期一、二单元发生争议点和发生争议的原因等进行了进一步梳理和核实。中途与会人员还一起来到单元楼前现场勘察、测量，反复对照图纸进行比较和核实。同时结合相关争议问题，尝试在方案设计、安装材料、技术处理等方面进行优化改进，探寻解决方案。考虑到两个单元门的位置本就贴得很近，如果两个单元分别加梯，那门前位置空间肯定不够，如果一味往北移，虽然两个电梯可以并列加装，但是会影响消防通道。所以，区调委会决定分头协调：一方面，调解员带着业主代表拿上设计图纸前往消防大队咨询求助；另一方面，调解员与街道城管科、社区人员等前往该宿舍楼原产权单位某银行房管科就二单元二楼公房及自行车棚拆改等事宜进行沟通、协调；功夫不负有心人。经过对接沟通，该事件得到了消防大队领导的高度重视，随后消防大队派员来现场进行指导并对电梯向北移位最大化给出意见。银行这边也表示，对于宿舍楼所在小区改造提升和加梯工作均表示支持，会给予全力配合。在对本案涉及的主要问题和相应处置备用方案做到心中有数后，区调委会正式开展面对面调解。

3月底的一天下午，区调委会会同街道、社区，召集一、二单元的业主代表和该电梯项目总包单位的负责人及设计人员等在社区调解室内进行了面对面调解。会议开始后，调解员对调解的相关程序与原则以及双方的权利义务等做了说明，然后请一、二单元的业主代表分别陈述申请加梯和反对加梯的理由。但是，二单元的业主代表明显带着疑惑和防备，陈述中也句句坦露"丝毫不能吃亏，寸步不让"的意思。在一单元业主代表说道"本单元的事儿应该本单元做主，二单元有什么权利反对"时，他还一度与一单元业主代表发生了争吵。调解员及时进行安抚，并真诚劝说道："加梯固然是本单元的事儿，按规定也是由本单元业主集体表决的。但是，由于你们这个楼情况特殊，单元门口空间实在有限。前期你们双方几次协商都无法达成一致意见也情有可原。现在有个契机，就是小区面临局部旧改提升，建议将单元加梯与旧改提升结合起来。我们主张民事民商、民事民决，小区改造提升的事儿后面还要大家商量着办。只有大家友好协商，才能让这个小区变得越来越好。"见到双方情绪有所缓和，接着，调解员请街道加梯办结合《杭州市老旧小区住宅加装电梯管理办法》等有关规定，就一单元提出加梯申请、相关流程及遇到的问题等做了简单回顾，就反对方提出的理由等做了回应。随后城管科和社区对下一步小区旧改提升规划和对自行车棚拆除等事宜进行了说明。最后，由一单元电梯总包单位对前期与相关部门协调的结果和优化调整后的加梯设计方案进行详细介绍，并就二单元业主关心的问题进行重点说明。二单元业主代表在听完相关介绍，知道此前提出的问题一一得到对应处理后，露出了诧异的表情，一下子陷入了出乎意料的沉默。会议现场，二单元三位业主代表经过短暂的交头接耳后，直接向街道加梯办提出申请："我们二单元也要加梯！我们的位置要留好。"与会人员不自觉地都笑了，接下来的协商氛围变得轻松而愉悦起来。其中有人还提议："要不两个单元一起加一台得了，成本也省点。"这倒是一个不错的主意，不过考虑到一单元加梯工作已经进行到中途了，二单元尚未启动，如合并又牵扯到重新开始流程和费用分摊等问题，故就此作罢。接下来，在推进具体细节方面的协商就比较顺利了。关于电梯位置，电梯门的开门方式，廊道与一、二单元中间接壤处转角墙的衔接及窗户玻璃的材质等一系列问题，都在与会人员的协助下由一、二单元业主共同商量逐一敲定，并最终达成一致意见。

双方就该加梯项目相关事项做调整并尽快推进等事宜签订了调解协议：（1）一单元原电梯设计载重为 630 千克，电梯开门方式为中分门，现在为了减小对二单元和本单元的采光影响，电梯载重变更为 450 千克，电梯开门方式为旁开门。电梯门朝南，往电梯东旁开门。（2）原过道平台设计是全铝合金窗户，下面 1.2 米固定玻璃加铝合金栏杆，1.2 米以上为悬窗可开启，现为了加强空气流通及采光，两侧都修改为下面 1.2 米固定玻璃加铝合金栏杆，1.2 米以上全敞开。其中电梯的西侧廊桥靠近电梯侧设置宽 500 毫米的固定挡雨玻璃。（3）电梯与东面墙体水平距离为 650 毫米，电梯外厢北侧与原房屋北侧墙体齐平。（4）廊道尽头（靠 04 户）以及楼梯进电梯过道处设置不锈钢栅栏封闭，其中女儿墙保留，在女儿墙上部做不锈钢栅栏封闭。其中三楼原墙体凿除后全部做不锈钢栅栏封闭。（5）同意为 304 室北侧卫生间窗户的窗页提供改向改造。（6）一单元所有 01 户的西侧墙体如发生渗漏情况，且经鉴定是由于本单元加装电梯项目造成的，所有相关维修费用由一单元加梯维修基金承担。（7）考虑到一单元厨房的公共楼道排烟问题，同意在不影响相关安全规范的情况下，由加梯项目组将楼道内的厨房排烟管统一接到楼道原垃圾竖井通道，并打通垃圾竖井通道顶部的排烟口。

◈ 案例点评

　　老旧小区住宅加装电梯工作是市政府推出的一项民生实事工程，可以说是惠及老年群体的一项政策性红利，但是电梯加装这件事的具体操作是一种居民自治行为。业主站在各自的角度从本单元的利益出发，在房屋格局特殊、公共空间有限等情况下，隔壁单元加梯确实影响本单元的实际利益，这时调解员作为中立方不能简单地套用法律政策试图说服反对方，而要特别注重与情、理方面相结合，更要充分尊重各方权益，从提升站位、变换角度、通盘考虑来协调。本案中，调解员从解决实际问题、改善生活环境、建立和谐邻里关系出发，按照有利生产、方便生活、团结互助、公平合理、互利共赢的原则，兼顾各方利益，做好正面引导，通过自己多跑腿、多沟通、多协调，站在各方立场去思考、去推进，通过协调各方力量，挖掘、整合资源，利用合适途径，巧妙化解纠纷，最终实现和谐加梯，值得点赞。

多因致使加梯难　抽丝剥茧把纷解

◈ 案情简介

上城区 H 街道老旧小区住宅加装电梯项目按照《杭州市老旧小区住宅加装电梯管理办法》的相关流程，已经完成上城区住建局组织的老旧小区加装电梯项目联合审查程序，于 2021 年 9 月获得了老旧小区加装电梯许可。但在实际推进加梯过程中，由于涉及该单元 503 室业主在一楼的历史无证建筑物的拆除问题，各方当事人产生较大矛盾，导致 503 室业主直接坐在施工现场阻止施工。双方一度闹得不可开交，加梯项目暂停。街道、社区多次出面调解，上门做工作均未果。事情一拖就是 3 个月，眼看马上就要过年了，申请方业主急了，多次跑到社区、街道反映，要求重启加梯项目。街道加梯办经与社区协商，决定邀请上城区调委会联合召开该单元加梯调解会。

◈ 调解过程及结果

2021 年 12 月初的一天，街道加梯办邀请上城区调委会在社区党群服务中心会议室举行该单元各楼层业主代表共同参加的加梯调解会，就该单元加梯涉及的争议和五楼楼道上堆放杂物等问题进行调解。在街道加梯办就该单元前期加梯有关情况做了简单介绍后，调解员提出，秉持民事民商的原则，让本单元的业主们畅所欲言，摆事实、讲道理。申请方六楼业主苏大伯在发言中提到，前期办理的加梯申请有关手续都是符合国家法律和杭州市加梯政策规定的，但是在具体实施中却遭到五楼雷大妈的反对。苏大伯气愤地说："当初我们申请时不提出、公示时不提出，现在实施时却站出来反对，还阻挠施工，真是太过分了。"五楼501室的刘大姐也愤愤地提出："503室雷大妈太不讲卫生、社会公德了，在走廊上种了很多花，还老用有异味的肥料，导致过道上总是有一股难闻的气味。"五楼502室的张先生则指出："我们家是去年刚搬进来的，现在我们年纪都还轻，加不加梯倒是无所谓，之前征求意见时，大家都同意加，我们才愿意参与的，所以具体看大家意见。不过这里有一点还是要提出来的，503室雷大妈缺乏安全意识，在楼道上堆满了旧桌椅和捡来的废弃物品，万一发生火灾，那就麻烦大了。"604室的张女士接着说道："这确实是个问题。我之前也提醒过雷大姐的，走廊上乱七八糟的东西都快堆到楼梯口了，有时候还影响通行，还发出一股发霉的酸臭味儿，不安全也不卫生。"……面对一个个邻居纷纷指出的问题，503室的雷大妈低着头一声不吭，默默地听着也不反驳。于是，调解员请雷大妈也说说自己的想法。雷大妈若有所思地看看周围邻居，又看了眼调解员，然后低声道来："我也没办法，家里困难。儿子没有工作，媳妇在家里管小孩，挤在10平方米左右的房子里。我想着捡点废品换点菜钱。你们装电梯，我本就没意见。但是不能拆我一楼的房子，那是我当初在单位工作时，单位允许我盖的房子。我当时怀孕生产，母亲来这里照顾我，家里地方小，打了申请后单位同意盖了这么个小房子给我母亲住。现在你们说拆就要拆，我怎么办？"这时六楼602室的俞阿姨毫不顾忌地直言："你那房子是无证的，不合法，早就应该拆了。我去找过单位房管科的老陆了，他说这幢楼原来一楼没有这个房子的，是后来五楼自己加盖的。我们要向城管执法反映下，不合法的就应该拆掉。"503室雷大妈也毫不退让："你去投诉好了。我知道这么多年你一直就在针对我，从在单位工作那会儿开始，到退休了你还是处处找碴，动不动就到处打我小报告。真是不要脸！"于是，楼上楼下的两位阿姨开始争吵起来。调解员一方面安抚双方安静下来，一方面听其他业主在东一句西一句地说着。据说，602室与503室的两位阿姨曾经是很要好的同事，后来因为宿舍楼分配的问题闹得很僵。雷阿姨原本想要六楼的602室，这个房间约有40平方米。可是没想到，俞阿姨却想办法占了先机住到了六楼，雷阿姨只能住在五楼503室，这个房间只有30平方米左右。于是，两家结下了梁子，也就有了后来503室雷大妈生小孩时，以母亲照顾她没有地方住为由，向单位打了报告加盖小披房的事。

听完了各方的陈述和介绍后，调解员没有直接表态，而是请街道加梯办把杭州市政府加梯政策和程序再次做了解释说明。接着街道加梯办工作人员的话，调解员直言："加梯本来是件惠民好事，但是我们这里加梯却加成了闹心梯。关键是你们大多数还是老同事和几十年的老邻居，真不应该呀！"一句话让与会的业主们陷入了沉思。接着，调解员又耐心疏导："刚刚听了各位业主的意见，整体上其实都倾向于加装电梯的，主要争议点就是503室雷大妈在一楼的那个披房影响到电梯加装问题。我想，咱们大家装电梯的目的是给本单元业主一个通行方便，但是我们也不能以牺牲某一户的利益为代价吧。刚刚有人说，一楼这个房子是无证的，我们不用太过于纠结这个事儿。相信房子这么多年还在，总是有其历史原因的。如果要拆除也是由相关部门依法依规处理。但是拆房子不是我们今天的目的。我们今天来商量的是是否加梯、怎么加梯的问题。所以，我们坐在这里就是要好好商量，怎么样能兼顾各方的权益，把这个电梯加装起来。"看到大部分业主都点点头，调解员接着说："今天电梯总包单位的负责人也在，下面请他结合图纸对拟加梯的方案进行详细解释。尽可能少地影响各方业主的可调整空间，如果确实牵涉到一楼那个披房，那到底牵涉到多少，大家心中也有个数。"随后，电梯总包负责人结合图纸进行了说明："从之前我们现场勘测的数据来看，一楼披房至少有1.5—2平方米需要拆除，这个是我们在原有方案的基础上往东侧尽量外移后对一楼披房的最小影响了。"调解员继续往下说："既然方案已经优化了，而且影响的程度也基本明确了，就看雷大妈这边的意见了。或者说，如果雷大妈这边做出适当退让同意拆掉小部分房子的话，其他业主有没有什么补偿性措施呢？"此时，加梯小组牵头人601室的业主沈大伯率先表态："如果雷大姐同意拆除这2平方米的话，我建议我们在拆除时一并帮雷大姐把剩下部分房子修好并装上门。此外，雷大姐和我们一样年纪也不小了。所以，我个人同意在电梯装好后，雷大姐可以免费乘坐，这个分摊费就免了。不知道大家怎么说？"言尽于此，其他业主纷纷表示赞成："只要雷大姐支持我们，我们也是感谢她的。我们都是二三十年的老姐妹啦，其实也知道她家的实际困难，所以我们愿意给她免去初装费，共同把电梯装起来，以后和和睦睦做好邻居。"见到雷大妈还是一声不吭，但是脸上明显深受触动，调解员趁势循循诱导。在得到她的肯定回应后，调解员就雷大妈在楼道内堆放杂物、种花施肥等问题又进一步做了劝导，雷大妈表示自己也知道这是不对的，答应调解员明天开始就整改，并承诺一周内完成。"对嘛，远亲不如近邻啊！"业主们笑了，会场的氛围一下子就好了起来。双方就电梯方案适当调整和拆除一楼部分披房事宜达成初步意见。

会后，调解员与街道加梯办工作人员还实地走访了拟加梯单元楼现场，和503室业主雷大妈一起查看一楼披房部分拆除情况，再与电梯总包单位负责人就电梯移位方案和拆除披房的具体尺寸数据、相关费用等做了进一步沟通和确认。

调解会后的第四天下午，上城区调委会与街道加梯办、社区再次召集当事各方业主代表及电梯总包单位负责人等在社区会议室，对修改后的图纸进行面对面核实确认，并就加梯后续有关事宜进行了友好协商，很快各方达成了一致意见，最终签订调解协议：（1）各方一致同意加装电梯项目在原有审批方案的基础上向东平移，使电梯进出门正对上行楼道中间，并向南平移30厘米，使电梯连廊长度变为48.5厘米，由电梯总包单位负责项目变更备案，且在确保施工和材料质量的同时不额外增加相关费用。（2）503室业主同意拆除一楼部分无证建筑，并同意上述实施变更后的加梯方案。（3）全体业主承诺以后均不在楼道公共区域堆放私人物品，文明养花并且不再使用有异味肥料浇花，共同维护楼道公共区域的消防通道畅通和环境卫生，并严格遵守全体业主共同制定的电梯使用和楼道管理公约。（4）加梯方业主同意保留503室一楼部分披房，同意503室参与到加梯项目中，且免去初装费用，但后期运维费用须由503室自行承担。

◈ 案例点评

老旧小区住宅加装电梯工作连续六年列入杭州市政府"十大民生实事"，其间引发的高低楼层之间、单元楼之间矛盾纠纷也是常见多发的。细究这些矛盾的深层次原因，除了加梯后带来的采光、通风、噪声、隐私等常见影响因素外，还有很多其他因素，比如本案中老同事、老邻居之间的积怨，生活中的个人行为习惯，方案涉及房产拆除问题，等等。这些夹杂在加梯纠纷之中，使得电梯加装成为矛盾显现和升级的导火索与催化剂。本案中，调解员运用政策宣导定基调、指方向，在摆事实、讲道理中听意见找原委，在求大同存小异中加强引导，思路清晰、主次有序、轻重分明，牢牢把握好调解节奏，巧妙地运用释法析理、实地走访、换位思考等方式方法，凭借较强的专业操守、高度责任心，一步步地推进矛盾调处，直至最终化解纠纷，助力该单元圆上"加梯梦"。

小　结
◇◇◇◇◇◇◇◇◇◇◇◇◇◇

　　2022 年是加装电梯工作连续被列入杭州市政府"十大民生实事"项目的第六个年头。2021 年 1 月杭州率先将听证机制写入《杭州市老旧小区住宅加装电梯管理办法》（市政府令第 324 号）。在此基础上，2022 年进一步推出《杭州市老旧小区住宅加装电梯公开听证工作指南（试行）》。自 2017 年以来，杭州累计加装电梯 3924 台，数量居全省第一、全国前列，为约 4.7 万住户带来便捷。

　　上城区自 2017 年 6 月起根据杭州市政府既有住宅加装电梯工作部署，率先推进既有住宅加装电梯试点工作，依照"业主主体、社区主导、政府引导、各方支持"的实施原则，制定了《杭州市上城区既有多层住宅加装电梯试点实施方案》等一系列制度规范，成功落地了全市首个老旧小区加装电梯项目，取得了较为显著的成绩。但是，随着这项惠民工程不断深入推进，一些业主间的新型矛盾纠纷也不断产生，给老旧小区多层住宅加梯工作持续推进带来不少影响。这些加梯纠纷也引发了不少信访，乃至诉讼案件。为此，上城区调委会从 2018 年开始逐步介入调解加梯纠纷，截至 2022 年 12 月底已参与化解了 30 余起加梯纠纷。同时，上城区人民调解协会与上城区尚法教育服务中心两支社会力量联合联动，推出"调解＋听证"模式，助力旧宅加梯这项民生实事落地。上城区人民调解协会成立了助推加梯小组，副会长陈叶锋与郑关军作为主要牵头人，充分发挥调解员、律师等资源优势，共同参与化解矛盾纠纷，助推和谐加梯工作。上城区人民调解协会副会长、尚法教育服务中心理事长郑关军律师更是主动利用自身专业知识和经验，依照仲裁、诉讼和法律援助制度，尝试为湖滨街道未央村11号加梯听证会量身定制了一套加梯听证实施方案，并于2021年6月试点公开听证。在前期这些有益探索之后，上城区尚法教育服务中心相继组织召开了20余场加梯听证会，取得了良好的社会反响。经过一年的持续实践和不断修订、完善，老旧小区加梯项目形成了一套较为严谨的加梯听证会程序，也成为加梯听证工作的"杭州经验"。

第九章

其他纠纷调解案例

QITA JIUFEN TIAOJIE ANLI

疫情防控不理解　人民调解促和谐

◈ 案情简介

2021 年新冠疫情形势依然严峻、复杂，餐厅、地铁、公交等公共场合加强了防疫检查，要求出入人员出示健康码并测量体温。在疫情防控期间，大部分人都能配合疫情防控工作，但部分人员拒绝配合，引发了不少矛盾纠纷。2021 年 8 月的一天上午，年过六旬的郑老太太（简称郑某）前往辖区一花鸟市场购买花束，嫌大门口疫情防控措施太麻烦，就想抄近路从其他商铺进入花鸟市场内。但是疫情防控规定，必须在正大门出示健康码、体温检测正常后方可进入市场。郑某拒绝测温，情绪比较激动，被商铺工作人员单某阻止后还想强行进入。单某用力拉住了她，郑某见状顺势一倒，躺在了地上，并大声喊道："打人啦！打人啦！"单某感觉自己被冤枉了，也声称自己店铺的东西被偷了，要检查郑某的包包。眼看事情越发不可收拾，最终，郑某报了警。

◈ 调解过程及结果

属地街道调委会的调解员接到通知后，第一时间与民警一起赶到现场。调解员到达后，先配合民警安抚郑某及单某激动的情绪，又向现场群众和市场管理人员了解了情况，其后，将两人请到调解工作室召开了调解会。会上，调解员先是与双方当事人进行沟通，从当事人角度了解纠纷发生过程及矛盾焦点等情况，并充分听取了双方的意见。

　　郑某与单某来到调解室后都没有消气，一时间气氛十分紧张。郑某表示，单某用力对她进行拉扯，导致自己摔倒在地，引起头痛、呕吐等身体不适状况，有动手殴打她的倾向与意图，此外，单某还冤枉其偷东西，如果不报警，自己的人身安全和名誉都将受到损害。她提出，单某必须对她进行诚恳的道歉，否则自己必定追究其责任。单某当即表示，郑某认为自己都按照规定做核酸，每天进出市场，没必要时时刻刻出示健康码，起初，自己念在郑某是个老太太，好言相劝对方出示健康码，但是郑某并不听劝，还强行从自己的商铺进入市场内。根据市场防疫工作的规定，单某认为不能纵容这种行为，于是强行拉住了郑某，并且强调自己并没有动手殴打他人，也没有将郑某拉扯倒地，是郑某自己躺在地上，反过来冤枉自己，还言语激烈辱骂他。

　　调解员掌握情况以后，调取监控，将监控所拍到的事实情况分别跟双方核实。通过监控以及双方表述，可以判断出，单某积极配合市场的防疫工作，责任心较强，阻止郑某违规进入实属尽职尽责行为。郑某所说的单某动手殴打他人的行为也是不存在的。郑某摔倒是其故意而为之，并非被拉扯倒地，此举属于"碰瓷"行为，不可取。一方面，调解员对郑某违反防疫规定的行径予以批评教育："市民配合疫情防控是法定义务。有关法律规定，拒不执行人民政府在紧急状态下依法发布的决定、命令，会被处以警告或者罚款，情节严重的甚至会被拘留。"听了调解员的话后，郑某知道自己理亏，不仅情绪平复了很多，甚至还有些不好意思。另一方面，调解员在肯定单某认真执行疫情防控工作要求的基础上，也向单某就郑某盗取店铺东西一事提出疑问。单某表示当时是因为太生气了才逞一时口快，自己是为了大家的安全所以严格做好防疫措施，但是碰上了如此蛮横不讲理之人。调解员向单某提出自己的建议："要注意与人沟通的方式与方法，让人更容易接受和配合，尽量避免冲突发生。如果遇到有人不听劝告，应及时向市场物业或管理部门等上报情况，避免激化矛盾从而引发不良影响。"

　　经过调解员情理结合、明理释法的分析与协调，双方都得到了教育。郑某认识到自己的过错，当即表示："感谢调解员，要不是你们的讲解，我还真不知道拒绝出示健康码的后果竟然这么严重。"随后，郑某向单某赔礼道歉，表示自己以后会严格遵守疫情防控的规定。单某也表示自己的做法也有不恰当的地方，自己应该在语言沟通上更加温和友好些。最后，双方当事人握手言和。

◈ 案例点评

自新冠疫情暴发以来，为贯彻落实中央"坚决打赢疫情防控的人民战争、总体战、阻击战"和"统筹推进疫情防控和生产发展"等重要部署要求，各街道、社区已然成为疫情防控主战场。街道、社区人民调解队伍服从统一调度，融入抗疫大军，一直奋战在一线。但是，在严格落实佩戴口罩、出示健康码、检测体温等疫情防控举措的过程中，难免出现贪图方便、投机取巧、冒名顶替或故意硬闯等这样或那样的违反疫情防控规定的现象和行为。于是，街道、社区调委会在协助落实防疫规定的同时，更是充分发挥自身专业优势与技能，积极宣传防疫法规，倾力做好涉疫矛盾纠纷的排查调处工作，有力维护了特殊时期基层社会的稳定，有效助力打赢疫情防控人民战争。

本案中，调解员在摸清事情经过的基础上，从宣讲配合疫情防控工作是每个公民的法定义务切入，依据查明的事实，边分析边引导当事人对照自己行为，自查自省，使当事人逐步认识到遵守疫情防控规定的重要性和自己行为的错误与不足。调解员步步为营，层层推进，巧妙地化解了双方的纠纷，又使当事人受到必要的教育。

网约司乘起纠纷　调解用心化风波

◈ 案情简介

2022年4月底，黄某趁着周末出门游玩，便通过网络平台预约了网约车。司机谢某到达黄某所提供的地址接他时，却迟迟未见到黄某。由于路边停车容易违规，谢某多次电话联系黄某无果。在预约时间即将超过时，不远处的黄某慢悠悠地走了过来，谢某见状对其进行了催促，黄某对谢某的态度产生不满。当黄某上车后，双方心理都有了疙瘩，车内的气氛并不和谐。途中，谢某驾驶的车速较快，黄某提醒谢某减速慢行，但谢某并未理会。经过　处坑洼地时汽车颠簸得厉害，黄某心里愈加不满，认为谢某是故意而为之。到达目的地后，黄某用力关了车门，这个动作成为双方矛盾的导火线。司机谢某认为黄某故意损坏其车子，而黄某认为谢某故意在行驶途中加快车速，双方发生激烈争吵，现场剑拔弩张。最后，司机谢某报警，请求帮助解决双方的纠纷。随即，派出所民警将该起纠纷案件委托"警民联调"工作室的调解员进行调处。

◈ 调解过程及结果

调委会受理该案件后，于当天下午主持召开了第一次调解会。会上，调解员主张双方摆事实、讲实情，让黄某、谢某先畅所欲言，各抒己见，以充分了解事情的原委。然后，调解员劝慰双方平复各自的情绪，帮助他们梳理整个事件脉络。黄某首先对事件的相关情况做了详细表述，对谢某的态度和途中的行为表示非常不满。谢某一听黄某的某些表述更是生气，认为黄某摔车门是对其工作不满而故意损坏车子的报复行为。这起看似平常的司乘纠纷，调解的过程却并不顺利。两位当事人年纪都是50岁左右、性格脾气比较倔，在涉及矛盾关键点处都不服软，摆出一副决不认错的姿态和水火不容的架势。谢某提出"从头到尾都是黄某瞧不起我们开网约车的，故意在找碴，没事找事"，在这次事件中他没有任何过错，而且黄某的行为已造成了他的损失！所以，他认为是乘客黄某没有道德，品行恶劣。而黄某则认为："我是在规定时间内上车的，并没有耽误，谢某作为网约车司机，缺乏应有的服务意识，职业道德欠缺，素质低下。"双方各执一词，针锋相对，此时，一直在一旁观察着双方的调解员立即出言制止，并对双方当事人的情绪进行了安抚。随后，他结合自己30多年的驾驶培训经历给两位当事人讲了个故事。他提到，自己原在机动车驾驶培训中心工作过，曾担任驾驶安全组组长，其间，工作上的所见所闻远比他们的事儿蹊跷和复杂得多。工作中的一言一行无不体现出一个人的服务意识、责任心与个人素养在处理事情和关系中的重要性。调解室内，调解员将往事娓娓道来，双方当事人的争吵声、相互指责声逐渐消失了。最后，调解员言辞恳切、语重心长地对谢某讲："作为一名网约车司机，应该认识到自己是这个城市文明服务的窗口，你的服务态度、一言一行代表了这座城市，代表了这个行业服务的素养与风貌。所以出租车司机在申领驾驶资格证书时最关键的一课就是驾驶职业道德课。"调解员向谢某做了一个假设："如果乘客上车后听到你说：'您好，为您服务感到很高兴！'乘客延迟上车，在催促过程中听到你说：'我的车子在这里只能停留几分钟，延迟会违章，催促您一下，请谅解！'待乘客上车后，你再关照一句：'请系好安全带，现在正式开始为您服务。'乘客黄某还会心生愤懑吗？还会有后面的问题吗？"听罢，谢某低头不语。调解员趁热打铁继续劝说黄某："根据交通法规定，网约车都要按照指定路线、地点行驶。你延迟上车，司机催促你也是无可厚非。作为服务行业人员，驾驶员和气待人至关重要，但作为乘客也要注意自身素质，体谅网约车司机工作的不易。大家都要互相尊重、互相体谅。"此时，协商氛围相比之前显得轻松许多，调解员坦率实诚的话令当事人谢某慢慢放下了怨气，开始向内找自己原因："今天的事情完全是我的错，催促你上车时我的语气不好，行车时车速也不稳定，这次的服务给你带来不愉快的体验，我郑重向你道歉！"黄某也马上表达了歉意："今天的事情我也有错，是我先对你产生了误解，没有考虑到延误会导致违章，下车时带着情绪关门，让你误认为我故意损坏你的车子，真是不好意思！"至此，双方当事人主动握手言和，并对调解员真诚用心的调解表示感谢。

◈ 案例点评

　　网约车行业作为新业态，在安全发展上存在政策法规体系不健全，创新协同机制相对滞后等问题。而随着网约车新政实施，全国各主要城市陆续出台《网络预约出租汽车经营服务管理实施细则》。网约车平台也加强对司机安全服务规范、客户服务礼仪等方面的考核，通过培训和考核让每一名司机做到严格遵守规定，服务好乘客。另外，作为乘客也要增强自我保护意识，在乘车过程中，如果出现司机无故拒载、不安全行驶、不合理绕路、加价收费等情况，在保障自身安全的情况下，留存相关证据证明，及时向相关部门投诉和举报，依法维护合法权益。

　　本次案件中，调解员采用以情感人，以理服人的调解法对双方当事人展开情感疏导和法律释明，缓和了双方的对立情绪，使双方冷静、理性看待矛盾纠纷，并换位思考，认识自己的错误，对他人多些宽容和包容。调解员用自身的工作经历做示范，打开了调解的突破口，最终使双方当事人达成协议，化解纠纷。

快递丢失想索赔　诉前调解减诉累

◈ 案情简介

小詹在杭州开了一家服装买手店，经常需要按照客户的要求，从国外服装网站采购指定款式、尺寸的服装。这些服装转运回国后，会先寄往小詹的服装店，再由小詹重新打包、邮寄交付到客户手中。2022 年 3 月，小詹再次按照客户的需求从某国订购了一批服装。服装到达山东后，再由某快递公司运输至杭州。然而，该快递到达杭州中转站后，便失去了物流动向。小詹左等右等，始终没有该包裹的消息，只好拨打快递公司的客服电话。经快递公司核实，该包裹因为新冠疫情病毒消杀已被损毁，因此没有派送到位。小詹称，这包衣服的总售价为 4 万余元。但是，由于该包裹并未进行保价，快递公司不认可小詹所主张的损失。小詹多次拨打快递公司的客服电话，也通过多方渠道投诉反馈。然而，经过各方多次电话协商，小詹与快递公司就赔偿金额始终无法达成一致。小詹起诉至上城区人民法院，要求快递公司赔偿货款 4 万余元。这是新冠疫情暴发以来，上城区人民法院受理的第一起由疫情引发的快递诉讼案件。随即，案件转入"诉前调解"程序。

◈ 调解过程及结果

调解法官收到案件后，第一时间联系了涉案的快递公司。快递公司负责人在听完小詹的诉讼请求、事实与理由之后，立刻表示："法官，小詹的事儿我们有印象，这个事情我们之前已经协商过很多次了。"原来，小詹在包裹迟迟没有派送时，曾多次拨打客服电话，要求更新快递的信息。经快递公司核实，小詹的包裹确实已经被损毁。但由于小詹的包裹并未保价，快递公司只能按照相关规定给予7倍运费赔偿。小詹当然不接受这个方案，此后又多次拨打快递公司的热线电话进行交涉，并通过多方渠道进行投诉。

"法官，小詹的包裹没有保价，他也不能提供证据证明包裹里东西的价值，所以我们真的没办法按照他所说的衣服价值来赔偿，只能赔偿他7倍运费。"快递公司负责人说道。

"快递包裹没有保价确实是寄件人的责任，但是如果因为寄件人不能充分举证证明包裹的价值就只能按照7倍运费来赔偿，这对寄件人来说未免过于严苛了吧？将心比心，难道你每次寄快递的时候都会录视频吗？何况小詹的包裹损毁，也有配合疫情防控的原因。"经过法官的耐心劝说，快递公司同意将赔偿金额提高到8000元，并在此基础上再为小詹申请一些补偿。

但是，小詹完全不接受这个方案。小詹认为，他已经向客人全额收取货款，共计4万余元。如今快递损毁，无法及时向客户交付预定的衣服，这导致他不仅需要全额返还客户货款，而且将对他的生意口碑造成不好的影响。所以8000元赔偿相对于小詹的损失来说，无异于杯水车薪。

调解法官向小詹解释了他的诉讼风险：由于小詹没有对快递进行保价，目前证据也不能充分证明其包裹的价值，所以小詹的诉请很难得到法院的支持。这起纠纷如果走到开庭审理的那一步，法院对证据的审查会更加严格，这对小詹的处境会越发不利。现在既然快递公司也有很强的调解意愿，还是及时止损，把损失降到最低更为明智些。

小詹经过一番思考，说："法官，你们来回调解也很辛苦。这一单我就当不赚钱了，只要快递公司能把我的成本价2万元赔偿给我，我愿意调解。"调解法官再次拨打了快递公司的电话，将小詹的想法转达给快递公司负责人。快递公司负责人见小詹做出让步，也愿意再为小詹争取进一步的补偿，但是不能以小詹所说的成本价作为依据。

经过反复协商，不断拉近距离。最终，双方达成一致，由快递公司一次性赔偿小詹15000元，小詹撤回起诉，案件到此顺利调解结束。

◈ 案例点评

随着互联网的快速发展，网商网购的异军突起，快递行业迅猛发展，快递包裹的数量也是连年暴涨。但是，在运输、天气、疫情等多重因素的影响下，快递包裹毁损的事件时有发生。如果寄件人没有对快递进行保价，又无法举证快递包裹的价值，快递一旦损毁或丢失，寄件人将难以按照包裹价值获得相应的赔偿。本案中，小詹若想通过诉讼途径维护自己的权益，根据民事法律关系中"谁主张，谁举证"的责任分配，他需要证明包裹物品的价值。若小詹不能充分举证，则要承担举证不利的后果。本案中，法官依据"诉前调解"程序，通过反复沟通、耐心协调，最终促成双方达成和解。

恋网红侵占千万　三调解终获免刑

◈ 案情简介

　　老宣和老骆是从小一起学炼金手艺的师兄弟，感情十分要好。后来老宣自己出来单干开了一家珠宝店，把生意干得红红火火。老骆就想让自己的儿子小骆跟着老宣学学手艺和开店技巧。小骆一来，老宣就让他当了店里的会计，后来更是信任小骆，让他用他自己的银行卡给店里走账。没想到的是，小骆来到杭州后被这花花世界迷了眼，认识了一个网红模特，二人谈起了恋爱。恋爱中的小骆对女友百依百顺，衣服、包包、鞋子，只要女友开口就会满足。渐渐地小骆的工资不能再满足女友的高消费了，女友便撺掇小骆用起了店里在小骆银行卡上走账的钱。一开始小骆还很害怕，不敢挪用太多，后来发现老宣十分信任自己，于是胆子越来越大，给女友买了几十万元的名牌包包、100多万元的高档轿车、600多万元的高档公寓。前前后后2年多时间里，小骆一共挪用了店里1000多万元。终于纸包不住火，老宣发现后怒火攻心，生气小骆做出这样违法乱纪的事情，更是恼怒小骆辜负了自己的一片信任，一纸诉状将小骆以侵占罪起诉到杭州市上城区人民法院。在上城区人民法院刑事立案后，小骆知道自己即将面临2年以上5年以下有期徒刑的刑罚，提出希望能与老宣协商，达成和解。在父亲老骆的陪同下，他向杭州市上城区调委会提出调解申请。上城区调委会与上城区人民法院联系并征求老宣意见后，决定受理调解。

◈ 调解过程及结果

杭州市上城区调委会的调解员在了解事情的经过以后，对小骆稀里糊涂做出这样的事情深感痛惜，但是看到小骆及其父亲在积极筹款弥补珠宝店的损失，也不忍心小骆年纪轻轻就被判处刑罚毁了一生，决定帮助小骆组织调解，让老宣撤回刑事诉讼。调解员通过与珠宝店老板老宣的律师沟通得知，老宣也只是想弥补自己的损失，并不是一定要小骆坐牢。此外，老宣提出了一个要求，要小骆把女朋友教唆其犯罪的聊天记录交出来，不再包庇女友，才肯答应调解。调解员单独找小骆谈话，小骆答应调解时会拿出女友教唆其犯罪的证据。

第一次调解时，小骆、老骆和他们请的两个律师都到达了现场，老宣并没有出现而是派了两个律师过来谈。调解员在对调解程序与原则进行了说明之后，首先确定了这次调解的基调。第一步是要算出小骆一共挪用了珠宝店多少钱，只有确定好损失数额，后续才好谈赔偿。小骆一方提出挪用珠宝店的钱款数额并没有起诉的1300多万元，并且提供了自己还款给珠宝店的银行卡流水等证据。在调解员的要求下，老宣的律师答应会请专业的审计机构对小骆提交的新证据再次进行审计。因审计时间需要一个月，调解员约定一个月后再次调解。

第二次调解时，小骆、老骆和他们请的两个律师都到达了现场，老宣一方只有两个律师到达现场，老宣本人仍旧没有出现。双方一致同意将审计报告确定的1200万元，作为小骆挪用珠宝店钱款的确切数额。调解员再次确定第二次调解的重点是小骆如何还钱。小骆说："1200万元中有600万元是给女友买了高档公寓，有100万元给女友买了保时捷轿车。自己愿意配合老宣方面拿出女友教唆自己挪用钱款的证据，帮助其进行追赃。"老宣律师电话请示老宣后表示愿意先撇开这700万元，就剩余的500万元进行调解。老骆说："我前两年做生意亏了很多，目前手头上只有2套拆迁房和50万元存款，价值共250万元左右。剩余的250万元希望能够分期付款。"老宣的律师在电话请示老宣后表示，不同意分期付款，刚刚同意700万元另行追赃已经是最大的让步，剩余的500万元必须一次性付清。调解员眼看双方僵持不下，便做起老骆的工作："你就这一个儿子，你也不忍心看他去坐牢，你回家找自己的兄弟姐妹凑凑。孩子现在碰到人生的难关了，你要帮他。"转头又对小骆说道："你人生中摔的这一跟头的代价不小，以后要改过自新。你爸爸为了你倾家荡产，以后要负责你爸爸的养老，好好孝顺他。"小骆抹了一把泪，点了点头。调解到这一步后，调解员让老骆回家凑钱，一个月后的第三次调解是最后一次调解了。等老宣的律师走后，调解员把老骆单独拉到了一边，对老骆说道："你和老宣是多年的兄弟，你自己私下找找老宣说说情，给你们一个分期付款的机会。为了孩子，面子也要放下了。"老骆深深地点了点头。

第三次调解时，小骆、老骆和他们请的两个律师都到达了现场，这次除了老宣请的两个律师，老宣自己也来到了现场。调解员考虑到老骆与老宣之间的兄弟之情还是很浓厚的，于是一上来先是嘘寒问暖，唠唠家常，唤起彼此间的友情。接着，他与老宣和老骆进行背靠背的耐心疏导、反复协商。最终双方达成协议：小骆一次性支付老宣50万元并把2套拆迁房转让给老宣用于抵扣200万元债务，剩余的250万元，则要求小骆以2年为限，分期付款给老宣。此外，小骆需要配合老宣向其女友追赃。老宣也会向上城区人民法院申请撤回对小骆的刑事自诉。至此，一宗刑事案件，终于在调解员和各方的共同努力下得以化解。

◈ 案例点评

《中华人民共和国刑法》第二百七十条规定，侵占罪是指将代为保管的他人财物非法占为己有，数额较大，拒不退还的，处二年以下有期徒刑、拘役或者罚金；数额巨大或者有其他严重情节的，处二年以上五年以下有期徒刑，并处罚金。将他人的遗忘物或者埋藏物非法占为己有，数额较大，拒不交出的，依照前款的规定处罚。在法院审理过程中，适用调解的，原告在法院判决前可以同被告人自行和解，也可以撤回起诉。调解员在进行详细调查之后，妥善安排分阶段调解，一步一步推进，最终使小骆免受牢狱之灾。挽救了一个年轻人，更是挽救了一个家庭。

中介跑路引纠纷　调解倾力促和解

◈ 案情简介

　　邹某夫妇在杭州通过几年打拼，小日子过得蒸蒸日上，购置的新房正在装修。二胎宝宝刚满周岁，为了方便照顾宝宝，邹某夫妇租住在上城区某街道 A 社区。但近日因房产中介跑路，房东储某未如期收到租金便前往派出所报案。报案时，储某发现与他一样遭遇的比比皆是，现场乌压压的一片……房东遂主动联系邹某夫妇，希望一起直面问题，协商解决。无奈协商过程中，公说公有理婆说婆有理，两轮沟通协商未果后，双方便剑拔弩张。气愤之下，房东带人围追堵截，这严重影响了邹某夫妇的正常生活。双方矛盾逐渐升级，邹某夫妇更是坚持走法律途径解决此事。2020 年 9 月的一天，房东储某找了社区调委会申请调解。

◈ 调解过程及结果

　　调委会受理后，立即核实情况，得知邹某夫妇 2020 年 1 月和某房产中介公司签订租赁合同，租住 A 社区某单元四楼，租期 1 年，房租押 1 付 12。因邹某夫妇一次性付清房租，故实际每月租金低于市场价。同时又了解到，房东与中介公司这边有委托租赁合同，按照合同，房东每月向中介公司收取房屋租金，实际每月到账租金高于市场价和房客月租。后因中介公司跑路，房东于 2020 年 8 月开始就未收到过房屋租金。

　　了解到纠纷症结所在后，调解员便组织当事人面对面进行调解。调解员首先请双方当事人分别说说自己的想法。房东储某率先表达了自己的意见，他说："调解员同志，我是受害人，房子是我的，中介公司从8月份开始一直没有给过我房租。我是有合同的，他不交房租，那我就要收回房子了。之前，我去跟邹某好好商量，可是他们夫妻俩不认可，还跟我吵，那我肯定不会给他们白住的。"听了房东的话后，邹某妻子一下子激动起来，她说："我们是交了钱的，我们也是有合同的，一年的房租都一次性交了。现在房东要我们再付钱，说不付钱就赶我们走，我们当然不同意。"于是，双方剑拔弩张，争执起来。调解员稍做安抚之后，坦言："其实你们双方都是受害人，房产中介是肇事者，你们应该找他算账去，但是他已跑路。对你们双方来讲，总不能因中介跑路再互相伤害吧？"听了调解员的话后，双方总算安静下来了。调解员拿着当事人提供的委托租赁合同、租赁协议，结合《中华人民共和国合同法》等有关法律规定进行解读宣讲，帮助他们梳理法律关系，指出其中问题。但房东储某仍然坚持自己的观点："房子是我的，既然中介爆雷了，那我收回自己的房子，理所应当吧？""那我们的租赁协议也是明明白白签好的，况且钱也付了，付钱住房也是理所应当的。"邹某妻子立马站起来反驳道，"再说，你让我们搬我们就搬。一时半会儿我们搬到哪里去啊？"双方再一次你一句我一句地争吵起来。调解员安抚双方待其情绪稳定后，耐心规劝道："长租房爆雷也不是只有你们一家遇到，现在公安部门已经在侦查了。你如果要向中介公司讨要房租可以去派出所报案登记，或者去法院起诉追偿，具体你自己决定。不过，根据《中华人民共和国合同法》第五十二条，双方手中所持有的合同很有可能会被认定无效。这件事大概率会被认定为诈骗。作为房东和房客，你们都是受害的民事主体，所以，一般情况下，我们建议按照公平原则主张双方分摊损失。"双方再一次陷入沉思，坐着都不作声了。

调解员开始分别与双方当事人单独谈话，重点是听取双方的真实想法与主要诉求，从情理角度进行深入交流，以寻找彼此间的利益契合点。对于房东储某，调解员劝解道："今天和房客之间的纠纷，如果想要和解，就不能始终停留在与房产中介签订的合同约定上，牢牢抓着房租不放。不要只盯着这个房租多少、损失多少，而是要认清现实，先解决好眼下的问题。如果确实想收回房子，就要做适当的退让，拿出让对方搬走的诚意来。"对于房客邹某夫妇这边，调解员着重做了邹某妻子的思想工作，劝她也要尽快放下之前的不愉快："这样的事情谁也不愿意遇到。高租房低出租这样的做法本身就是有问题的，所以爆雷是迟早的。

你们刚好遇到了，也得认清现状。我也很理解你们，搬家很麻烦。但是长痛不如短痛。而且租期差 2 个月就到了，那就抓紧解决掉，再找个房子安心住下来，一家人继续过好自己的小日子，省得老是这样烦心。至于租金方面，让房东适当补偿点。在搬家时间上，也让房东给你们适当宽限几天。你看呢？"经过调解员 3 个多小时的耐心劝导，邹某与妻子慢慢地接受了调解员建议，最终，双方签订调解协议：房东储某愿意补偿租客邹某 6800 元，邹某夫妇于 10 月 30 日前搬离房屋并办理移交手续。至此，两家握手言和，纠纷圆满化解。

◎ 案例点评

因为住房租赁中介资金链断裂（俗称"长租公寓爆雷""房产中介爆雷"）而引发的租赁纠纷，由于涉及人数众多已经严重困扰了某些基层单位，给维护社会稳定、创建和谐社会带来了极大的压力。在此类纠纷调解中，存在两方面问题：（1）相关配套法律处于空白状态，双方合同的法律关系在法律界也引起了一定的争议，给调解员释法明理带来了困惑。案件中双方当事人都是受害方，如果彼此愿意退让的，各自损失一半，案结事了。如若双方当事人态度强硬，不愿意退让的，那么调解将起不到实质性的效果。（2）调解不成功的，双方当事人缺乏其他救济渠道。目前调解不成功的法院不立案，公安也只是备案登记，给当事人造成了相关部门不作为的印象。本案中，调解员秉持解决实际问题、避免矛盾激化的态度与目的，通过仔细分析双方当事人的心态，在前期工作过程中对该纠纷的来龙去脉做到心中有数，并准确找出双方当事人均认可的事实和存在争议的焦点。在适度把握房东和房客之间的心理，敏锐捕捉当事人态度微妙转变的情况下，通过法理推演、融情入理、换位思考等方法进行反复沟通、耐心劝导，最终促使房东和房客摒弃争议，互谅互让，握手言和。

直播打赏后索还　律师调解给说法

◈ 案情简介

　　新冠疫情发生以来，网络直播飞速发展，王某也成了一名抖音平台主播。2021年初，张某经朋友介绍认识了王某，后两人相恋。为了使直播时能有更好的效果，王某提出让张某在其直播期间以观众的身份多留言烘托气氛，同时在直播期间为其购买抖音平台的打赏礼物。王某向张某口头承诺，打赏礼物的费用会予以返还。张某考虑到双方是恋爱关系，遂经常观看其直播，帮助其开展直播活动。短短一年间，张某为王某在抖音平台上花费人民币20余万元。然而一年后，两人因为感情不和而分手。于是，张某向王某追讨此前在直播平台上打赏所花费的20余万元，然而王某拒绝返还。张某多次追讨无果，无奈之下，于2022年诉至法院。该案随即进入诉前调解阶段。

◈ 调解过程及结果

　　调解律师在接到案件后，马上通过电话联系了张某。张某一提到王某的所作所为，情绪立即激动起来。他认为王某就是故意欺骗自己"刷礼物"，20多万元是一笔不小的费用，自己只是普通打工人，这钱无论如何都要拿回来。调解律师先安抚了张某的情绪，询问双方对于"刷礼物"是怎么约定的，有没有什么证据材料。张某这时有点泄气，说自己当时考虑到双方是恋爱关系，不好意思开口，王某既然说了会还，也就相信了她，双方并没有对这个事情有一个详细的约定。至此，调解律师意识到张某对于自己的诉讼风险还是清楚的，调解的空间还是有的。

在与张某沟通后，调解律师又联系了王某。调解律师告知王某，因为"刷礼物"的事情，张某已经向法院提起诉讼。王某表示是张某自愿为自己买礼物，并不存在返还的问题，而且自己也不会出庭的。随后，她就将电话挂断了。

王某的态度让调解律师明白，本案调解的难点在于如何让王某正视问题。调解律师再次察看了案件材料，注意到王某、张某都是20出头的年轻人。"90后"对于自己的名誉十分重视，也很看重别人对自己的评价。调解律师再次和王某沟通，告知法院已经立案受理，如果双方调解不成的话，依法将公开审理。像她这种消极应对的态度不仅不能解决问题，而且会给法官留下坏印象。张某已经向法院提交了详细转账记录和抖音礼物购买记录，对于这个案件张某是十分认真的。法院审理案件，哪怕王某不出庭也是可以缺席审判的。判决书的记录会一直跟随着她。两人毕竟曾为恋人，还是要好好面对，处理好。调解到这里，王某思想上开始有所松动，讲到自己经济比较困难，平台抽成也很高，一半的费用都是被平台拿走了，20多万元确实拿不出来，并且自己在前几个月已经归还了35000元，现在最多只能归还10万元，这个费用还得父母帮着出，再多一点，真的没有了。

不管王某提出的调解金额如何，本案调解还是有所进展的。调解律师马上将王某的难处告知张某。张某对于王某只愿意返还10万元并不满意，认为这些难处都是王某的，和自己无关，自己的钱也是辛苦赚来的，坚持一分都不能少。调解律师马上分析道："你说20多万元，其实你们双方并没有进行详细核算。特殊节日的礼物购买法律上认定为赠予。赠予的部分是不予返还的。你"刷礼物"时是否每一笔都获得王某的许可，没有授权的部分也是有争议的。法院审理案件是很严肃的，每一分钱都要有法律依据。作为成年人，你既然说20万元不是小数字，你就应该慎重消费。再说，这个钱是打入平台的，平台抽成你是清楚的。你当时是她的男朋友，你其实是有顾虑的，但是因为恋爱关系和面子还是进行了消费，你也要为自己的行为承担责任。平台抽成的部分应该由你们两个人共同承担。王某作为直接获利人，确实应该多承担一点，但你也是要承担一些的。"张某听了调解律师的话，沉默了很久，说让他考虑几天。

3天之后，调解律师再次与张某沟通，询问他的意见。张某说自己想了很多，发生这样的事确实是自己不成熟之举，之所以不肯退步也是跟感情不和有关，两个人分手主要是王某的过错。调解律师开导道："感情更在于体验，情感的投入是一个人成长的必经之路。既然已经分手，就不要纠结对错，要向前看，继续去寻找更适合自己的伴侣。"张某向调解律师倾诉了很多和王某相处的事情，调解律师耐心聆听、继续开导。张某最后同意王某除已经退还的费用以外，再退还10万元。双方达成和解，签订调解协议，张某申请撤诉。

◈ 案例点评

　　本案王某、张某串通，通过"刷礼物"的方式带动直播间气氛，引导粉丝消费，这种行为是不可取的。在本案调解过程中，调解律师从年轻人个性冲动和看重他人对自己的评价入手，为王某详细分析诉讼的弊端，使其思想上引起重视，让调解工作得以推进。从法律角度来看，王某的行为实质上是一种隐瞒、欺诈的行为。依照《中华人民共和国民法典》第一百四十九条，此为可撤销的民事法律行为，直播间的粉丝可以在法律规定的时间内向王某行使撤销权，要求其返还打赏的费用。王某自行承担平台抽成的那部分损失。至于张某，其行为同样涉嫌欺诈，依据《中华人民共和国民法典》第一百五十七条，其民事法律行为无效。本案的调解律师准确把握了双方的诉讼风险并从中协调，最终促使双方达成和解，同时也让王某、张某认识到自己的错误。

小 结

◇◇◇◇◇◇◇◇◇◇◇◇◇◇

历史步入新时代，随着经济体制深刻变革、社会结构深刻变动、利益格局深刻调整、思想观念深刻变化，许多新型的社会矛盾陆续出现。其表现形式也具有时代特征：一是新型社会矛盾主体日趋多元化，二是新型社会矛盾表现形式发生了新的变化。

近些年，杭州市上城区调委会参与调处化解的矛盾纠纷中除了常见的婚姻家事、人身损害赔偿、医疗、交通、劳资、治安等纠纷外，还时常有一些带有明显新特征，事关新行业、新群体的纠纷，如涉及新冠疫情、快递运输、房产中介爆雷、网络直播等。特别是新冠疫情暴发以来，在党和政府的统一领导下，上城区各级调委会的广大人民调解员挺身而出，切实提高政治站位，积极投身社区疫情防控一线，扎实有序地统筹做好疫情防控和矛盾纠纷的源头预防排查、调处化解、普法宣传等工作，积极助力企业复工复产，全力维护社会和谐稳定，真可谓"哪里有纠纷，哪里就有人民调解员的身影"。面对大灾大难、突发事件时，人民调解员不忘初心、牢记使命、冲锋在前、甘于奉献、想群众所想、急群众所急，用自己坚强的肩膀牢牢筑起"第一道防线"。这也是广大人民调解员以实际行动践行"坚持发展'枫桥经验'实现矛盾不上交"的生动案例。

附　录
FULU

人民调解的历史渊源与发展历程

　　植根于我国历史传统并被长期实践证明是行之有效的具有中国特色的法律制度——人民调解，是我国宪法规定的基层民主自治的重要内容，也是人民群众自我教育、自我管理、自我服务的重要形式。人民调解制度是在中国共产党的领导下发展起来的，与仲裁、诉讼并列，具有独立性、中立性、公正性。它在新民主主义革命中创立，新中国成立后统一确立，社会主义革命和建设中发展，改革开放和社会主义现代化建设中创新完善，又于中国特色社会主义新时代开启了新征程。作为我国矛盾纠纷解决机制中的重要组成部分，人民调解在新时代矛盾纠纷多元化解格局中发挥着不可替代的作用。

一、人民调解制度源于中华民族的文化传统

　　根据史料，我国古代调解最早可追溯到奴隶社会的周代。《周礼·地官》所载官名记有"调人"，就是专门负责调解事务的官员。孔子可以说是提倡调解息讼的先驱人物。子曰："听讼，吾犹人也，必也使无讼乎。"这里表达的是儒家"无讼"的理想追求，强调人与人之间的和睦相处，即使有纠纷，也应通过中间调停或各方协商解决，而不轻易诉诸官府，动用公力救济。到 2000 多年前的秦汉时期，官府中的调解制度发展为乡官治事的调解机制。县以下的乡、亭、里设有夫，承担"职听讼"和"收赋税"两项职责，"职听讼"即调解民间纠纷。唐代沿袭秦汉制度，县以下行政组织没有审判权，乡里民间纠纷、讼事，先由坊正、村正、里正调解。明代则沿袭和发展了历代的调解制度，并将民间调解行为

上升为法律规范。《大明律》专门有关于"凡民间应有词讼，许耆老、里长准受于本亭剖理"的规定。按此规定，明朝专门设置了调解民间纠纷的处所"申明亭"，由耆老、里长主持调解并形成制度。清代实行保甲制，设排头、甲头、保正，负责治安、户籍、课税和调解民间纠纷。民国时期在区、镇、乡设立调解委员会，其成员需由具有法律知识和素孚信望的公正人士担任，并且由所在区、镇、乡公民选举产生。

民间调解这种具有淳朴性质的原始民主和人道精神的调解，在中华民族五千年的历史文化中，被糅合到我国政治、哲学、宗教、伦理、道德、社会风俗民情以及民族心理素质中，成为中华民族的精神财富、处事习惯，以及和解纠纷、息事宁人、和睦相处的美德。当双方发生矛盾纠纷不能解决时，就求助于长辈、亲朋以及处事公道的人予以调解，以消除纠纷和保持和睦，维护社会的稳定。

经过几千年的发展演变，民间调解主要有"乡治调解""宗族调解"和"邻里亲朋调解"三种方式。民间调解有利于生产力的发展和种族的延续，作为司法制度的补充，几千年来长盛不衰，成为中华民族的优良传统之一。

二、现代人民调解制度的萌芽与发展

我国现代人民调解制度萌芽于土地革命战争时期。在中国共产党领导下的反对封建土地制度的农会组织和在一些地区建立的局部政权组织中设立调解组织，调解农民之间的纠纷。1921 年，浙江省萧山县衙前村农民协会宣言中，规定了会员间纠纷的调解办法。这是现代人民调解委员会最早的萌芽。抗日战争时期，人民调解制度得到进一步发展。当时的陕甘宁边区等地的乡村都设有调解组织，并且称为"人民调解委员会"，这个名称一直沿用至今。抗日民主政府和解放区的人民政府，根据各地情况分别颁布了调解的地方法规，如《山东省调解委员会暂行组织条例》《晋察冀边区行政村调解工作条例》《冀南区民刑事调解条例》和华北人民政府做出的《关于调解民间纠纷的决定》等等。

新中国成立后，人民调解制度作为司法制度建设和社会主义基层民主政治制度建设的重要内容，得到了党和政府的关怀与支持。1950 年，周恩来总理专门指示："人民司法工作还须处理民间纠纷……应尽量采取群众调解的办法以减少人民讼争。"1953 年第二届全国司法工作会议后，开始在全国区、乡党委和基层政权组织内有领导、有步骤地建立健全的人民调解组织。1954 年，政务院颁布了《人民调解委员会暂行组织通则》（简称《通则》），在全国范围内统一了人民调解组织的性质、名称、设置，规范了人民调解的任务、工作原则和活动方式，明确规定了人民调解委员会是群众自治性组织，要求人民调解必须依法及社会公德调解，遵守平等、自愿及不剥夺诉权三原则。《通则》的颁布，是我国人民调解制度发展史上的重要里程碑，标志着人民调解制度在新中国的确立。

人民调解制度进入法制化阶段。1982年，人民调解制度作为基层群众自治的重要组成部分被写入我国《宪法》，并将人民调解委员会定性为基层群众性自治组织。1984年，司法部在全国第二次司法行政工作会议上确立了"调防结合，以防为主"的人民调解工作方针。该方针的确立，极大地丰富了人民调解工作的内涵，人民调解工作从单纯的"调"发展为"调防结合，以防为主"，人民调解工作从被动"调"转变为主动"防"。1989年，国务院颁布《人民调解委员会组织条例》（简称《条例》）。2010年，第十一届全国人民代表大会常务委员会第十六次会议审议通过《中华人民共和国人民调解法》，自2011年1月1日起施行。《中华人民共和国人民调解法》的颁布和实施在人民调解制度发展史上具有里程碑意义，对于推动人民调解工作的法制化、制度化、规范化，进一步完善具有中国特色的人民调解制度，具有十分重要的意义。

三、中国特色人民调解法律制度进入新时代起航新征程

从党的十八大开始，中国特色社会主义进入新时代。人民调解法律制度在服务中国特色社会主义现代化建设、满足人民日益增长的美好生活需要进程中创新发展。党的十八大全面总结了改革开放三十多年来取得的重大成果，对深化改革开放、加快转变经济发展方式、全面建成小康社会、加快推进社会主义现代化、建设社会主义法治国家、开创中国特色社会主义事业新局面做出战略部署。

人民调解作为人民参与管理国家事务的重要方式，是基层治理和法治建设的重要力量，党和国家高度重视。党的十八届三中全会通过的《中共中央关于全面深化改革若干重大问题的决定》特别强调："完善人民调解、行政调解、司法调解联动工作体系，建立调处化解矛盾纠纷综合机制。"党的十八届四中全会通过的《中共中央关于全面推进依法治国若干重大问题的决定》进一步强调："健全社会矛盾纠纷预防化解机制，完善调解、仲裁、行政裁决、行政复议、诉讼等有机衔接、相互协调的多元化纠纷解决机制。加强行业性、专业性人民调解组织建

设，完善人民调解、行政调解、司法调解联动工作体系。"为贯彻落实党的十八大和十八届二中、三中、四中全会精神，发挥人民调解在国家治理和社会治理中的作用，司法部推出四项措施推动人民调解工作改革创新、提质升级。

2014年，司法部印发《关于进一步加强行业性专业性人民调解工作的意见》，加强行业性专业性人民调解委员会建设，拓宽人民调解工作范围，拓展群众诉求表达、利益协调、权益保障渠道。

同年，司法部印发《关于推进公共法律服务体系建设的意见》，部署建立健全符合国情、覆盖城乡、惠及全民的公共法律服务体系，为全民提供法律知识普及教育和法治文化活动，为经济困难和特殊案件当事人提供法律援助，开展公益性法律顾问、法律咨询、辩护、代理、公证、司法鉴定等法律服务，开展预防和化解民间纠纷的人民调解活动等。2017年，司法部下发《关于推进公共法律服务平台建设的意见》，要求在县（市、区）和乡镇（街道）普遍建成公共法律服务实体平台，建成全国统一、互联互通、协同服务的电话热线和网络平台，到2020年总体形成覆盖城乡、功能完备、便捷高效的公共法律服务网络体系，实现公共法律服务的标准化、精准化、便捷化，努力为人民群众提供普惠性、公益性、可选择的公共法律服务。

2018年，司法部下发《关于进一步加强和规范村（居）法律顾问工作的意见》，普遍推行村（居）法律顾问制度，组织动员律师、基层法律服务工作者等担任农村法律顾问，加强农村法律服务供给。遍布全国城乡的人民调解网络打通了公共法律服务体系的"最后一公里"，广大人民调解员与驻村（居）律师、基层法律服务工作者共同承担起预防和化解矛盾纠纷的重要职责。

加强人民调解、行政调解、司法调解衔接联动的措施有：一是设立"诉调对接"——在法院设立人民调解窗口或建立共享信息平台，接受法院委托，委派专职人民调解员队伍，以人民调解方式化解诉前、诉中、诉后执行的民事纠纷。二是设立"访调对接"——在信访部门建立"访调对接"人民调解委员会、人民调解室等，用调解方式化解信访矛盾纠纷。人民调解与信访结合，使信访新添了就地解决渠道，对化解初信初访产生非常好的效果。三是设立"公调对接"——在公安派出所设立治安纠纷人民调解委员会、警民联调工作室等，调解因治安纠纷、案件引起的民事赔偿纠纷。四是设立"检调对接"——用人民调解方式解决刑事附带民事的案件。还有与政府其他职能部门对接化解矛盾纠纷的人民调解委员会。人民调解从社区逐步拓展到矛盾纠纷高发的多领域、各部门。

2017年，中国共产党第十九次全国代表大会就决胜全面建成小康社会，夺取新时代中国特色社会主义伟大胜利做出部署，对第二个百年奋斗目标，把中国建成富强民主文明和谐美丽的社会主义现代化强国做出部署。就实现中华民族伟大复兴征程中的人民调解法律制度如何在服务新发展格局中顺势发展，党中央指明路，定方向。

2018年3月28日，中共中央全面深化改革委员会第一次会议审议并通过《关于加强人民调解员队伍建设的意见》，提出坚持党的领导、坚持依法推动、坚持择优选聘、坚持专兼结合、坚持分类指导原则，按照"五位一体"总体布局和"四个全面"战略布局，全面贯彻实施人民调解法，优化队伍结构，着力提高素质，完善管理制度，强化工作保障，努力建设一支政治合格、熟悉业务、热心公益、公道正派、秉持中立的人民调解员队伍，为平安中国、法治中国建设做出积极贡献。

2019年，习近平总书记在中央政法工作会议上强调，要深化公共法律服务体系建设，加快整合律师、公证、司法鉴定、仲裁、司法所、人民调解等法律服务资源，尽快建成覆盖全业务、全时空的法律服务网络。

2020年，习近平总书记在中央全面依法治国工作会议上强调，要完善预防性法律制度，坚持和发展新时代"枫桥经验"，促进社会和谐稳定。

司法部组织召开全国首次调解工作会议，就构建以人民调解为基础，人民调解、行政调解、行业性专业性调解、司法调解衔接互动的大调解格局进行部署。

进一步强化人民调解员队伍建设，加快融入新时代社会治理新格局。随着六部委出台加强人民调解员队伍建设意见，人民调解员职业化有望实现，中华全国人民调解员协会已经印发《关于开展人民调解员等级评定工作的意见》，全国320万名人民调解员陆续进入等级评定，36万多名专职人民调解员将有望获得职业水平评价，进入国家职业技术职称序列。

2022年，党的二十大胜利召开，大会号召全体中华儿女在中国共产党的领导下，高举中国特色社会主义伟大旗帜，全面贯彻习近平新时代中国特色社会主义思想，弘扬伟大建党精神，自信自强，守正创新，踔厉奋发，勇毅前行，为全面建设社会主义现代化国家、全面推进中华民族伟大复兴而团结奋斗。大会明确，从现在起，党的中心任务是团结带领全国各族人民全面建成社会主义现代化强国、实现第二个百年奋斗目标，以中国式现代化全面推进中华民族伟大复兴。

深入学习贯彻习近平法治思想，准确把握依法治国新理念、新思想、新战略，将成为把人民调解工作纳入服务新发展格局统筹考虑谋划、推动实现人民调解与时俱进、在新征程上展现新作为的时代课题。

踏上新征程，担当新使命，续写新辉煌。人民调解法律制度将在党中央的坚强领导下继续发展和完善，顺应新的发展格局，人民调解组织将遍布全国各行各业各领域，以各种机制形式来完成对接与联动，人民调解工作将随着社会变革，向新型的社会矛盾纠纷多发领域不断拓展延伸、创新发展。广大人民调解员也将以更加坚定的思想自觉、精准务实的工作举措、真抓实干的工作劲头，不忘初心，牢记使命，敢于担当，善于作为，为人民群众排忧解难，为全面推进依法治国、全面建成社会主义现代化强国、实现第二个百年奋斗目标，以中国式现代化全面推进中华民族伟大复兴而贡献力量。

"省级金牌"是怎样炼成的

　　本文为2021年上城区人民调解委员会金牌和事佬调解工作室被评定为浙江省首批"省级金牌人民调解工作室"后，《浙江法制报》记者采访时的谈话记录。

　　问：首先祝贺咱们上城区人民调解委员会金牌和事佬调解工作室被评定为"省级金牌人民调解工作室"，请您介绍一下金牌调解工作室的概况。

　　答：2013年，在杭州市上城区司法局的指导下，金牌和事佬调解工作室正式挂牌成立。说起这个金牌工作室，就不得不提金牌人物沈寅弟。1987年他从

沈寅弟（右）
陈叶锋（左）

部队转业至上城区望江街道工作，退休后被聘为上城区人民调解委员会人民调解员，专门从事人民调解工作，于 2010 年被评为杭州市首届"十大金牌和事佬"。金牌和事佬调解工作室也是因为由金牌人物沈寅弟领衔而得名的。

　　工作室成立以来，认真贯彻实施《中华人民共和国人民调解法》，严格遵循浙江省地方标准《人民调解工作规范》，全面加强规范化建设，办公面积合计 205 平方米（包括金牌和事佬调解工作室 25 平方米，专职调解员办公室 30 平方米，大调解室 2 间合计 120 平方米，小调解室 30 平方米）。工作室规范了纠纷案件的受理、调解、回访、案卷制作等相关工作流程；统一规范使用标识标牌、上墙内容和制度、印章、各类文书报表及信息系统平台；积极开展定期排查、定期疏导、定期会诊、定期回访、定期交流工作，从而使调解组织各项业务工作步入制度化、规范化轨道。2020 年，上城区人民调解委员会金牌和事佬调解工作室整体入驻上城区社会矛盾纠纷调处化解中心，与信访、法院集中协同办公，积极打造矛盾纠纷"一站式"化解服务品牌。

　　截至目前，沈寅弟先后被评为浙江省司法行政系统"十大最具影响力人物""全省十大调解能手""全国模范人民调解员""全国人民调解专家"等。上城区人民调解委员会金牌和事佬调解工作室先后被中共杭州市委"平安创建"领导小组评为"平安示范单位"，被杭州市人民调解协会评为"矛盾纠纷化解工作先进集体"等。

　　问：请介绍一下工作室的特色做法。有哪些成效？在工作中是如何充分发挥人民调解维护社会和谐稳定"第一道防线"作用的？

　　答：有句话说得好，"没有完美的个人，只有完美的团队"。要说特色，首先是工作室有一支金牌调解员队伍，然后就是发挥调解独特优势，围绕中心、服务大局有力有效。

　　1. 金牌领衔，团队结构优化，工作传承有力

　　工作室目前有 4 名调解员，沈寅弟和他的 3 个徒弟陈叶锋、王超君、蔡铃玉。调解员"老中青"结合，工作中"传帮带"并重。他们既有同事之谊，更有师徒情分，配合默契，合作融洽。

　　在沈寅弟的言传身教下，3 个徒弟快速成长，也能独当一面。陈叶锋先后被评为杭州市"矛盾纠纷化解工作先进个人"、杭州市第六届"十大金牌和事佬"。至此，工作团队再添一"金"，成为名副其实的"老金牌"带出"新金牌"。

王超君、蔡铃玉也逐渐成为上城区调解队伍中的后起之秀。王超君被评为"2019年度上城区优秀人民调解员"。

工作中，团队始终秉持"依法依规、合情合理"的原则，通过释法、明理、融情相结合来灵活开展调解，突出以法育人、以理服人、以情动人。工作之余，他们还坚持梳理、复盘、反思，注重工作经验积累与总结，逐步形成实用有效的工作方法。如沈寅弟同志结合近20年的调解经历总结出了"调解五步法"：一是"温馨调解"，即尽可能地用和谐的环境与气氛来影响和感染当事人，"递上一杯热茶、展露一个微笑、送上一句问候"，注重调解方法，讲究调解艺术；二是"谈心调解"，即以随和的圆桌形式替代严肃的法庭审判，用可以缓和双方当事人的情绪、话语等等，拉近当事人间的距离；三是"亲情调解"，也称情感调解法，即多从人情及社会公德的角度来说服和教育纠纷当事人，用亲情、友情加法律条文进行攻心疏导，达到成功调解的目的；四是"感化调解"，即启发双方当事人转换角色，换位思考，在考虑个人得失的同时，也要为对方利益着想，做到知彼知己、自我约束；五是"动态调解"，善于把握纠纷当事人在调解过程中的不同思想状态和意愿，实施有针对性的调解方案。陈叶锋在学习和借鉴师傅沈寅弟"调解五步法"的基础上创新发展，结合调解工作实际总结并整理出"解纷七策"：第一策，法理推演见分晓。通过法律知识、政策规定以及道德公约、村规民约、公序良俗等的针对性详细解读，结合纠纷案情实际进行客观推演分析，让当事人认识到有些行为或主张是不合法的，便于当事人更清楚更直观地做出正确合理的判断，明白什么样的选择会带来什么样的结果或后果，帮助其找寻答案，确定怎么想、怎么做。第二策，情感融入化隔阂。运用富有感染力、激励性的语言，唤起当事人自尊心、荣誉感、自豪感等，唤醒当事人的亲情、恋情、乡情等情感关系，动之以情、晓之以理，令其主动做出让步，拉近彼此距离，以了结纠纷。第三策，换位思考心平和。适时引导双方结合纠纷案情的不同角色、不同时段、不同场景等进行设想，如果处在对方那种立场、角色、心情时，自己会怎么想、怎么做？必要时进行一些引导性的启发，以便当事人进入状态，寻求内心的平衡，争取双方的同理心。第四策，冷却宣泄减负能。在解决矛盾的时机尚未成熟，双方都处于情绪冲动、认知狭窄的不理智状态时，可视情况给当事人一段冷静考虑利益得失的时间。调解时，如当事人一时情绪消极，哭诉不停或者肢体语言失衡，要理解和允许其情绪的释放和宣泄，以减少负能量。这样有利于后面循循诱导，引导并进行心理疏导和接续调解。第五策，利弊成本看对比。结合纠纷案情发展及当事人各方的利益诉求，适时对各方面实际情况与当事人进行具体分析，按照调解或调解方案的利和弊，通过算账对比、案例分析等方式进行对比说明，帮助和引导当事人做出更理性、更有益的选择。第六策，求大同而存小异。根据纠纷调解情况，当事人各方的利益诉求多且散、大小不一，要注意分析矛盾的主次性，并着重抓住一个在纠纷的发展过程中起决定因素的矛盾，适当模糊非关键又无法调查清楚的事实因素，以确定调解的重心和解决的方法进行着力攻克，引导当事人本着解决问题的态度，求大同而存小异，以利于纠纷的高效解决。第七策，联动联诊破僵局。遇到特别疑难案件、重特大矛盾纠纷或者群发性纠纷等情况时，要根据纠纷涉及的各个方面，视情况邀请相关部门和组织，相关专业人士，或当事人的亲朋好友、同事、同学等，联合对案情进行分析研判，制订科学的调解策略和调解方案，同时结合运用其他方法，通过权威、法规、专业、亲情等全方位地对当事人施加影响和引导疏解。

从"金牌"带"金牌"，从"调解五步法"到"解纷七策"，充分展示了工作室在队伍建设、工作传承、整体能力等方面的全面提升，充分体现出工作室在工作精神与荣誉上、在工作团队建设上、在工作方式与方法上的传承和发展。

2. "金牌"业绩，紧扣民生要务，维稳破难有功

近三年来，工作室围绕中心，服务大局，主动担当，积极作为，依托上城区矛调中心平台建设，充分发挥人民调解独特优势，积极融入"访调""诉调""行政调解"工作机制，主动对接，积极沟通，整合资源，化解纠纷，攻坚克难，在积极助力"诉源治理""访源治理"，全力维护社会和谐稳定的工作中取得了良好的成绩。调解各类疑难复杂纠纷案件共计390多起，调解成功率为98%以上，协议履行率为100%，涉案金额达1.69亿元。

工作室先后参与成功化解了上城区第一起因旧宅加梯引起的民事诉讼案，第一起涵盖涉诉涉议涉访共计16项之多的复杂性行政纠纷，历时10余年的工伤善后信访积案等共计70余起。2018年，由于化解纠纷助推旧宅加梯工作成绩突出，工作室得到了杭州市政府主要领导的肯定批示"要积极发挥人民调解在加装电梯中的矛盾调解、纠纷处理的积极作用，感谢司法局的重视"。2019年，工作室全员参与"人民调解助推望江地区征迁工作组"，全力化解征迁纠纷，助推全区"四个全域化"工作。截至2020年底，工作组接待望江地区拆迁地块的各类来

人来访 500 余人次，成功化解疑难纠纷 35 起，涉案金额超过 1 亿元，有效推动了望江地区的征迁清零工作。其间，涉及始版桥直街、下灰团巷的征迁纠纷等连续多起疑难复杂案件的成功调解，还受到了上城区政府主要领导的肯定批示：

"很好！要注重打造一支强有力的人民调解队伍，积极发挥作用，有效化解征地拆迁、信访维稳及家庭邻里纠纷方面的矛盾，促进社会和谐，促进政府中心工作有序推进。"

问：本区开展人民调解工作的经验和亮点是什么？今后有何打算？

答：上城区一直重视人民调解工作。自 2008 年 4 月我区制定出台《关于进一步加强社会矛盾纠纷"大调解"工作的实施意见》以来，我们一直致力于构建以人民调解为基础的大调解工作，作为服务大局、服务民生最直接、最基础的职能部门，抓紧抓好、抓出实效。一是做强街道、社区人民调解组织。通过建立预警机制和定期排查机制，充分发挥两级调解组织、调解员的作用。通过建立预警机制、定期排查和常态化调处化解机制，充分发挥两级调解组织、调解员的作用，将矛盾纠纷消除在萌芽，化解在基层。二是做活尚法志愿者组织。2009 年，在每个社区建立了"和事佬"协会，充分发挥"和事佬"扎根基层、熟悉民情的优势；在此基础上，2017 年开始全力打造基层社会治理新载体——"尚法工作室"：运用"五位一体"基层司法行政工作模式，将人民调解、法律援助、法治宣传、社区矫正、律师服务等五项工作触角延伸到社区。2020 年，全区各类调解组织共调解纠纷 8135 起，调解成功 8086 起，成功率为 99.4%。三是做大人民调解体系。首先，成立上城区人民调解协会。2018 年 9 月，成立了以沈寅弟为会长、陈叶锋为秘书长的上城区人民调解协会。协会的成立，为探索开展人民调解政府购买服务和全区人民调解员加强自我管理、自我约束、自我提高提供了良好的平台。目前，上城区人民调解协会有单位会员及个人会员共计 77 名。协会成立以来，在组织开展各级调解组织业务培训与专业指导、调解工作机制有效衔接运转方面发挥了良好的作用，在创新社会组织参与社会治理方面进行了积极有效的探索实践。此外，大力拓展行业专业调解组织。我区坚持资源统筹、分类推进的工作原则，根据行业领域发展需求，不断拓展行业性、专业性调委会建设：2009 年，我区依托住建局建立了全省第一家区级层面的物业纠纷调委会；2012 年，根据湖滨地区医疗资源集中的特点和医患纠纷及治安安全形势，在杭州市第一人民医院和浙江大学医学院附属妇产科医院设立人民调解室；2017 年，成立杭十中教育集团人民调委会和南都家事人民调委会；2018年在玉皇山南基金小镇管委会建立金融行业人民调委会，在湖滨商圈建立湖滨商圈人民调委会；等等。截至目前，行业专业领域人民调解委员会已超过15个。其次，引入律师服务调解机制。律师作为精通法律的专业人士，在处理矛盾纠纷过程中，相对能得到当事人的青睐和信任。我区积极发挥社区律师和志愿律师作用，在重大纠纷中邀请律师参与调解，积极为双方当事人寻找法律框架内利益相互兼容的解决方案。四是做好人民调解宣传工作。充分挖掘人民调解工作的先进事迹、鲜活案例与好经验、好做法，通过新闻通讯、工作专报、微信推送等方式，加强人民调解宣传，提升人民调解知晓度和美誉度。其中加梯纠纷和拆迁安置纠纷、信访积案等的化解工作多次得到了市、区领导的批示肯定，调解案例被司法部和省、市政法系统官方微信公众号及CCTV13套新闻频道、《浙江日报》、《钱江晚报》等媒体报道。近几年，我区各单位和个人获得了许多荣誉：区司法局被评为全省"指导人民调解工作先进集体"；区调委会被司法部授予"坚持发展'枫桥经验'实现矛盾不上交试点表现突出集体"称号，被市委市政府评为"社会矛盾纠纷化解创建平安示范单位"；望江街道调委会、九堡街道调委会、彭埠街道御道社区调委会被司法部评为"全国模范人民调解委员会"；清波街道、望江街道被省委省政府评为"人民调解工作先进街道"；湖滨街道调委会被省委省政府评为"优秀调委会"；湖滨街道被市委市政府评为"人民调解工作先进街道"；南星街道调委会被市委市政府评为"优秀调委会"等。区人民调解委员会调解员沈寅弟被司法部授予"全国模范调解员"，聘为"全国人民调解专家"；区物业纠纷人民调委会调解员项朝阳被司法部评为"全国人民调解能手"，被省人民调解协会聘为"省级人民调解专家"；区人民调解委员会调解员陈叶锋被司法部授予"全国模范人民调解员""坚持发展'枫桥经验'实现矛盾不上交试点工作表现突出个人"，被评为杭州市首届"十大法治人物"、杭州市"矛盾纠纷化解工作先进个人"、杭州市首届"十佳榜样人民调解员"、杭州市首届"最美加梯人"；梅花碑社区尚法工作室负责人陈文英被司法部评为"全国先进人民调解员"；九堡街道调委会单国良被评为杭州市第三届"金牌和事佬"、杭州市"矛盾纠纷化解工作先进个人"、杭州市"枫桥式"调解能手；等等。

随着司法行政工作职能重心不断下沉，关口前移，不断推动公共法律服务资源向社区、基层组织、社会团体、弱势群体倾斜，下一步将以点带面进一步发挥示范引领作用，强化"大调解"工作机制的辐射效能。一是加强人民调解与行政调解、司法调解的高度融合，注重发挥社会组织、相关行业协会和专家学者在行政调解中的作用，在重点领域、重点行业可以组建调解志愿者队伍和调解专家库，动员社会力量参与行政调解。我们更多的是期待与公安、法院、市场监管、民政等各兄弟单位部门进行紧密对接，联合联动，围绕"法治上城和社会治理现代化"这个目标，通过大联动、大服务，构建和完善"大调解"工作体系，使"大调解"工作机制更融合，衔接运作更顺畅，化解矛盾更高效，协同治理更凸显。二是进一步壮大社会组织参与社会治理。首先，全面提升尚法志愿者覆盖面。与区委等相关部门合作，积极吸收党员、青年志愿者为尚法志愿者，确保人民调解真正实现"从群众中来，到群众中去，化解人民内部矛盾"。其次，提高社会组织参与度。积极发挥"一会、一室、一中心"的作用，鼓励更多社会组织创新参与社会治理，充分展现社会组织独特的民间性、非营利性、志愿性和自治性特点，更好发挥协同参与社会治理的应有作用。建成全区的人民调解培训基地，指导、参与调处全区疑难矛盾纠纷，努力提高社区调解组织的调解能力。再次，加强社会购买服务。以项目化的方式，吸收律师、基层法律服务工作者和心理咨询师进驻人民调解组织和尚法工作室，承接政府购买服务项目。三是充分运用网络信息和社会新媒体助力调解。在运用好 12348 法网、远程公共法律服务平台等基础网络平台条件的同时，依托浙里调解（可信云调解）系统，充分利用互联网的便捷、即时等优势，加快推进"线上调""掌上调"工作模式建设，全面提高化解社会矛盾问题的能力和效率，努力提升人民调解社会化、规范化、智能化、专业化、品牌化建设水平。

调解路上笃定前行

——记全国人民调解专家沈寅弟

"请问老沈在吗？""老沈快帮帮我……"在浙江省杭州市上城区矛调中心，每天都能看到来找老沈的群众。老沈就是上城区人民调解协会会长、上城区矛调中心人民调解员沈寅弟。

"我热爱调解，我还能干！"虽已过花甲之年，沈寅弟依然精神抖擞，一提到调解，就充满激情。退休后的沈寅弟一心扑在调解上，化解各种各样的矛盾纠纷，他既走访入户实地调解，也进行媒体调解。目前杭州市电视台西湖明珠频道《和事佬》节目已播出沈寅弟调解节目 380 期。沈寅弟因此成了杭州名人，"有纠纷，找老沈"，渐渐成了上城区甚至杭州市老百姓的口头禅。

自 2001 年从事调解工作以来，沈寅弟共调解矛盾纠纷 6196 起，其中重特大纠纷 82 起，纠纷涉及金额 3.2 亿元。沈寅弟先后获评"全国模范人民调解员""全国人民调解专家"等。

一、"老兵哥"结缘调解，为民解忧有温度

1987 年，从军 18 年的沈寅弟转业到上城区望江街道城管科。在一次拆违行动中，李某因产权证书被哥哥拿走不还，担心房屋被当成违章建筑拆掉，急得"扑通"一声跪在沈寅弟的办公室里。沈寅弟先安抚好李某，了解情况后，告诉他房

屋不会被拆，随后陪着李某去找他哥哥，一番情理劝解后，解开了兄弟间的心结，房产证也回到了李某手中。纠纷的顺利解决让沈寅弟深感兴奋："看到当事人从满面愁容到一脸喜悦，我内心感受到满满的成就感，同时我对调解有了进一步认识。"从此，沈寅弟对调解越发感兴趣。

1998年沈寅弟进入望江司法所工作，并在2001年正式做起了调解工作。"能实实在在为群众做一些事、排一些难、解一分忧，我感到开心和光荣！"2013年，退休后的沈寅弟毫不犹豫地继续从事人民调解工作，用一片赤诚奉献余热，化解矛盾纠纷。

"我们就想知道，什么时候能把租金和押金退给我们？"上城区矛调中心的访调工作室里，剑拔弩张。这是某公司（市场运营管理方）想把市场转作他用而让商铺搬迁，却只退半个月租金，与商户产生纠纷后的第三次调解了，纠纷牵扯到77家商户，涉及金额600余万元。此前，区信访局已召集相关部门和街道调解了两次，但都无果而终，这次专门邀请沈寅弟参与调解。房间内20多人满满堂堂、沸沸扬扬。"租赁合同未到期，公司就让商户搬走，显然违约。大家要想妥善解决问题，必须理性维权。"沈寅弟边听边梳理，瞄准时机开始劝解，声音不大，却铿锵有力，调解室内一下子安静下来。沈寅弟随即像谈心聊天一样循循善诱。了解到商户们愿意退租，且只要求退还全部押金和剩余租金的诉求后，沈寅弟先解读《中华人民共和国合同法》指出公司本就构成违约，现在商户仅要求退押金和租金，其诉求正当；若商户起诉，可能还要追究公司违约责任，到时公司得不偿失。而后引导公司换位思考商户小本经营的不容易，通过以案释法、利弊分析，逐步转变公司的态度。公司最终同意沈寅弟提出的调解方案，退还全部押金和剩余租金，给予商户合理搬迁时间。方案是提出了，但如何确定退款时间又成了沈寅弟心头的一块石头。随后的一周，沈寅弟一方面上门查看市场情况，劝说公司多考虑自身社会责任以及与商户关系处理上的稳妥性和人情化，另一方面逐个走访几个"重点商户"，动之以情晓之以理劝说商户们，既要考虑自身损害，也要给公司周转资金的时间，一户户地统一了意见。一周后，双方当事人愉快地签下了调解协议。

"做调解就要像老沈这样既有尺度，又有温度，让双方都满意。老沈把纠纷化整为零逐个击破，这也为我们攻坚化解信访积案提供了借鉴。"事后，上城区信访局副局长高波向沈寅弟竖起了大拇指。

二、"和事佬"访调攻坚，化解积案有担当

"沈寅弟是个有胆识、有担当的'和事佬'。"认识沈寅弟的人这样评价他。沈寅弟敢啃"硬骨头"，遇到疑难复杂纠纷一个劲儿地往前冲。"吃不了苦，怕担事儿，就做不好调解。"沈寅弟说的话，让人感觉到他身上的坚定与执着。

鲁某是某集团员工，被借调至某指挥部，2012年在拆迁现场不慎从二楼坠落，落下残疾。后鲁某就工伤善后问题与集团、指挥部产生纠纷，并向有关部门反映，但一直未能解决。2020年4月，区信访局将纠纷导入"访调对接"，与区调委会共同调处。在第一次调解会上，沈寅弟充分听取了双方诉求意见，但双方分歧较大且互不让步。鲁某生气，准备离开，沈寅弟拉住鲁某，又与他交心长谈3个多小时，平复其情绪。随后，沈寅弟与同事、上城区矛调中心值班律师一同商讨案情、制订方案，并对涉及的部门、时间节点及人员分工等进行了确认。接下来的一周，沈寅弟来回奔走于当事单位、人社局、民政局等之间，不是在分管领导、科室负责人办公室，就是在业务办事窗口。"老沈一趟趟地跑，光咨询社保、退休政策就来了好几趟，问题一次比一次问得细，不知道的人还以为他在为自己的事跑！"区人社局郑士奇回忆道。另一方面沈寅弟不忘与鲁某联系沟通，让鲁某了解调解进度。沈寅弟向该集团讲解政策法规之余，又延伸至该集团的职工福利、救济救助等，适时提出调处意见，得到其认可后，及时反馈给鲁某，渐渐使当事人鲁某转变了态度。之后，沈寅弟组织双方面对面沟通，特意选用圆桌会议室，自备龙井茶，营造温馨舒适的调解环境。为确保调解协议的合法性和可操作性，沈寅弟还与区人民法院法官就协议条款的拟定等充分沟通，字斟句酌，直至完善。经过沈寅弟的不懈努力，双方签订了调解协议，鲁某也放弃了上访。至此，这起持续了多年的信访积案终得化解。

自2018年上城区"访调对接"工作开展以来，沈寅弟共参与化解各类信访疑难积案35起。

三、"好老师"带好队伍，致力传承有格局

一花独放不是春，百花齐放春满园。"人民调解是具有中国特色的'东方经验'，身为一名人民调解员，不仅要会调解纠纷，更要做好传承，把人民调解一棒接一棒传下去。"这是沈寅弟大会小会、逢人就讲的一句话，也是他身体力行做的事。

"小王，这个纠纷，你先试着调解。不要怕，我做你的后盾。"日常工作中，沈寅弟注重做好传帮带工作，手把手地指导年轻调解员，给予他们调解的信心；分享自己的调解经验和心得，帮助他们尽快成长。至今，沈寅弟已经带出了 8 个徒弟，他们有的已成为街道调委会的调解骨干。

此外，沈寅弟还经常抽出时间和徒弟分享调解经验、分析研判新型矛盾纠纷、总结调解技巧，并对近期纠纷调解情况的得与失进行客观评价。"沈老师总能敏锐地找到纠纷调解切入点。我们调解时，他会在一旁细心观察并适时指点，跟着他，我们能学到很多。"王超君由衷地感佩师傅沈寅弟。

沈寅弟是个名副其实的老师，他已在浙江警官职业学院应用法律系任教，教授人民调解课程 12 年。课堂上，沈寅弟从不照本宣科地授课，而是结合实际案例联系课本知识点来讲课，告知学生们在实际调解过程中常要运用的法律点、注意事项，并传授他们调解方法和技巧。他还采取互动方式，请学生们结合调解短片进行提问，适时进行答疑解惑，让每周 2 个多小时的课堂生动活泼且富有实效。

在沈寅弟的调解办公室里，感谢的锦旗已挂满墙面，但年逾六旬的沈寅弟丝毫没有放慢调解的脚步。"让纠纷止于萌发、止于诉前是我不懈的追求，让当事人高兴而归，拥有更多的获得感、安全感、幸福感是我努力的方向。对于调解工作，我还要继续做下去，还要做得更多……"

（杭州市上城区人民调解委员会 陈叶锋、蔡玲玉）

调解路上展"锋"采

——记全国模范人民调解员、杭州金牌和事佬陈叶锋

"你年纪轻轻，为何会选择这么婆婆妈妈又吃力不讨好的调解工作？"常有人这样问陈叶锋。陈叶锋说："能为老百姓干点实事，解决点实际问题，我很开心。"

陈叶锋是杭州市上城区人民调解协会的副会长兼秘书长、上城区人民调解委员会的人民调解员。近 20 年的职业生涯中，他先后从事过行政管理、人力资源、党务、工会、信访接待等有关工作。2013 年开始接触并参与矛盾纠纷调解工作，10 多年的群众工作经验使他对人民调解情有独钟，也令他做起人民调解工作更为得心应手。这些年来，陈叶锋参与并成功调解房屋土地征迁、旧宅加装电梯、邻里物业、家事婚姻、人身损害等各类矛盾纠纷 1130 多起，调解成功率98.2%，协议履行率 100%，纠纷涉及金额 7300 余万元。与此同时，陈叶锋也获得了不少荣誉：2018 年，被司法部授予"坚持发展'枫桥经验'实现矛盾不上交试点工作表现突出个人"；2019 年，被评为杭州市"最美加梯人"、杭州市上城区"调解之星"；2020 年，先后被评为杭州市"矛盾纠纷化解先进个人"、杭州市第六届"十大金牌和事佬"，被司法部授予"全国模范人民调解员"；等等。

一、为民服务，是他从事调解工作的初心

"想群众所想，急群众所急。"陈叶锋始终不忘自己是一名共产党员，身处调解岗位的他把"时刻为群众服务"当成了座右铭。

2019年1月，根据上城区司法局与望江街道出台的《关于人民调解参与化解矛盾纠纷助推望江"四个全域化"的工作方案》，上城区人民调解协会开始全面介入参与助推政府中心工作，并从全区各个调解组织抽调骨干组建了"人民调解助推望江地区征迁工作组"。作为协会秘书长的陈叶锋被委任为工作组临时党支部书记、组长。接到任务后，陈叶锋二话不说，带领工作组13名调解员、律师第一时间进驻街道现场动迁指挥部，与组员们一起做好咨询接待、分流引导、受理调解等工作，为动迁指挥部和拆迁居民提供人民调解服务。其间，陈叶锋常常奔波在指挥部、街道、社区、当事人家中，时常顾不上吃饭休息，一天调解3起纠纷，加班到晚上九十点也是常态，甚至周末也没得休息。

莫南二期征迁有位户主汪某，有五子二女。汪某夫妇去世后，其子女就房屋继承分配产生争议。汪某子女现已七八十岁，散居在深圳、上海、新疆等地。征迁工作开始后，析产事宜过了几个月毫无进展，征迁工作也受到影响。陈叶锋介入后一家接一家地做工作，不厌其烦地打电话沟通协商，一步步拉近当事人之间的距离。直到当事人分歧缩小后，他才把大家召集起来，进行面对面的沟通协商，用法律条文释明当事人，用政策规定劝服当事人，用血浓于水的亲情感化当事人。调解从白天进行到黑夜，一直到晚上9点多，终于在陈叶锋苦口婆心的劝说下，当事人签下了调解协议书，并第一时间到指挥部动迁小组签订了征收补偿协议。

在陈叶锋的带领下，工作组驻点指挥部一年多，共接待来人来访600余人次，成功化解征迁"硬骨头"纠纷30多起，有效助推了征迁清零工作。

二、"解纷七策"，是他高质高效调解的法宝

工作之余，陈叶锋一有空就梳理复盘调解过的矛盾纠纷，反思是否有不妥当之处，思考是否有更好更有效的方法。依据长年积累的经验，陈叶锋始终坚持"依法调解、合情合理"八字调解原则，不仅梳理出了"六字群众工作法"——谈、理、比、熬、联、访，还总结整理出了一套自己的调解法宝——"解纷七策"，即法理推演见分晓、情感融入化隔阂、换位思考心平和、冷却宣泄减负能、利弊成本看对比、求大同而存小异、联动联诊破僵局，有效促进了纠纷的快速解决。

2019 年 6 月初，调委会受理了后市街小区 119 号加装电梯的纠纷。陈叶锋第一时间到现场查看，并与主张加装电梯的业主和反对方的业主反复沟通协商。在双方当事人争执不下时，他运用"换位思考心平和"策略，引导当事人站到对方角度思考问题，平心静气、有理说理，不要把加装电梯的好事变成烦心事。在确定加装电梯的位置及移动尺寸时，他采取"求大同而存小异"策略，让大家站到"共建一台电梯、造福一个单元"的大局上去想，考虑大家的需求，模糊小的尺寸计较。在协商整个电梯位置移动、设计安装等问题时，他采用"联动联诊破僵局"策略，联合上城区人民法院诉讼服务中心、上城区住建局加梯办、社区及电梯公司、设计公司等反复探讨磋商，寻求最优方案，最终实现了双方当事人共同推进加梯的双赢局面。事后陈叶锋说道："既不伤和气地解决纠纷，又能成全加梯好事，人民调解义不容辞。"

问题总是千变万化，方法可以融会贯通。陈叶锋也尝试把"解纷七策"运用到家庭经营、子女教育和职场减压等矛盾纠纷化解中。家住清河坊社区的于某，因琐事、孩子教育等问题与妻子、孩子关系紧张，苦恼的他经社区干部引荐找到了陈叶锋。陈叶锋灵活运用"解纷七策"，告知于某夫妇"昨日之因才有今日之果，今日有为方有明日之盼"，家庭关系和谐的维持，离不开家庭成员间的互相包容，遇事时多换位思考，闹心时多利弊分析，夫妻相处贵在相敬如宾，求大同存小异亦显彼此尊重，如此才能让家庭更加和睦，给孩子营造好的家庭氛围。对于孩子教育问题，陈叶锋建议二人多理解孩子的学习压力，松紧适当。一席话让于某夫妇不住地点头。此后，陈叶锋时常能在微信朋友圈中看到于某一家三口欢声笑语的场景。

三、主动作为，是他融入社会治理大局的担当

调解工作越做越顺手，陈叶锋却没有满足于现状，而是思考得更多。他在想如何把调解更好地融入社会治理大局中。

在围绕社会组织参与社会治理，积极融入社会治理共同体工作中，身兼上城区人民调解协会秘书长的陈叶锋结合区域矛盾纠纷实际情况，从人民调解角度进行思考探索和创新实践。2020 年下半年，在陈叶锋的大力推动下，上城区人民调解协会先后与区尚法教育服务中心、区物业管理事务服务中心、清波街道张能庆公益服务站等单位成立了"4 ＋ N 尚城善治 · 城市治理社会协作联盟"，旨

在凝聚调解员、律师、志愿者等社会力量更高效地预防和化解物业纠纷。联盟组建工作团队在清河坊步行街、湖滨步行街和平海公寓试行建立街区小区物业依法创新治理示范点,及时预防和化解街区小区相关矛盾纠纷。目前,示范点已成功调解租金、垃圾清运欠费、车库长年占用等疑难矛盾纠纷和陈年积案近20起。

湖滨辖区某公寓由于地理位置原因被自然划分为南北两个区,有南、北区两家物业和两个业主委员会。由于2008年该公寓涉及部分土地列入道路绿化征迁范围,道路绿化如期完成了,但两区居民却为拆迁补偿款的分配产生了纠纷。南区面积是北区的2倍,但南区户数却不及北区的1/2,长期以来两区业主在分配方案上始终未能达成共识。得知情况后,陈叶锋所在的工作组第一时间主动介入,首先认真听取南、北区业委会、业主们的意见。其间,他与社区干部多次交流探讨,实地走访居民了解情况,尽量掌握第一手历史成因资料,做到心中有数。之后,他还多次组织调解员、律师及相关部门人员一起分析讨论,努力找出矛盾焦点和解决之法,为正式开启调解做足准备。2020年9月初,工作组联合街道、社区工作人员,一起召集南、北区业委会成员及居民代表等进行调解。从业主们最关心的经济利益角度出发,指出补偿款一直滞留在公证处,不但没利息收益,还要交保管费,如此僵持下去,得不偿失,建议双方好好协商、尽快止损。而后指出拆迁款分配既要依据规定,也要考虑实际情况、兼顾邻里关系,引导双方从建设和谐家园角度处理问题,提议补偿款按照面积比例分配,但因北区户数多且多为安置户,建议南区拿出部分资金支持北区发展。见大家还有些犹豫,调解员又从远亲不如近邻的角度劝解,最终打动了双方。双方达成一致意见:从补偿款里拿出部分费用支持北区的发展,其余款项按两区面积占比分配。一起跨越10余年的小区内部纠纷终被解决。

"选择了人民调解,就是选择了一份责任。"虽然陈叶锋年轻,但其身上的担子却不轻。"要始终把人民群众放在心中最高的位置。"陈叶锋以匠心致初心,以情怀展"锋"采,在耕耘调解中传承和发展"枫桥经验",为构建和谐社会贡献着自己的力量。

(杭州市上城区司法局 应林燕,杭州市上城区人民调解协会 王超君)

律师谈人民调解

　　法治建设新时期，法治中国新时代。"抓前段、治未病"的诉源治理理念愈发深入人心。在习近平总书记"坚持把非诉讼纠纷解决机制挺在前面，从源头上减少诉讼增量"的指示下，各级人民政府、社会各界正推动更多法治力量向引导和疏导端用力。在这一背景下，人民调解的重大价值和重要意义更为凸显。杭州市上城区人民调解协会以人民调解为基础，与司法调解、行政调解、行业性专业性调解衔接联动、优势互补，坚持发展"枫桥经验"，贯彻落实群众路线，积极构建大调解工作格局，以真心、热心、公理心，真正地为老百姓解决了大量的急事、难事、烦心事，得到了各界的广泛好评。在这一过程中，基层人民调解战线上涌现出以"老沈""锋哥"为代表的一大批优秀典型调解人物。

　　杭州市上城区人民调解委员会、上城区人民调解协会，立足于上城区社会治理综合服务中心平台，充分发挥资源优势，联动诉调、访调、警调等多个维度，化解了包括家事、邻里、物业、人身伤害、交通事故、行政等多方面各种类型的涉访涉诉涉议纠纷，取得了良好的实效，也形成了独特有效的调解工作机制和方式方法。

　　这次上城区人民调解协会会长沈寅弟、副会长陈叶锋两位老师联手组织编写《"枫桥经验"：人民调解的中国样本（城市案例卷）》一书，旨在把历年的典型调解工作案例加以汇编整理。书稿简述案件背景还原纠纷始末，通过调解过程及结果详述依法用法、共情说理地使纠纷最终化解的经过，最后辅以案例点评，剖析调解员如何精准找出矛盾争议焦点，巧妙运用方式方法，妥善解决当事人纷争，化解社会矛盾，全面展示了基层人民调解工作的实践实况、实战实效，也总结出了良好的基层调解成功经验。我们认为，对于奋斗在人民调解和群众工作一线的工作人员来说，由案及理，由理共情，大有学习借鉴意义。对于对基层调解工作、百姓百事感兴趣的读者来说，通过一个个的真实故事，也能了解人民群众的柴米油盐事，基层群众的生活不易、人情冷暖。透过一个个鲜活案例，我们能真切感受到社会转型发展和推进法治社会建设过程中，人民调解在化解社会戾气、宣扬法治正气、推进公平正义、促进和谐稳定中的基础性作用，也充分展现了人民调解员队伍爱岗敬业、昂扬向上的专业精神和良好风貌。

　　作为因业务需要耕耘于调解活动中的执业律师，在看到本书初稿时，就深刻体会到本书中讲述的每一个故事，都代表着一起看似微小却对当事人意义重大的纠纷得以化解，写作的每一篇小结，都寄托了一段调解员坎坷却自豪的心路历程。编委邀请我们从律师视角为此书做结语，我们既感到无比的光荣，同时也备感压力。在充分了解本书涉及案例的来龙去脉、前因后果之后，我们才提笔想从律师参与调解（诉讼）的角度出发，和各位读者分享一点拙见。

　　首先是关于人民调解成效卓著的原因。为什么"老沈""锋哥"他们能又快又好地调解这么多烦、杂、难的矛盾？为什么老百姓能在他们的疏导说服下心甘情愿地放下心结，欣然接受调解建议与方案？为什么上城区人民调解协会能够多维联动，链接诉调、访调、警调等案件，并让当事人回归理性，得以心平气和？笔者认为，除了协会长期指导和参与调解工作，已经积累了丰富的调解经验外，还在于协会组织的人民调解在实践中有着独特的人员选任方式和工作技巧。比如，笔者了解到，我们很多调解员同志，都是选任自纠纷所在社区德高望重、社会阅历和工作经验丰富的，从行业专业岗位上退休的人员。他们做调解员，一来有广泛的群众基础，二来能及时响应、方便沟通。调解员在调解时，不仅要懂得国家层面的法律法规，还要知晓地方政府的地方法规、政策，更需要理解和运用当地的乡情村规、风俗习惯，能将心比心、入情入理，更要有充分的耐心，坚持努力，解决问题。很多调解案件，尤其是婚姻家庭等类型的案件，其实法和理都不是当事人关心的重点，反而是从风俗习惯等角度出发能让他们有所触动，最终能帮助解决纠纷。还有一些陈年旧案，也只有通过调解员不厌其烦地多次上门走访，一次又一次找当事人聊天谈心，倾情倾力，至真至诚，最终让争议各方握手言和，才能取得调解成功。针对一些情况，协会还邀请了在公检法等单位任职的专业人员公益协助，合力助推，化解纠纷。这一类调解员，法律意识较强，专业水平过硬，而其身份和背景也能让当事人更加信服调解方案和建议。在一些经济纠纷、租赁纠纷、相邻关系案件中，当事人不愿到法院去对簿公堂，但"公说公有理，婆说婆有理"也没有一个好结果，请这样的调解员来当"和事佬"，能最直接把法律判断融入调解工作中，让当事人争一尺争得有理有据、退一步退得心甘情愿，很多矛盾也就迎刃而解了。此外，协会还注重发挥组织的后勤保障力量。现在很多老百姓维权意识、法律意识也都提高了，开始讲"程序"，讲"证据"。在这类调解案件中，协会注意协调各方关系，发挥组织力量，给调解员提供场外支持，笔者认为这也是协会调解工作取得突出成绩的一大重要原因。

其次是关于人民调解工作的前进方向。说完人民调解的巨大成功，笔者也从律师的角度，谈谈白璧微瑕之处。我们人民调解，总结发展"枫桥经验"，深入群众，发动群众，是调解工作的特色和亮点。但同时，时代在发展，在进步。如前所述，在法治中国建设新时期，人民群众的法律意识也有了显著增强。也就是说，我们大调解工作要与法治建设发展相适应，要吸取宝贵经验，更要因时制宜，因地制宜，推陈出新。具体而言，就是调解工作不仅要以解决问题、化解矛盾作为结果导向，还要注意复杂案件中程序合规、主体合规等问题。以笔者亲身经历的一起案件为例，该案此前也经过了某社区调委会调解，并达成了调解协议。但是，在诉讼阶段，我们发现该调解协议主体资格存在瑕疵，授权手续存在欠缺。最终也正是因为主体不适合等原因，人民法院判决撤销了这份调解协议。尽管该案最终得到圆满解决，但是我们也不得不承认，调解协议的效力问题在诉讼阶段给各方当事人都带来了不必要的困扰。人民调解工作本身就是法治中国、法治社会建设中的重要一环。从诉源治理角度来说，人民调解更是有着前置性、预防性的作用，可谓举足轻重。未来，我们人民调解工作也需要考虑与诉讼、仲裁等司法程序更加紧密衔接的问题，通过诸如岗前法律培训、外部顾问的专业支持等方式，全面提升基层人民调解员队伍的综合素质、能力与水平，让人民调解过程有情理、有法理、有成效、有依据，让人民调解工作不仅有温度、有热度、有力度，也有法度、有尺度、有深度。

　　人民调解有制度支撑，有法律保障，是时代发展的要求，是法治前进的方向。我们广大调解员同志用热心、耐心、真诚、公道在老百姓心中赢下了口碑，树立了人民调解的好牌子。在10余年的律师执业过程中，笔者也无数次受到人民调解员的帮助，也一起交流经验、分工合作、共同探讨、协作推进，助力化解矛盾纠纷。这些案例笔者认为都可以说是人民调解工作和律师专业工作的有机结合，是"1＋1＞2"效果的直观表现。《论语·学而》言"礼之用，和为贵"，中国社会对"和"的追求几千年来不曾更易。在全面建设社会主义现代化国家、全面推进中华民族伟大复兴的新征程上，人民调解在推进基层治理能力和治理体系现代化建设中也被寄予厚望，赋予了光荣的使命。人民调解充分体现了执政党以人民为中心的理念，努力让每一位有需要的老百姓都能在法、理、情中得到满意的处理结果，在诉源治理面前，同样做到人民至上。

　　最后，我们再次对一直默默奋斗在调解工作一线的调解员们致以崇高的敬意，也期待本书的出版能为广大调解员带去更多参考与借鉴，为促进上城区人民调解工作规范化、高效化水平进一步提升积极助力，为调解协会的快速成长和发展添砖加瓦。

（浙江禾泰律师事务所　陈　虹，浙江尹天律师事务所　刘勇军）

从化解矛盾纠纷助推旧宅加梯
看社会组织创新参与社会治理

——以杭州市上城区为例

　　随着社会老年化日趋严重，加之换电梯房不是件易事，城市老旧小区中越来越多的老人正面临着上下楼难的实际问题。为解决这个难题，杭州市政府自2017年以来，连年将既有住宅加装电梯列入杭州市政府"十大民生实事"，着力解决这个关乎居民生活的"关键小事"。本文拟结合上城区人民调解协会参与成功调解的加梯纠纷和尚法教育服务中心受委托组团召开加梯听证会并出具评议报告的实践情况，浅析从参与老旧小区加梯纠纷调处化解的视角看社会组织创新参与基层社会治理的探索。

　　旧宅加装电梯作为国家推进老旧小区改造提升的一项重要内容，由此带来的矛盾纠纷也成为基层社会治理中的难点、堵点和高发点。站在不同的视角来审视加梯纠纷，首先要明确老旧小区加梯的现实需求与实际意义，其次要明了加梯过程中会涉及的利益不平衡、权益受损，再次要融入法律和情理的方法与技巧切实化解矛盾纠纷。一旦遇到矛盾纠纷，就需要社区、街道有关部门和业委会、调解组织等第三方社会力量的积极介入调解，通过协商解决加装电梯过程中的利益不平衡、权益受损等事宜，才能推动旧宅加装电梯的落实落地。从这个角度来看，旧宅加梯工作就像一面镜子映射着基层治理的能力与水平，加梯工作的推进也成为基层提升社会治理能力和治理水平的试验田、试金石。

一、加装电梯应遵循业主主体、社区主导、政府引导、各方支持的基本原则

这是全国首个老旧小区加装电梯的政府规章《杭州市老旧小区住宅加装电梯管理办法》中明确的。很难想象，如果政策不允许、政府不推动，老旧小区的业主谁会鼓起勇气，"异想天开"地自行召集本单元业主来表决决定是否加梯，所以对于老旧小区加梯工作还是要从政府规章的顶层设计和政府文件政策意图角度来解读。杭州市政府于 2017 年下发《杭州市人民政府办公厅关于开展杭州市区既有住宅加装电梯工作的实施意见》（杭政办函〔2017〕123 号），开始试点既有住宅加装电梯，推行这项惠民、便民政策，之后又制定实施了《杭州市区既有住宅加装电梯与管线迁移财政补助资金使用管理办法》，历经 2018 年、2019 年、2020 年的实践探索和《关于征求〈杭州市人民政府办公厅关于进一步推进既有住宅加装电梯工作的通知〉意见的函》（杭房函〔2019〕408 号）、《关于〈杭州市既有住宅加装电梯管理办法（草案）〉（征求意见稿）征求意见的函》的不断修改完善，至 2021 年正式出台《杭州市老旧小区住宅加装电梯管理办法》。坚持"业主主体"原则是实施加梯的基本前提，即老旧小区住宅需要加装电梯的，应当由本单元内同意加装电梯的相关业主作为加装电梯的申请人，并经所在单元全体业主表决，在符合《中华人民共和国民法典》规定的超双 2/3 和 3/4 以上表决票同意的，可以初步认定符合加装电梯的前置条件，再报相关政府部门联审决定是否许可加装电梯。而加装电梯所需的建设、运行使用、维护管理资金由相关业主共同承担，业主通过签订协议书明确各自分摊费用。同时，为体现政府对加装电梯民生工程的支持，进一步减轻广大业主资金筹措的压力，提出市、区、县（市）人民政府可以安排专项资金用于加装电梯的项目建设和管线迁移等事项的补助，并为业主打通申请提取住房公积金和住房补贴的资金渠道。针对公示期间相关利害关系人可能提出实名制书面反对意见这一情况，《杭州市老旧小区住宅加装电梯管理办法》中也明确，要引导相关当事人先行通过友好协商的方式，来解决加装电梯过程中的利益不平衡、权益受损等问题，也可借助小区业委会、社会公益组织等第三方平台帮助调解。自行协商不成的，可向属地社区、街道申请

调解，由社区、街道出面通过组织召开协调会、听证会等方式尽可能地消除意见分歧，达成共识，从而实现政府治理、社会调节、居民自治的良性互动，打造共建共治共享的社会治理新格局。

二、住宅加梯引发的矛盾主要集中在双方的利益不平衡和权益受损上

说句大实话，旧宅加装电梯本身就是一项"无中生有"的工程，因为老旧小区原房屋建筑设计时并未考虑装电梯，房屋原有结构与环境，甚至当初的建造过程都有"自己的故事"，在建筑设计规范要求等各方面存在这样或那样的局限。因此，这又是一项涉及面广、加装性和协调性很强的工程，不仅需要各级政府部门、街道社区的引导和支持，而且需要本小区、本单元业主的齐心配合，同时还需要电梯公司、设计单位、施工单位等多方参与，协同推进。因电梯的性能和使用特点对低层特别是对一楼的住户的作用并不大，相反因加装电梯还会对其造成某些方面的不利影响，比如通风、采光、噪声等，这都是客观存在的事实，不容忽略。因加装电梯关乎各方利益，涉及邻里间主观忍让、利益及心态平衡问题，大多数人受益而个别人不受益甚至部分受损，这也是不争的事实，原有的"平静"生活突然被打破，容易诱发矛盾纠纷。而按目前的政策，杭州市对每台电梯给予20万元的财政补助，相当于国家出资帮助高层住户部分解决了加梯的成本，为高层住户解决了上下楼梯难的问题，高楼层住户受益，而低楼层住户受益不大、没有受益，甚至有利益受损，这在一定程度上让低楼层的住户情感上难以接受。当然这种心理因人而异。从社会主义核心价值观的角度来说，助人为乐、尊老爱幼、舍小家为大家是中国人的传统美德。只要不给自身造成较大的负面影响甚至轻微受损，国家的政策能让大部分人获益，很多人就能够坦然接受。特别是邻里关系处理得好的、低层住户思想格局较高的或加梯对低层住户影响确实较小的，此类矛盾纠纷就少。相反，低层住户如果在乎或特别看重别人获利而本人没有获利，甚至还对本人造成一定的利益损害，就会存在不平衡的心态，加上在处理意见统一和加梯矛盾中方法不当，申请方认为低层住户理所应当无条件支持加梯，还有一部分住户则持有现加梯申请方有求于我，此时不提要求更待何时的心态，那么加装电梯就会受到很大的阻碍。从和谐社区、和谐社会的角度去度量，这种阻碍和纠纷要化解，在现实生活中就需要相互妥协，通过各种方法努力处理好双

方之间的利益不平衡，努力实现和谐加梯。

三、调解加听证，法律与情理相结合，推进加梯矛盾纠纷的有效化解

加梯因为存在利益不平衡，想要绝对一碗水端平很难，特别是有些住户不是反对加梯本身，而是邻里之间多年积怨和不满集中爆发，或有"为何让你获益而要我受损"的心态，此类纠纷的化解很耗时费力。从实际工作情况来看，化解加梯纠纷可以考虑分两步走：首先，解决是否符合条件，即加梯的合法性与合理性；其次，协调加梯矛盾的利益平衡，并要以法律为先，情理结合，同时采用良好有效的工作方法与技巧。我们依法调解，通过向当事人进行法律法规与政策流程方面的正确解读宣导，融合情理道义的耐心劝导和说服，运用释法析理、利弊对比、求同存异、换位思考和解决实际问题等各种方法，力求双方摒弃争议、达成和解。笔者认为，加梯纠纷通过调解和平化解，不仅可以解决加梯的问题，也是对邻里关系的一次"集中修复"，是最佳方案。这也是我们人民调解员在积极助推加梯过程中深感欣慰的地方。但调解的首要原则是双方当事人自愿，而且只有对这类加梯纠纷面对面进行调解，才能取得预想效果。反之，则很容易引起加梯事宜久拖不决，加梯纠纷久拖不结。因此，对化解加梯纠纷的定位和采取的方式，我们觉得不能仅停留于调解，而是很有必要通过法定程序确定符合条件允许加梯或不符合条件不允许加梯的终极目标，以及加梯中存在的利益平衡与加梯后涉及的后续维护保养等费用问题。是否符合加梯标准的依据就是《中华人民共和国民法典》和《杭州市老旧小区住宅加装电梯管理办法》中的法定条件。于是，我们探索并参照仲裁、审判流程，创新推出"加梯听证会"模式，并在上城区湖滨街道率先试点召开全国首例加梯听证会。通过搭建第三方公开听证平台，用依法用法、说理评理的方式让加梯纠纷当事人面对面进行对话磋商，以此来解决双方在加梯的合法、合理性上的分歧。对于由此带来的利益平衡问题一时未能达成一致的，会后可以继续通过调解再做进一步沟通协商解决。通过区尚法教育服务中心参与主持的近20场加梯听证会的矛盾纠纷化解中得出结论，评判加梯是否符合法律法规主要涉及4个方面：一是经过法定的表决程序，符合超过2/3和3/4的票数要求；二是加装电梯不对反对方造成较大的负面影响，符合《中华人民共和国民法典》第二百九十六条"不动产权利人因用水、排水、通行、铺设管线等利用相邻不动

产的，应当尽量避免对相邻的不动产权利人造成损害"；三是加梯符合安全；四
是对权益受损方应给予适当的合理补偿。所以我们在处理加梯矛盾中不能因为有
业主反对，片面要求意见的统一而造成加梯工作的停滞，该支持加梯的应旗帜鲜
明地支持加梯。至于利益受损及平衡问题可以进一步进行协商，加梯之后仍然可
以进行调解，无法调解的，如反对方业主坚持主张权益受损的，则引导其走诉讼
程序来依法维权。对于加梯之后的运行维保费用等问题，也通过调解的方式来明
确各方职责，例如上城区清波街道柳浪阁加梯项目经协商后本单元业主自愿达成
电梯使用的民约，湖滨街道多台加梯项目采取购买商业保险来保障电梯今后的维
修保养。从实践效果来看，通过"调解＋听证会"的方式来化解矛盾纠纷助推旧
宅加梯的成效是十分明显的，得到了相关各方的普遍肯定与好评。

四、加装电梯的推进和矛盾纠纷的化解能直观体现基层社会治理的能力和水平，也为社会组织的壮大发展提供了广阔天地

推进老旧小区的电梯加装，是完善社会服务不可或缺的一部分。其实质反
映出党委政府深入践行以人民为中心的理念，切实为民服务办实事的生动体现，
从中也能直观地反映人民调解组织等社会力量服务民生工程、参与基层社会治理
的能力与水平。自 2017 年 7 月杭州开展老旧小区加装电梯工作以来，累计加装
电梯 3924 台，为约 4.7 万住户带来便捷。2021 年杭州市人民政府出台全国首个
老旧小区加装电梯的政府规章《杭州市老旧小区住宅加装电梯管理办法》，使杭
州的老旧小区加梯工作真正有法可依。但是因为加梯工作涉及各方利益的纠葛，
有时矛盾还相当尖锐，引起部分信访乃至诉讼案件。从《杭州市老旧小区住宅加
装电梯管理办法》的顶层设计来看，每一台电梯加装都离不开社区和街道的主导
和支持，包括民意表决、公示、协调会、听证会、材料上报等等，无论哪一项程
序离开社区和街道的支持加梯工作就无法推进。管理办法明确了"遵循业主主体、
社区主导、政府引导、各方支持的原则；实行民主协商、基层自治、高效便民、
依法监管的工作机制"，但在我们工作中仍然发现：首先，缺乏热心且有能力的
加梯牵头人来履行业主主导的职责；其次，缺乏社区、街道工作人员的有力主导
和引导；再次，在组织双方当事人进行协商调解或听证会时缺乏专业的第三方调
解人员和听证团队；最后，目前对于听证流程的设定规范、第三方听证团队出具
的评议报告的规范性、可参考性等，在实务中还存在一些空白。

　　杭州市上城区人民调解协会联合上城区尚法教育服务中心等社会力量结成联盟，融合百名调解员、律师、公益志愿者一体的专业团队，积极融入基层社会治理共同体，协助街道、社区针对老旧小区加装电梯、物业治理中涉及的难堵点问题进行组团式攻坚破难，积极助推加梯工程。先后参与并成功调解了上城区第一起因加梯引发的涌金花园信访积案，杭州市第一起因加梯引发的后市街民事诉讼案，见仁里、枝头巷等因加梯引起的疑难纠纷和信访案件，共计30余起。在此基础上，还率先在湖滨街道东坡路社区创新推出加梯听证会方式化解加梯纠纷推进旧宅加梯，截至2023年2月已组织召开未央村、涌金花园、清怡花园等20余场加梯听证会。听证团成员和援助团律师以其专业、务实、严谨的工作作风和强烈的责任心和使命感，与街道、社区保持良好沟通对接，对每一台加梯均要求现场实地勘查，摸清实情，多方求证，从法律到情理，从程序到内容，做到依法依规、合情合理，做出公正客观的评议。代理律师更是依据事实与法律切实从委托方利益出发，真辩、敢辩，不走形式。同时，将调解平台的搭建贯穿于听证过程的始终。专业的队伍、规范的程序、严格的执行，赢得了杭州市加梯主管部门、街道、社区居民的普遍肯定和赞扬。目前，通过"调解＋听证"的模式化解矛盾纠纷助推老旧小区加装电梯的"杭州经验"，已经逐步走出杭州走向全省、全国。浙江省嘉兴、台州、绍兴等地住建部门及相关街道人员均来杭州市上城区考察交流学习，并已在嘉兴的南湖区、海宁市召开了加梯听证会，取得了良好的反响。

　　因此，从杭州市上城区化解矛盾纠纷助推旧宅加梯的具体实践来看，笔者深切感受到，调解组织、第三方的社会力量积极务实、主动创新地参与到化解加梯纠纷、推进社区治理中来，全面融入基层社会治理体系，在全面推进法治政府、法治社会、法治中国建设，全面建成社会主义现代化强国的新征程上，应有所为，也大有可为。

（杭州市上城区人民调解协会　陈叶锋、郑关军）

共享法庭展现新时代诉调对接工作
新"枫"景

　　"枫桥经验"诞生于1963年，其主要内涵是"发动和依靠群众，坚持矛盾不上交，就地解决"。毛泽东主席当年在了解到"枫桥经验"之后，非常重视，亲笔做出批示："要各地仿效，经过试点，推广去做。"党的二十大报告第十一部分"推进国家安全体系和能力现代化，坚决维护国家安全和社会稳定"第四点"完善社会治理体系"中指出：健全共建共治共享的社会治理制度，提升社会治理效能。在社会基层坚持和发展新时代"枫桥经验"，完善正确处理新形势下人民内部矛盾机制，加强和改进人民信访工作，畅通和规范群众诉求表达、利益协调、权益保障通道，完善网格化管理、精细化服务、信息化支撑的基层治理平台，健全城乡社区治理体系，及时把矛盾纠纷化解在基层，化解在萌芽状态。

　　当今社会正处于高速转型期，各类矛盾多而复杂，解决的方式也很多，但行之有效的解决纠纷方式主要有两种：一是诉讼方式，通过法院判决；二是采取诉讼以外的方式，即通过调解等方式来解决纠纷。无论是诉讼方式还是诉讼以外的方式，调解都是解决纠纷的最好方式。

　　随着我国社会经济的迅速发展，社会矛盾和纠纷也呈现出主体和内容的多样化、成因的复杂化等特点，使法院的案件量与日俱增，给法院带来的诉讼审判压力越来越大，社会进入了诉讼"爆炸"的时代，诉讼案件大幅上升与法院审判力量有限的矛盾日益突出。在这样的背景下，如何最大化利用调解方式解决纠纷显得尤为重要。

充分挖掘和调动各方力量，合理整合和有效利用现有资源，加强"诉源治理"工作，促进社会矛盾纠纷化解，实现诉讼调解和人民调解的联通互动衔接，以便更好地推进社会矛盾有效化解、社会管理科学创新。人民调解作用发挥突出、成效显著的地方，人民法院的收案量就会相应减少，特别是在基层，人民法院及其派出法庭与人民调解组织衔接联动、相互配合，能够更加高效地解决纠纷，有利于人民法院减轻负担，保证司法资源的合理有效利用。

自 2021 年以来，浙江法院创新发展"枫桥经验"，以共享法庭建设为抓手，以一体化、均衡化、便捷化的诉讼服务助力构建"四治融合"城乡基层治理体系，为高质量发展建设共同富裕示范区提供了有力的法治保障。在浙江的乡镇街道、村社以及相关行业组织，随处可见共享法庭——它不增编、不建房，以一块显示屏、一条数据连接线、一台电脑终端为标准配置，集成浙江解纷码、人民法院在线服务、庭审直播系统、裁判文书公开平台等软件模块，具备调解指导、网上立案、在线诉讼、普法宣传、基层治理等功能。目的是打造一站式诉讼服务、一站式多元解纷、一站式基层治理的最小支点，以一体化、均衡化、便捷化的诉讼服务推进基层治理现代化。推动司法服务更加普惠、均等、精准、可及。

共享法庭是提升法治素养的"云课堂"。共享法庭加强对人民调解员的培训指导。共享法庭通过"云课堂"培养基层"法治带头人"，制订培训计划，派出具有较丰富法律知识和审判经验的审判人员定期开展对人民调解员的培训，通过培训，使人民调解员能够分析矛盾纠纷的法律性质，掌握相关的背景法律知识以及调解方法、谈判技巧等，提高人民调解员的水平。

共享法庭是深化诉源治理的"前哨岗"。共享法庭建立人民调解员广泛参与的诉前调解机制。每个共享法庭均配备了一名联系法官和一名庭务主任。庭务主任主要由街道平安办、司法所工作人员及社区综治委员担任，与属地自带的人民调解力量有效融合。发挥人民调解员熟悉社情民意、群众工作能力强的优势，就地调处纠纷，形成"一般纠纷就地调、复杂纠纷指导调、涉诉纠纷联动调"的有效联动机制。

共享法庭是参与诉讼的"便捷站"。共享法庭为人民调解提供有力的司法支撑。对通过人民调解达成的协议，双方当事人向法院申请司法确认的，法院在对人民调解协议进行合法性审查时，遵循"法律不禁止即为合法"的原则，除非查明调解协议有违反法律强制性规定或违反自愿原则的情形，否则依法确认其效力，并出具具有强制执行力的法律文书，一旦一方当事人不按调解协议履行，另一方可直接向法院申请强制执行。

杭州市上城区人民法院结合辖区实际，共建设镇街共享法庭 14 个，覆盖率 100%，村社共享法庭 198 个，覆盖率 100%，特设共享法庭 14 个。属地性强的由街道社区人民调解组织化解，专业性强的由行业调解组织化解，重大敏感的由基层党政力量联合化解。2022 年 1 月至 8 月，上城区人民法院辖区内的共享法庭共指导调解 1242 起、化解纠纷 893 起，线上线下开展普法宣传 144 场 20054 人次，调解培训 95 场 10017 人次，培养基层法治带头人 200 余名。与此同时，2022 年 1 月至 8 月上城区人民法院收案 18080 起，同比下降 7.63%，一审民商事收案 11816 起，同比下降 26.33%。

杭州市上城区人民法院坚持以习近平总书记"把非诉讼纠纷解决机制挺在前面，从源头上减少诉讼增量"的重要指示和考察浙江重要讲话精神为指导，围绕"让人民群众切实感受到公平正义就在身边"的目标，紧扣诉源治理主题工作，将"枫桥经验"所蕴含的理念、思路转化为不断推动新时代法院工作高质量发展的强大动力，为奋力推进"两个先行"贡献法院力量。

（杭州市上城区人民法院诉讼服务中心 周女埙）

“枫桥经验”的杭州实践之
“人民调解＋电视”的范例

欣闻咱们《和事佬》节目的老搭档、金牌和事佬沈寅弟与陈叶锋师徒合作汇编的《“枫桥经验”：人民调解的中国样本（城市案例卷）》一书即将付梓，我们表示衷心的祝贺。两位“和事佬”的合作，是“枫桥经验”市域实践的总结、交流；两位调解员师徒的牵手，更是“枫桥经验”发展、传承的体现。应两位老师之邀，谈谈电视媒体调解人眼中“枫桥经验”的杭州实践，笔者深感荣幸。借此机会，笔者与大家一起回顾杭州电视台这10余年来开展媒体调解的成长发展历程。

谈起“枫桥经验”，其核心是依靠和发动群众，矛盾不上交。它诞生于1963年的全国社会主义教育运动中，历经改革开放40余载，逐步发展成为社会治安综合治理的一个典范。进入21世纪，我国迈入全面推进中国特色社会主义建设的新时期。“枫桥经验”也迎来了新的发展，坚持和发展以“小事不出村，大事不出镇，矛盾不上交，就地化解”为特色的“枫桥经验”在浙江大地得到了进一步升华。其基本精神就是，突出“以人为本”这一理念，充分发挥政治优势，相信并依靠群众，加强基层基础，就地解决问题，减少消极因素，实现平安和谐。

在这样的背景下，杭州着力预防和化解矛盾纠纷，着力构建社会治安防控体系，着力创新社会管理，全面开展社会治安综合治理目标管理。杭州各地坚持和发展"枫桥经验"，积极探索和创建纠纷多元化调解新机制，迈出了深化人民调解工作的新路子。2008年，街坊邻居间的传统称呼"和事佬"以一种新的机制身份和时代内涵——"和事佬协会"首先发端于杭州市下城区打铁关社区，被广大人民群众所认可接受。随后，如雨后春笋般，全市3000余个社区（村）相继建立了"和事佬协会"，2万多名"和事佬"以"身边人掺和身边事，草根力量化解民间矛盾"的独特优势，将"和事佬"纠纷调解、法制宣传、居民联络等工作铺展到每幢居民楼、每个楼道，大量民情动态、矛盾纠纷在第一时间收集，第一时间处理，第一时间化解。"和事佬"工作机制逐步发展成为杭州市维稳工作的一张"金名片"。

一、《和事佬》实践"枫桥经验"，在全国开了电视媒体参与司法部门人民调解工作之先河

为了宣传人民调解和"和事佬"工作，同时为了更好地提升"和事佬"工作的专业性和规范性，2010年1月1日，杭州市司法局和杭州电视台西湖明珠频道联合打造了一档法制类大型日播公益调解节目——《和事佬》。这个节目开创了电视台和司法部门合作的新范例。不仅如此，它当时在全国是率先将人民调解工作搬上电视荧屏，比江西卫视知名节目《金牌调解》还早一年多。这种"人民调解＋电视"的模式，真实展现了人民调解员深入千家万户，化解各类社会矛盾特别是家庭矛盾的完整过程。同时，通过调解员和主持人的表述，向公众普及法律知识，传递和谐理念。此外，节目注重挖掘案例中的正能量，贴近百姓，贴近生活，春风化雨润人心。节目中担任"和事佬"的都是司法行政系统培训指导下的专业调解员、律师、法院的退休法官、派出所的退休民警，还有心理咨询师等专业人士。本书主编沈寅弟老师就是第一届"十大金牌和事佬"之一。由于这些"和事佬"的调解专业又亲民，他们得到了杭州市民的普遍信任和喜爱。

在《和事佬》的调解中，每位"和事佬"都尽心尽力。有很多感人的画面至今还时常浮现在我们脑海里："和事佬"沈寅弟不顾个人安危，解救过因为房子拆迁情绪激动、身处险境的跳楼人；跋山涉水，帮助过子女不孝、孤苦伶仃的独居老人；将心比心，疏导过彼此心存芥蒂、见面如仇敌的邻里亲戚；挺身而出，

助力农民工兄弟从欠薪工地拿回自己应得的血汗钱……

节目开播以来，调解的很多案例中的矛盾都是一些"老大难"的棘手问题，有的曾经不同程度地给当事人所在的村社、镇街、司法所、派出所带来诸多麻烦，有的甚至是当地积累多年的"老大难"问题。很多业内人士评价，《和事佬》提高了群众认识问题、处理问题的能力，从而更容易将很多矛盾化解在萌芽状态，对缓解司法部门承载的办案压力有明显的帮助。全市各级人民调解委员会充分发挥作用，广大人民调解员扎根基层、倾注心力，将大量矛盾纠纷化解在基层，创造了良好的社会环境。

二、"贴近＋服务＋专业＋公开"四大制胜法宝迅速赢得杭州百姓口碑

《和事佬》节目的初衷就是要贴近杭城百姓，因而节目风格朴素，节目形态简洁，以平民化的视角、故事化的讲述、细节化的展现，让老百姓对节目平添了一份亲切。《和事佬》节目中，并不需要求助人走进调解室或者演播室，而是"和事佬"与主持人搭档，走进寻常百姓家，就在大家都似曾相识的屋里院子里调解矛盾，娓娓道来，循循善诱，春风化雨润物无声。当今社会，一方面，随着城市生活节奏的加快，城市居民的压力越来越大，他们在希望矛盾纠纷得到解决的同时，也渴望排解心中与矛盾一起积累下来的郁闷和压力，这就需要有人能充分理解他们，注意倾听他们的倾诉，给他们一个沟通交流的宣泄场所。往往压力排解了，解决矛盾和纠纷的口子也就找到了。另一方面，将典型案例展现在电视上，也是全市范围的普法宣传过程。通过节目中"和事佬"的调解，可以让遇到类似问题的观众了解相关的调解技巧，也能够告诉观众一旦出现纠纷该去哪里寻求帮助，有效引导纠纷解决，避免纠纷恶化，起到举一反三的宣传和教育作用。

有了专业性做保证，通过电视这一公众媒介，《和事佬》的调解过程完全公开透明；反过来，公开则对《和事佬》节目的调解员素质提出更高的要求，通过电视这一窗口，也能有效提升杭州人民调解工作的专业性和规范性。

2011年12月，《和事佬》节目依法成立了人民调解委员会（简称"调委会"），按照相关法律程序，调委会成员由在节目中担当"和事佬"的优秀法官、资深律师、人民调解员等组成。调委会成立后，不仅提高了《和事佬》调解的权威性，其调解结果经过司法确认后，即具备法院判决书的效力。同时也切切实实为当事

人提供了一条快速便捷的纠纷解决途径。另外，调委会的成立，也从另一个侧面避免了有限司法资源的浪费。《和事佬》节目发挥自身优势、积极探索、勇于实践，在创新社会管理及社会治安综合管理等方面不断努力和实践，使《和事佬》的调解更人性、更高效、更权威。

《和事佬》成功地将电视调解这一新型调解形式与人民调解有效结合起来，不辜负公众对主流媒体的信任，通过《和事佬》搭建沟通交流的平台，既针对个体矛盾进行调解又面向广大观众传播法律知识、传播主流价值观，在实现人文关怀和心理疏导的同时，倡导文明积极、健康向上的社会风尚。因此《和事佬》不仅仅是电视节目的一个创新，更大的意义在于，它是杭州市社会稳定工作的一个管理创新——媒体介入社会矛盾调解，开辟了解决矛盾问题的一个新途径。媒体的公信力，对一些矛盾问题的排除具有无可比拟的优势，是其他任何途径所不具备的。从某种意义上说，《和事佬》对普通群众生活的影响，对加强和创新社会管理的新模式，具有更为深远的意义。

近些年，电视开机率一路下跌，但《和事佬》节目的收视率却逆势上扬，连创新高。节目开播至今，《和事佬》节目、作品以及团队成员多次获奖，先后有数十家电视台同行前来取经和交流，在全国电视界有着极高的知名度和美誉度。

三、以点带面，以品牌的力量全方位促进社会综治工作

《和事佬》节目永远将社会效益放在首位，它以日常节目为依托，形成自己的品牌，并以品牌的力量，全方位促进社会综治工作的开展。在杭州，老百姓更喜欢用"和事佬"来称呼人民调解员，这既是一种亲昵，又是一种信任。

《和事佬》开播当年的9月，在杭州市委政法委、杭州市文明办、杭州市依普办、杭州市文广集团等多个部门和单位的共同参与和大力支持下，杭州市司法局和杭州电视台西湖明珠频道联合举办了杭州市首届"十大金牌和事佬"评选活动，并结合"12·4全国法制宣传日"活动，在12月4日当晚通过现场直播的方式，成功举办了杭州市首届"十大金牌和事佬"的颁奖晚会，取得了良好的社会效益和法制宣传效果。朱学军、沈寅弟、毛爱东等当选为首届"十大金牌和事佬"。当年这一评选活动获得浙江新闻奖社会活动奖。

此后，2012、2014年又成功举办了第二、三届"十大金牌和事佬"评选活

动。活动不仅发掘和培育了一批又一批在杭城享有美誉度和知名度的金牌和事佬，更向社会传递和彰显了"民间智慧化解矛盾""人人都是和事佬"的公益理念。2016年12月4日，第四届"十大金牌和事佬"评选颁奖晚会收视率更是高达5.49，创历年和事佬晚会之最，在杭州市文广集团历年举办的各类晚会中也是名列前茅。这一评选活动也已成为杭州市具有相当影响力的品牌活动，广受人民群众的关注和喜爱。

《和事佬》常年走基层，进社区，时任浙江省委常委、组织部部长蔡奇就曾关注过"和事佬"进社区，并发微博呼吁"大家都来做和事佬"，这是对《和事佬》的充分肯定和鼓励。2015年，《和事佬》获得浙江省企业思想政治工作创新案例一等奖，同时获得主办方省委宣传部的高度好评。《和事佬》的成长发展，很好地诠释了杭州在"聚全民之心、举全市之力，全力争创全国文明城市"的过程中，始终坚持"创建依靠人民、创建惠及人民，努力使文明成为广大市民自觉行动，能够内化于心、外化于行"的文明发展方向。

2016年9月，G20峰会在杭州召开。在这一年的杭州生活品质总点评活动（杭州市最具城市生活特质和品位的标志性和影响力活动之一，由杭州生活品质研讨组群、杭州市委宣传部、杭州市发展研究中心、杭报集团、杭州市文广集团、《杭州》杂志社、杭州市社会治理研究与评价中心等主办）中，"平安生活构筑城市防火墙"成为2016杭州生活品质总点评十大现象之一。《和事佬》节目的金牌和事佬朱学军、沈寅弟也双双荣膺"生活品质年度代表人物"（年度人物还包括马云、孙杨等），而杭州市"十大金牌和事佬"评选活动也成为"生活品质年度代表活动"。

他们的颁奖词，恰恰能代表社会各界对《和事佬》节目及"和事佬们"的客观评价：

朱学军法官调解工作室
2009年初，杭州市江干区人民法院成立了中国首个以法官个人命名的工作室，团队领头人正是金牌和事佬、江干区人民法院预备审判庭庭长、浙江省十佳调解能手朱学军。七年来，在平等互动的氛围中已成功调解几千起纠纷。

沈寅弟

作为司法行政系统中一名普通的工作人员,沈寅弟在扮演"和事佬"角色之路上表现非凡。邻里之间的纠纷、家庭之间的矛盾、鸡毛蒜皮的琐事、家长里短的磕碰,多年来因沈寅弟的连珠妙语化干戈为玉帛的故事已经传遍千家万户。

活动:杭州市"十大金牌和事佬"评选活动

在杭城有一个群体,他们善于用自己的法律知识和聪明智慧化解纠纷,被人们亲切地称为"和事佬"。2010年始,"十大金牌和事佬"评选活动成为每两年举办一次的盛典,使沟通、温暖、公信的"和事佬"形象深入人心,体现了"和为贵"的中华文化传统。

四、不断创新,将"枫桥经验"运用到参与城市基层治理现代化中

党的十九届四中全会提出,要坚持和完善共建共治共享的社会治理制度,保持社会稳定、维护国家安全,建设人人有责、人人尽责、人人享有的社会治理共同体。全会明确提出完善党委领导、政府负责、民主协商、社会协同、公众参与、法治保障、科技支撑的社会治理体系。参与社会治理是当代媒体的责任和义务。城市电视台作为本土媒体,以其天然的贴近性和公共性,成为城市社会治理的一支重要力量。2019年,在《和事佬》节目的基础上,杭州电视台西湖明珠频道研发出了杭州市首档"市民与公共领域对话"的节目《小区人事》,也为媒体深度参与社会基层治理现代化探索出了一条新路。

媒体参与城市治理,一方面能支持和配合政府职能部门、公共机构的工作,帮助他们把法律法规、公共管理政策规范等向群众解释清楚,让群众更充分了解国情、市情和有关实际情况,让政府工作推进更加有力;另一方面,媒体也能更好地发挥舆论监督的作用,通过依法行使知情权、表达权和监督权,推动属地政府和公共机构改进和完善工作,不断提高依法监管和公共服务水平,不断推进政府职能转变。清华大学新闻与传播学院院长柳斌杰认为,新时代的媒体理应在社会治理和创新中发挥重要作用,以不断提高我国社会治理科学化、社会化、民主化、法治化的水平和智能化、专业化、现代化的能力。

《小区大事》节目开播以来积极关注和参与老旧小区改造、既有住宅加装电梯、二次供水改造等民生实事项目,也帮助许多小区理顺了业委会、业主与物

业公司之间的关系。沈寅弟老师继续发扬"和事佬"的精神，与上城区人民调解协会的陈叶锋、郑关军等老师倾力倾情参与、共同推进实施的"加梯听证会"节目取得了良好的实际效果和社会效应。

国家安全是民族复兴的根基，社会稳定是国家强盛的前提。习近平总书记在党的二十大报告第十一部分"推进国家安全体系和能力现代化，坚决维护国家安全和社会稳定"第四条"完善社会治理体系"中提出，要健全共建共治共享的社会治理制度，提升社会治理效能。在社会基层坚持和发展新时代"枫桥经验"，完善新形势下人民内部矛盾调解机制，健全城乡社区治理体系，及时把矛盾纠纷化解在基层、化解在萌芽状态。加快推进市域社会治理现代化，提高市域社会治理能力。

要贯彻落实二十大精神，就要深入学习领会和准确把握党的二十大报告的丰富内涵和精神实质，真正把思想和行动统一到党的二十大精神上来。作为"电视＋调解"节目的代表，《和事佬》将继续坚持和发展新时代"枫桥经验"，继续发扬首创精神，勇于开拓创新，注重贴近群众、贴近生活、贴近实际，注重把握好"情理法"，注重把握好"时效度"，用更接地气的语言和观众喜闻乐见的形式，将化解基层矛盾纠纷与普法宣传有机融合起来，为平安五治、善治六和，杭州创建市域社会治理现代化标杆城市做出电视媒体人应有的贡献。

"我们的家 / 住在天堂 / 碧绿的湖水荡漾着美丽的梦想 / 我们的家 / 住在天堂 / 美丽的梦想期盼明珠耀眼在东方……"这首歌曲唱出了杭州的和美与自豪。在杭州这座文明、和谐、美丽的城市里，有这样一个群体，值得我们铭记在心中：他们扎根在人民群众当中，守护在杭州老百姓身边，只要哪里有纠纷有需要，他们坚定的身影就出现在哪里；他们讲法理、说情理，化解了大量矛盾纠纷，为最美杭州、和谐杭州做出了积极贡献。他们的名字就叫——人民调解员。老百姓喜欢亲切地叫他们"和事佬"。

（全国十佳法治节目主持人、杭州市上城区政协委员、杭州电视台主持人 朱芸儿，

杭州电视台西湖明珠频道《和事佬》节目制片人 方 磊）

后　记

　　2023年是毛泽东同志批示学习推广"枫桥经验"60周年，也是习近平总书记指示坚持和发展"枫桥经验"20周年。60载春华秋实，见证着"枫桥经验"从点上的"盆景"变成了面上的亮丽"风景"，在浙江大地开花结果；见证着新时代"枫桥经验"不断创新升级，成为基层社会治理现代化的生动实践与鲜活样本。

　　耗时近一年，我们编写的《"枫桥经验"：人民调解的中国样本（城市案例卷）》一书终于要出版了。我们从杭州市上城区调委会收集了百余个调解案例，经认真筛选确定了66个具有　定典型性、新颖性、示范性的精品调解案例。这些案例均为近5年来发生在杭州市区并由人民调解员、律师等参与调处的真实纠纷（案例中涉及的单位组织、人物姓氏和纠纷细节等已做处理，如有雷同，纯属巧合）。案例内容涉及婚姻家庭、劳动争议、农民工讨薪、民间借贷、损害赔偿、征地拆迁、房产物业、邻里矛盾等多种纠纷。每个案例均由案情简介、调解过程及结果、案例点评三大部分组成，凝聚了人民调解员在实践中的工作经验。尤其是对案例调解过程的叙述，我们注重从法理、事理、情理三方面深入解说，思路清晰、层次分明、重点突出、循序渐进、举一反三，并以知识性、可读性、实用性为特点，注重理论联系实际，便于广大读者看得懂、记得住、用得着，以期在平衡专业性、通用性、实操性的基础上，供广大基层调解员及从事基层法律工作的同志参考和借鉴。

　　本书的出版发行，旨在让广大读者更直观、深刻、全面地了解"枫桥经验"

与人民调解在推进市域治理体系、治理能力现代化进程中的基础性、主导性地位和作用，进一步提高他们对人民调解工作的认知度，强化他们把人民调解作为化解民间纠纷首选途径的意识，积极引导他们"遇纠纷找调解""摊上难事找调解"，从而为维护社会和谐稳定、开展平安建设营造良好的法治环境和社会氛围，为全面推进依法治国、全面建成社会主义现代化强国保驾护航。

本书得以顺利出版，我们在此要向浙江省司法厅、杭州市司法局、杭州市公安局、杭州市上城区委政法委、杭州市上城区司法局、杭州市上城区人民法院、杭州市上城区信访局等单位的关心支持和浙江省人民调解协会、浙江警官职业学院、浙江省法学会人民调解学研究会、杭州市人民调解协会、杭州电视台西湖明珠频道《和事佬》栏目组等单位的亲切指导表示感谢。特别要向来自上级部门和有关单位的季培军、徐耀雪、骆曙光、秦文、周晔华、胡晓军、耿宇、王晴、蔡心扬、戴敏珠、胡晓、何瑶、高宏、沈东权、戴晓清、陈全江、程煜峰、陶舒雯、傅璐虹、郑侃、吴慧、王伟、沈洪、王健、黄敏乐、方磊、朱芸儿、杨媛媛、莫晓燕、刘畅、高雪霁、陶浙明、宋浩、周景峰、郑关军、项朝阳、陈文英、王超君、蔡铃玉、汤阿凤等所有关心、支持本书出版发行的领导、同志们、朋友们表达深深谢意！

由于编者水平有限，加之时间仓促，书中疏漏谬误之处在所难免，敬请有关专家和读者给予批评指正。同时，欢迎广大读者、同行来电来信，交流探讨，共同进步。

编　者

2023 年 5 月 15 日